Hugo Stamm

Sekten – Im Bann von Sucht und Macht

Hugo Stamm

Sekten

Im Bann von Sucht und Macht

Ausstiegshilfen
für Betroffene und Angehörige

KREUZ

Inhalt

Einleitung

In diesem Buch geht es in erster Linie um die Indoktrinationsmethoden von Sekten, Kulten und vereinnahmenden Gruppen sowie um Strategien, diesen eine Kraft entgegenzusetzen. Sekten versuchen, mit subtilen, schwer durchschaubaren tiefenpsychologischen Eingriffen ihre Anhänger in eine Scheinwelt zu führen und in eine komplexe Abhängigkeit zu ziehen. Menschen, die sich von einer massensuggestiven Atmosphäre mitreißen, sich von übertriebenen Heilsversprechen blenden lassen und sich der Faszination einer vorgegaukelten Superwelt nicht entziehen können, werden Opfer von geschickten Demagogen und religiösen Ideologen.

Der Fokus in diesem Buch ist deshalb in erster Linie auf die Führungsgestalten von vereinnahmenden Gruppen und ihr Kader gerichtet. Sie haben die doktrinären Systeme errichtet; sie sorgen für die Disziplinierung und Unterwerfung der Anhänger; sie verstricken Suchende im sektierischen Netz. Sie sollen deshalb nicht geschont werden.

Die Mehrheit der Bevölkerung ist nicht anfällig für totalitäre religiöse Heilsprinzipien. Sie kann es deshalb nur schwer verstehen, weshalb so viele Menschen ihre bisherige Existenz aufgeben und in der Isolation einer fanatischen Gruppe leben. Der Tenor: »Wie kann man nur so dumm sein und den Scharlatanen auf den Leim kriechen!«

Ich teile diese Einschätzung nicht. Die Anfälligkeit für Heilslehren und vereinnahmende Gruppen hat wenig mit Intelligenz zu tun, sondern viel mit unserer Lebensweise, der gesellschaftspolitischen Entwicklung, der psychischen Befindlichkeit und unseren religiösen Defiziten. Es sind vor allem sensible, idealistische Leute, die sich von den Ideen totalitärer Gruppen begeistern lassen. Personen, die andere Werte und einen unvergänglichen Lebenssinn suchen. Leute also, die an der Welt zerbrechen, in der Erfolg und Effizienz zum Maß aller Dinge zu werden droht.

Mir sind Menschen, die sich wehren, von diesem Zeittrend vereinnahmt zu werden, sympathisch. Und ich verstehe ihren

Wunsch, in die vermeintlich heile Welt abzutauchen, sich dem Sektenchef als Übervater anzuvertrauen und im Kreis der Gleichgesinnten die Welt vor dem Untergang zu retten.

Ihr Pech oder ihr Schicksal ist, daß sie sich täuschen und mißbrauchen lassen. Daß sie in ihrer Enttäuschung über Gott und die Welt auf einem Auge blind geworden sind und wild entschlossen das vermeintliche Glück verteidigen. Tragisch dabei ist, daß sie nicht einfach in der Opferrolle verharren, sondern durch die Indoktrination zu Tätern werden. Zu Tätern, die das totalitäre System reproduzieren: Die Bewußtseinskontrolle verwandelt die religiöse Überzeugung in sektiererischen Fanatismus. Deshalb beginnen sie selbst, ihre Umgebung zu missionieren. Und bald wenden sie den neuen Anhängern gegenüber die gleichen Manipulationsmethoden an, denen sie selbst ausgesetzt waren oder die sie kritiklos über sich haben ergehen lassen.

Ich möchte mit diesen Zeilen davor warnen, die Sektenanhänger zu verachten. Vielmehr sollten wir uns selbstkritisch fragen: Was haben wir falsch gemacht, daß das Bedürfnis nach Führungsgestalten, die Bereitschaft zur Unterwerfung und zum Gehorsam sowie die Sehnsucht nach dem absoluten Heil so groß ist. Um allfälligen Mißverständnissen vorzubeugen, vorgängig noch eine Bemerkung. In diesem Buch werden die theoretischen Ausführungen und Gedanken mit praktischen Beispielen verdeutlicht. Es wird gezeigt, wie die verschiedenen Gruppen in bestimmten sensiblen Bereichen arbeiten und welche Praktiken sie anwenden. Die Tatsache, daß eine vereinnahmende Bewegung hier erwähnt wird, sagt noch nichts über den Grad der totalitären Tendenz aus. Es gibt durchaus Gruppen, die auf einem Gebiet harte Indoktrinationsmethoden anwenden oder totalitäre Strukturen aufweisen, ansonsten den Mitgliedern aber einen recht großen Freiraum lassen. Die meisten Mitglieder solcher Bewegungen oder Kulte können einen schönen Teil an Selbstbestimmung bewahren. Wer sich über die Gruppe näher informieren will, muß Bücher lesen, die einzelne Sekten ausführlich porträtieren.

Zürich, im November 1994 *Hugo Stamm*

Die Brücke zur Freiheit beginnt am Bahnhof

Freitagabend, Rushhour im Bahnhof. Die Rolltreppen spucken Hunderte von Pendlern auf die Gleisplattform. Ein junger Mann, in den Händen einen Stapel Traktätchen, empfängt stumm und mit stumpfem Blick die Massen und schwenkt mit monotonen Bewegungen den Kopf hin und her: Gefangen in einem Käfig ohne Gitter, streckt er den Tausenden von Pendlern ruckartig das charaktervolle Porträt des berühmten Physikers Albert Einstein unter die Nase. Der Titel auf dem Traktätchen macht neugierig: »Wir benutzen nur zehn Prozent unseres geistigen Potentials«.

Seit Jahr und Tag steht er auf dem gleichen Fleck Asphalt. Sein Arm wird für die Passanten zur Barriere. Die Pendler kennen ihn, den Scientologen vom Bahnhof, und seine Einstein-Werbeschrift. Um den drohenden Körperkontakt zu vermeiden, packt mancher widerwillig den Handzettel und verhilft dem jungen Mann zu einer besseren Arbeitsstatistik.

Vielen Passanten geht er auf die Nerven, sie empfinden ihn als tägliches Ärgernis. Anfänglich waren ihm die gelegentlichen Pöbeleien peinlich, doch mit der Zeit gewöhnte er sich daran und sah in den Leuten die ignoranten Barbaren, wie sie Hubbard in seinen Schriften bezeichnet. Und schließlich handelt es sich bei seiner Bahnhofsmission um einen bedeutenden Beitrag zum weltumspannenden Feldzug der Scientology Kirche mit dem Ziel, den Planeten Erde zu klären. Daran glaubt er mit der ganzen Kraft seines Thetans (scientologische Seele). Und er ist stolz, zu den scientologischen Kolonnen zu gehören, die zum Ruhm ihres verstorbenen Sektengründers L. Ron Hubbard die Leute von der Straße weg direkt auf die Brücke zur totalen Freiheit führen, mit dem Umweg über das Scientology-Zentrum natürlich.

Oberstes Zehntel des intelligenten Teils der Bevölkerung

Für den jungen Mann beginnt die Brücke der Freiheit am Ende der Rolltreppe. Oft beglückt er an sechs Tagen pro Woche die »barbarischen Thetanen« mit seinen Handzetteln. Aberrierte Thetanen, die partout den Sinn seiner heilsstiftenden Mission nicht begreifen wollen. Zehn, zwölf oder gar vierzehn Stunden pro Tag rackert er sich ab im Bewußtsein, zum »obersten Zehntel des obersten Zehntels des intelligenten Teils der Bevölkerung« (Originalzitat Hubbard) zu gehören. Wer am Rad der Menschheitsgeschichte drehen und ins Science-fiction-Paradies von Hubbard eingehen will, muß Entbehrungen auf sich nehmen. Darüber bestehen keine Zweifel, wie ihm seine scientologischen Vorgesetzten immer wieder erklären. Er versteht es zwar nicht ganz, weshalb sein Lohn von der Gnade der Passanten abhängig gemacht wird. Bleibt er nämlich auf seinen Traktätchen sitzen, sackt die Arbeitsstatistik ab, und er muß sich mit 100 Franken Wochenlohn bescheiden. Ein ähnliches Schicksal blüht ihm, wenn die Einnahmen der Org., wie sie das Zentrum nennen, rückläufig sind. Dann kommt das scientologische Prinzip der solidarischen Haftung der Mitarbeiter zur Anwendung oder die Losung: Der Profit des Zentrums muß steigen, auch wenn die Einnahmen sinken.

Für den jungen Scientologen und seine Kollegen ist dann selbst das Überleben – die oberste Maxime im hubbardschen Sektenreich – in Gefahr. In solchen Notsituationen kann er von Hubbards raffgierigen Kolonnen, die sich mit dem Titel »Kirche« schmücken, keine Hilfe erwarten. Sein leibliches Überleben muß dann die dekadente Außenwelt sichern helfen, am Sonntag zum Beispiel, wenn der abgebrannte Scientologe beim Taxifahren anständig entlöhnt wird.

Nach dem Psychostreß am Bahnhof rundet der junge Mann sein Tageswerk im Dienst seiner »Kirche« mit dem Studium der Hubbard-Ideologie und einer Dosis Auditing, der scientologischen Techno-Therapie ab. Was der Scientology-Gründer als Seelenmassage preist, vergleicht der bekannte Zürcher Psychiatrie-Professor Hans Kind in einem Gutachten mit der Gehirnwäsche zur Umerziehung von Kriegsgefangenen. Zwar hat das Auditing den jungen Scientologen auch schon an den Rand der Verzweiflung getrieben, doch interpretiert er die unkontrollierten Gefühlsregungen als kraftvolle und heilsame Läuterung des Thetans.

Die Gruppeneuphorie betäubt das Bewußtsein

Nach dem 15stündigen Marathon im Bann der scientologischen Superwelt hat sich die Vernunft des Scientologen in einem undurchdringlichen Gefühlsnebel verloren. Heilsversprechungen und verordnete Gruppeneuphorie decken Ängste und Zweifel zu, verdrängen die Müdigkeit, betäuben das Bewußtsein. Ausgelaugt und hundemüde sinkt er morgens um ein Uhr ins Bett, unfähig zu schlafen: Halluzinative Bilder jagen durch seinen Kopf, treiben ihn fast in den Wahnsinn. Die Erschöpfung schlägt die bösen Geister doch noch irgendwann tot.

Das Staff-Meeting (Mitarbeiter-Treffen) am andern Morgen bringt ihn wieder auf die Erfolgsschiene. »Wenn wir die Quoten der letzten drei Tage halten können, erreichen wir in naher Zukunft den Saint-Hill-Size-Status und haben die Schweiz als erstes Land auf der Welt bald geklärt«, schärft der ED, der Executive Director auf Inspektionstour, den Scientologen ein. Und schon ist die Müdigkeit verflogen, der junge Scientologe wieder angeturnt, fast high: Er will auch heute soviel »public« wie möglich in die Org. reinbekommen, damit seine Kolleginnen und Kollegen den Leuten Material und »Service« verkaufen können. So steht es in den grünen Volumes mit den Tausenden von Seiten, der Mitarbeiter-Bibel zur Handhabung des Universums. So will es Hubbard. Und der muß es schließlich wissen.

Der junge Bahnhofsmissionar wird an den wöchentlichen Meetings mit scientologischer Energie aufgeladen, die Seelenbalsam für den rolltreppen-geschädigten Scientologen sind. Haben er und sein Thetan die Flugblatt-Statistik in neue Rekordhöhen getrieben, wird er als Held der Org. gefeiert, der den Pöbeleien der Passanten erfolgreich getrotzt und neues »raw meat«, rohes Fleisch, wie Hubbard die uneinsichtigen Nicht-Scientologen bezeichnet, hereingebracht hat. Der stehende Applaus der geistigen Elite dieses Planeten putscht ihn auf, eine weitere Woche das Rolltreppen-Ritual auszuhalten.

Dem leitenden Direktor ist nicht entgangen, daß sein junger Mitstreiter im Kampf gegen den Untergang des Planeten Erde in den letzten Wochen zunehmend nervöser wirkt. Er vermutet, daß sein Mann wieder in den Einflußbereich einer supressiv person, einer unterdrückerischen Person, geraten ist, und gibt dem Ethik-Offizier einen entsprechenden Wink. Dieser zitiert den Mitarbeiter in sein Büro und schließt ihn an den E-Meter, eine Art Lügendetektor. Fehlanzeige. Die Nadel des Gerätes verharrt auch nach 50 bohrenden Fragen im harmlosen Bereich.

Der junge Scientologe hätte den Ethik-Offizier über seine innere Unruhe aufklären können, doch er hütet sich, ihm die sich in letzter Zeit häufenden Selbstzweifel zu offenbaren. Wenn ihm nach zehn Stunden Bahnhofethik der Kopf dröhnt und ihm beim anschließenden »Up and Down«-Kurs die Buchstaben vor den Augen zu tanzen beginnen, mag er nicht an die Errettung der Milliarden von Thetanen in aller Welt denken, die noch nicht in den Genuß des scientologischen Heils gekommen sind.

In solchen Momenten wundert sich der junge Scientologe auch über den Spruch Einsteins auf seinem Flugblatt, wonach wir angeblich nur zehn Prozent unseres geistigen Potentials nutzen. Als er selbst den Test ausgefüllt hatte, versprach ihm die freundliche Scientologin, er werde in den Scientology-Kursen die restliche Kapazität anzapfen lernen. Der letzte Intelligenz-Test nach dem Lift-Repair-Kurs ist zwar um zwei Punkte besser als sein bisheriges Bestresultat ausgefallen, doch das Ergebnis bewegt sich auch nach fünfjährigem Training als Scientologe nicht gerade auf einem berauschenden Niveau.

Eine Million Flugblätter unter das Volk gebracht

Von der Nützlichkeit des Persönlichkeitstests ist er jedoch immer noch restlos überzeugt. Die Leute sollen wissen, wer sie sind und wo ihre Schwächen liegen. Hinter seiner Arbeit kann er voll stehen. Und keiner ist so erfolgreich wie er. Dies ist nun verbrieft. An der Geburtstagsfeier des 1986 verstorbenen Sektengründers konnte er ein seltenes Jubiläum feiern: das millionste Flugblatt, das er am Bahnhof verteilt hat, macht ihn zum Held des Tages. Unter dem Applaus der 700 festlich gekleideten Scientologen darf er vom Leiter des Office of Special Affairs, früher Guardian Office genannt (eine Art internen Geheimdienstes), eine goldene Anstecknadel mit dem Scientology-Emblem und eine Urkunde entgegennehmen. Und zum Bankett wurde er offiziell eingeladen. Hätte seine Mutter noch neben ihm getafelt, wäre sein Harmoniebedürfnis restlos befriedigt gewesen. Sie hätte den Tag seines Triumphes miterlebt und ihre Meinung über ihn korrigieren müssen. Und sie müßte sich in Zukunft nicht mehr seiner schämen und den Seiteneingang des Bahnhofs benützen. Vielleicht könnte sie dann den Vater dazu bewegen, den von ihm verlangten Erbvorbezug endlich herauszurücken.

Bei diesen Gedanken hat der junge Scientologe beinahe vergessen, daß seine Mutter vom Ethik-Officer zur SP (suppressiv person, zur unterdrückerischen Person) erklärt worden ist, weil sie dem Scientology-Zentrum einen Anwalt auf den Hals gehetzt hatte. Er sollte die 75 000 Franken, die der junge Mann von der Großmutter geerbt und in Scientology-Kurse und Auditing investiert hatte, zurückzufordern, weil sie zweckentfremdet verwendet worden seien. Da es ihm nicht gelungen war, seine Mutter zu beeinflussen, wurde er zum PTS (potential trouble source, Ärgernis-Verursacher) erklärt. Er mußte einen Live-Repair-Kurs absolvieren und teuer bezahlen. Der Fallüberwacher schloß ihn stundenlang an den Mark-VII-Hubbard-Elektrometer, den Hautwiderstandsmesser – eine Art Lügendetektor – an. Dabei wurde er gefragt, ob er Kontakt zur Polizei, zum Militär, zum

Geheimdienst, zu Journalisten oder Antagonisten von Scientology habe. Die Gedanken an die entwürdigende Prozedur trüben nun seine Festfreude, und er schwört sich, alles daran zu setzen, um seine Eltern von der Bedeutung der Scientology-Kirche und seiner Mission zu überzeugen.

Die Laudatio zu seinen Ehren führt ihn wieder in die heile thetanische Welt zurück. Sein Beitrag zur Aktion »Clear Schweiz«, geklärte Schweiz, sei »von unermeßlichem Wert für die Klärung des Planeten und den Bau der Brücke zur Freiheit«, liest er gedankenversunken auf der Urkunde. Die feierliche Ehrung seiner Arbeit tröstet ihn darüber hinweg, daß er nicht wie erhofft ins Büro für die Auswertung des Persönlichkeitstests versetzt worden ist. Ohne sein »body routing«, seine Mission am Bahnhof, würde die Org. ihr Ziel, die Schweiz als erstes Land der Welt »geklärt« zu haben, nie erreichen, wurde ihm kurz und bündig bedeutet. Und er steht weiterhin dort, wo er sein Heil zu finden glaubt: im Käfig ohne Gitter am Bahnhof.

Ein Leben für Scientology

In Scientology herrschen feudale Sitten. Mitglieder des Celebrity-Centers, der scientologischen VIP-Gilde, werden auf Händen über die »Brücke der Freiheit« (Hubbard) getragen. Gebaut wird das imaginäre Superbauwerk zur Überwindung der irdischen Pein vom Arbeitsheer der Mitarbeiter, die in einem Akt der Selbstausbeutung Scientology zu einem schlagkräftigen internationalen Wirtschaftsimperium ausgebaut haben und jährlich Millionen scheffeln. John Travolta, Chick Corea, Tom Cruise und Co. sind die Aushängeschilder einer auf Glitzer und Glimmer fixierten Unterorganisation der Pseudokirche. Wenn der Jazzpianist Chick Corea auf dem Luxuskreuzer »Freewinds«, dem scientologischen Kurszentrum auf hoher See, im Kreis der hubbardschen Elite zum Ruhm des Sektengründers aufspielt, erlebt die Organisation eine Sternstunde.

Das Fußvolk darf aus der Ferne und mit zeitlicher Verzögerung daran teilnehmen, das hehre Ritual aus den Hochglanzbroschüren oder per Video nacherleben. Nichts in Scientology ist ohne Absicht, und auch die Botschaft vom social event auf dem Schiff an die Jünger Hubbards zweckdienlich: Wer sich die scientologische Karriereleiter hochdient, findet Einlaß in den exklusiven Kreis. Denn hier auf der »Freewinds« ist das Zentrum der Sea-Org., der Meeresorganisation, der vermeintlich schlagkräftigsten Truppe der Welt, deren Mitglieder einen Vertrag über eine Milliarde Jahre unterschreiben.

Daß die Superscientologen mit der Unterschrift ihre Seele für die nächsten paar tausend Leben verkaufen, vermögen Hubbards Jünger nicht mehr zu erkennen. Für sie ist der Vertrag das Eintrittsbillett in die futuristische Welt der geistigen Elite, hier wird der Planet auf alle Ewigkeit neu definiert und umgestaltet. Für einen Wochenlohn von 30 Dollar pro Woche sind sie in alle Zukunft mit von der erlösenden Partie.

Der eigentliche Lohn ist die Hoffnung, dereinst in das Wesen von Materie, Energie, Raum und Zeit eingreifen zu können. Sie schuften auf das Ziel hin, ihr eigenes Universum zu schaffen, ihr eigener kleiner Gott zu werden. Nicht heute und nicht morgen, aber sicher schon in der näheren Zukunft. Diese Aussagen sind keineswegs ironisch gemeint, sondern heiliger Ernst für alle Scientologen. Deshalb sind Normalsterbliche in ihren Augen kulturlose Banausen, die nichts Gescheiteres zu tun haben, als alltägliche kleine Bedürfnisse zu befriedigen.

Doch zurück zu Chick Corea und Co. Die Celebrity-Künstler verleihen der rauschenden Ballnacht auf der »Freewinds« einen würdigen Rahmen und wecken beim Arbeitsheer in den Missions und Orgs Sehnsüchte und Hoffnungen. Die Scientologen an der Basis sind überzeugt, daß Tom Cruise seinen Erfolg dem Scientology-Training verdankt. Auditing bringt's und wer schuftet, hat noch in diesem Leben die Chance, dereinst in den Fußstapfen der Superscientologen zu wandeln. Oder wenigstens beim Galadinner auf der »Freewinds« an ihrer Seite zu sitzen, glauben die Hubbard-Jünger.

Die VIPs sind die Qualitätsgaranten für gewöhnliche Mitglieder. Die Scientologen sind überzeugt, daß ein John Travolta oder die Sängerin Julia Mingenes sich sicher nicht an die Dosen des E-Meters anschließen lassen würden, wenn das Gerät ein Lügendetektor wäre, wie die Kritiker der Scientology in sturer Repetition ihrer Lüge behaupten.

Die berühmten Vorzeige-Scientologen werden benutzt, um das Klassensystem in Scientology zu zementieren und Sehnsüchte zu wecken. Kadermitglieder und VIPs sonnen sich im Licht des Sektengründers und genießen die Verehrung der hubbardschen Kolonnen. Diese leben vom Glauben an die historische Lebensaufgabe und vom Glanz der Celebrity-Mitglieder, der auch auf sie abfärbt. Eine Symbiose, die die Hoffnung nährt, dem bisher unspektakulären Dasein einen höheren Sinn zu verleihen und die existenziellen Ängste und Sorgen bannen zu können. In ihrer Sehnsucht nach dem Heil kultivieren Scientologen ähnlich wie die Mitglieder anderer Sekten und Sondergemeinschaften Ideologien und Rituale, die direkt in eine geistige Sackgasse und in die scientologische Scheinwelt münden.

Wie in allen Kulten mit vereinnahmender Tendenz wird den Anhängern auch in Scientology das irdische und transzendentale Heil nicht geschenkt. Den Begrifff Gnade haben totalitäre und dogmatische Gruppen aus dem Vokabular gestrichen. Spirituelle Belohnung ist nur als Gegenleistung für diesseitigen Großeinsatz zu haben. Oder gegen Cash, und dies meist nicht zu knapp. Der Handel »Geld gegen Unsterblichkeit« wird bei den Scientologen bis zur Perfektion betrieben, oder bis zur Perversion. Außerdem nimmt er rituellen Charakter an. Allein der Umstand, daß sich eine Organisation, die sich Kirche nennt, den geistlichen Service mit an Wucher grenzenden Phantasiepreisen vergolden läßt, müßte die Jünger Hubbards stutzig machen. Doch sie lassen sich von der Erwartung auf das absolute Heil derart blenden und betören, daß sie alle Forderungen kritiklos schlucken. Rund 70 Prozent der aktiven Scientologen eines Zürcher Zentrums sind nach Aussagen ehemaliger Mitarbeiter teilweise sehr hoch verschuldet.

Abhängigkeit und Autoritätsgläubigkeit sind derart ausgeprägt, daß Scientologen immer wieder eigentlich gegen ihren Willen ein Darlehen aufnehmen. Wer jedoch von der Zentrumsleitung »auserkoren« worden ist, die Unterschrift unter den Kreditvertrag zu setzen, kann sich dem verhängnisvollen Akt kaum entziehen. Mit moralischem Druck und einer gehörigen Portion Schuldgefühl werden die Scientologen auf die ideologische Linie getrimmt, mit dem Ziel, ihren Willen zu brechen. Sie werden stundenlang von zwei oder mehr Kaderleuten bearbeitet, bis sie den Widerstand aufgeben. Jeden Einwand kontern die rhetorisch geschliffenen und erfahrenen Kursverkäufer, die fette Provisionen einstreichen, mit dem Hinweis auf die höheren Aufgaben.

Ein Beitrag zur Errettung des Planeten Erde

Der vermeintliche Höhenflug auf den Scientology-Kursen in geistige und spirituelle Sphären wird dem materiellen Wert von Geld entgegengesetzt: »Du mußt natürlich selbst wissen, ob dir die geistige Freiheit und Unsterblichkeit« – Hubbard verspricht seinen Jüngern tatsächlich die Unsterblichkeit – »nicht eine kleine Schuld wert ist«, heißt es etwa. Gleichzeitig wird das Kursgeld als Spende deklariert und als Beitrag zur Rettung des Planeten verstanden. Denn Hubbard hat ihnen eingeschärft, daß die Erde ohne den Einsatz von Scientologen keine Überlebenschance habe. Und gerettet werden kann sie nur, wenn sie scientologisch wird, also mindestens zehn Prozent der Bevölkerung an Hubbard und seine Science-fiction-Religion glauben. Das würde bedeuten, daß dann fast eine Milliarde Scientologen die Erde bevölkerten.

Ein Unterfangen, das natürlich Geld kostet. Das Darlehen zum Kauf von Kursen soll also nicht nur dem individuellen seelischen Wohl dienen, sondern muß als Beitrag zur Errettung des Planeten und des Universums betrachtet werden. Gleichzeitig ist es eine Investition für die Zukunft, für die nächste Milliarde Jahre. Denn laut hubbardscher Theorie kommt der scientologisch trainierte Thetan (»Seele«) im nächsten Leben bereits als Superscientologe auf die Welt, weil er die Fähigkeit erlangt hat, das Gedächtnis ins nächste Leben zu retten. Seine geistige und scientologische Potenz entwickelt sich angeblich in wunderbarer Weise von Leben zu Leben weiter. Und schließlich leuchtet jedem ein, daß Bankschulden im Vergleich zu scientologischen Gewinnen, die über Jahrmillionen nachwirken, ein Pappenstiel sind. Jeder vernünftige Mensch wäre mit Blindheit geschlagen, wenn er das diesseitige Risiko eines Kredites nicht eingehen würde, ist der bedrängte Scientologe am Schluß der Unterredung überzeugt.

Sehnsucht treibt die Menschen in die Arme der Sekten

Sekten oder sektiererische Gruppen existieren seit Menschengedenken und üben eine eigentümliche Faszination auf Menschen aus, denen die metaphysischen Grenzen der traditionellen Religionen zu eng erscheinen und die sich von Paradiesesvisionen berühren und blenden lassen. Und es gab immer schon machtbesessene Männer, die sich als Heilsstifter und Retter der Menschheit aufspielten und leichtgläubige Anhänger in ihren Bann ziehen konnten. Die Hoffnung auf ein besseres Leben, in dem die Menschen weder körperlichen noch seelischen Schmerzen ausgesetzt sind, und der Wunsch nach einem harmonischen Dasein beflügeln die Vorstellungskraft des homo sapiens seit jeher.

Verspricht der Sektengründer das Seelenheil gar in diesem Leben, nimmt die Heilslehre meist absonderliche Züge an. Dann muß der Mensch das Göttliche in sich suchen – und finden. Begibt er sich auf die diesseitige Suche nach den göttlichen Quellen, schrumpft sein Ich, und der falsche Gott füllt das Vakuum in seinem Bewußtsein. Die Gefahr, das Selbstvertrauen zu verlieren und in die Scheinwelt der Heilslehre abzutauchen, ist kaum mehr zu bannen. Dann ist der »konventionelle« Gott endgültig tot, und der Sektengründer besetzt die Seele.

Potentielle Opfer von Sekten sind Suchende, die von der Sehnsucht nach einer heilen Welt getrieben werden. Zu ihnen gehören naturgemäß auch die jungen Leute, die bei der geistigen Eroberung der Welt die engen Grenzen der menschlichen Existenz nur schwer akzeptieren können und diese deshalb überschreiten wollen. Suchende spüren eine unbändige innere Kraft. Diese Energie läßt sich auf der Suche nach Erlösung nicht bremsen. Fehlender Lebenssinn, innere Leere, mangelnde Geborgenheit, ein Leidensdruck nach traumatischen Erlebnissen machen aber auch ältere Personen auf der Suche manchmal zu Süchtigen. Sie sind von der Idee besessen, die seelischen Schmerzen zu überwinden und Erfüllung zu finden. Sie suchen das Heil und sehnen es so sehr herbei, daß die Sekten bei ihnen offene Türen einrennen. Labile Personen stellen in Phasen psychischer Not keine kritischen Fragen und verdrängen Zweifel über die Heilstheorie oder Gruppenrituale freiwillig, weil sie die von den Kulten und Sekten versprochene Erlösung oder Erleuchtung unter allen Umständen erreichen wollen. Das Ziel ihrer Sehnsucht vor Augen, glauben sie, den Weg zum Heil gefunden zu haben. Deshalb verteidigen sie die Gruppe als ihren »Seelenretter« oft schon, bevor sie von ihr indoktriniert worden sind.

Narzißtischer Rückzug in die Scheinwelt

Religion (religio) heißt im ursprünglichen Sinn Rückbesinnung auf das Göttliche. Bei Sektenanhängern führt die religiöse Suche oft zum narzißtischen Rückzug in eine Scheinwelt, von der sie die absolute Geborgenheit erhoffen. Gefördert wird die Sehnsucht durch den Zerfall der sozialen Normen und die vielfältigen Bedrohungen, die die moderne Zivilisation kennzeichnen. Der Sektengründer, Guru oder »Messias« wird zum göttlichen Übervater, zu dem die Gruppenmitglieder eine »reine« Beziehung aufbauen können, die nie von Konflikten getrübt wird.

Dieser Übervater dient auch als Muttetersatz, erlaubt eine symbiotische Beziehung und befriedigt den Wunsch nach der mystischen Verschmelzung. Die Gruppe stellt die ideale »Gesellschaft« von Brüdern und Schwestern dar, die alle von der gleichen Idee beseelt sind und das gleiche Ziel anstreben. Die Sekte ist in den Augen ihrer Mitglieder die perfekte »Familie«, wie sie in der Phantasie einer kindlichen Seele existiert.

Die Indoktrinationsmethoden von Gruppen mit vereinnahmender Tendenz sind zwar durchaus geeignet, auch Leute in ihren Bann zu ziehen, deren Sehnsucht nach dem Heil nicht derart ausgeprägt ist. In vielen Fällen haben die Gruppen bei der Anwerbung neuer Anhänger aber ein leichtes Spiel. Wäre das latente Bedürfnis nach der totalen Erlösung nicht vorhanden, würden die Sektengründer vor leeren Tribünen predigen. Die

Nachfrage ist vorhanden. Ohne Verführbare stünden die Verführer auf verlorenem Posten, ohne Suchende könnten die religiösen Alchemisten ihren Zaubertrank ins Klo schütten.

Die Gottesvisionen und Heilsvorstellungen vieler sektiererischer Gruppierungen erscheinen realitätsbewußten Zeitgenossen unerklärlich. Im Unterbewußtsein vieler Menschen schlummern jedoch Paradiesesvisionen, die vor allem in Krisensituationen an die Oberfläche stoßen und die Phantasie beflügeln. Beispielsweise nach einem Schicksalsschlag beherrscht oft auch eine ausgeglichene Person eine lähmende Ohnmacht, die den Wunsch nach übernatürlichen Kräften weckt, um das Rad der Zeit zurückdrehen und die Weichen neu stellen zu können. Die Sehnsucht, an der göttlichen Macht zu partizipieren oder unter ihrer direkten Schutzherrschaft zu stehen, gehört zu den Urbedürfnissen des Menschen. Die Sekten verstehen es meisterhaft, diese tiefenpsychologischen Mechanismen für ihre Ziele zu nutzen: Ängste, Desorientierung und seelische Defizite sind der Nährboden, auf dem sie ihre unheilvolle Saat ausstreuen.

Der Begriff Sekte leitet sich vom lateinischen secta (Schule, Lehre, Partei) ab. In der Umgangssprache wurde der Begriff allerdings mehr und mehr mit dem Ausdruck secare (trennen, abschneiden) in Zusammenhang gebracht, was allerdings sprachwissenschaftlich nicht ganz korrekt ist. So entwickelte sich die Definition, die unter Sekten religiöse Sondergemeinschaften und vereinnahmende Gruppen versteht, die sich von einer traditionsreichen Kirche oder Religion abgespalten haben. Dieser enge Sektenbegriff trifft vor allem auf jene Bewegungen und Zirkel zu, welche die Bibel fundamentalistisch und dogmatisch interpretieren und ihren Gründer als Prophet, Messias, Sprachrohr Gottes oder Empfänger göttlicher Botschaften verstehen.

Sekten bauen eine Gegenwelt auf

Mit dem Aufkommen von neureligiösen Kulten und fernöstlichen Gurubewegungen in den 60er und 70er Jahren ist der Sektenbegriff ausgeweitet worden. Heute werden auch Gruppierungen als Sekten bezeichnet, die unabhängig von bestehenden Religionsgemeinschaften entstanden sind oder nur am Rand religiöse Ziele verfolgen. Nach der erweiterten Definition und in der Umgangssprache werden auch Gruppen als Sekten bezeichnet, die sich von gesellschaftlichen Minimalnormen und der üblichen Lebensweise abgespalten haben und quasi in eine selbst definierte Gegenwelt geflüchtet sind. Dazu gehören auch Minderheitsreligionen, Psychogruppen und totalitäre Bewegungen, die sich bewußt abkapseln, übertriebene Heilsversprechungen machen und Indoktrinationstechniken anwenden. Im Begriff Sekten steckt auch das Wort nachfolgen (sequi), das die Hingabe der Anhänger an einen religiösen oder spirituellen Führer umschreibt. Die Fixierung auf einen Guru, Messias oder Gründer ist ein klassisches Sektenmerkmal und deutet darauf hin, daß die Gruppenanhänger eine umstrittene geistige oder religiöse Autorität verehren, die das Überich dominiert und die eigene Identität verdrängen hilft.

Das jüngste Phänomen im Bereich der Bewegungen mit vereinnahmender Tendenz sind die Psychogruppen, die mit gruppendynamischen Prozessen und eigenen Therapieformen ihren Mitgliedern und Anhängern zu einem höheren Bewußtsein verhelfen wollen. Ihr Glaube an die heilsstiftenden Möglichkeiten psychologischer Techniken führt zu irrationalen Vorstellungen. Die Hoffnung, mit Hilfe ihrer »wahren« psychologischen Erkenntnisse und Therapiemethoden die engen Grenzen menschlichen Fühlens und Handelns sprengen zu können, nimmt oft religiöse Dimensionen an. Mit dem Anspruch der Wissenschaftlichkeit wollen sie ihre dogmatischen Heilsprinzipien aus dem anstrengenden Bereich des Glaubens und Hoffens herauslösen. Sie versuchen damit krampfhaft, die religiösen Aspekte ihrer »Wissenschaft« zu vertuschen und tappen exakt in die Falle, die sie eigenhändig geschaufelt haben. In der Umgangssprache werden auch Psychogruppen mit einem übertriebenen Therapieanspruch und dogmatischen Wissenschaftsvorstellungen immer häufiger als Sekten bezeichnet.

In der Regel wehren sich Psychogruppen vehement, wenn der Sektenbegriff auf sie angewendet wird. Dieser Einwand ist teilweise berechtigt, denn die Sektenmerkmale treffen nicht auf alle gleichermaßen zu. Aus der Innenansicht heraus sind sie überzeugt, dank der angeblich wissenschaftlichen Arbeitsweise genau davor geschützt zu sein, sektiererische Tendenzen zu entwickeln. Wer ihnen vermeintlich wider besseres Wissen mit dem Sektenstigma auf den Leib rückt, wird als gesellschaftszersetzendes Subjekt, als Ignorant oder Opfer einer Diffamierungskampagne bezeichnet.

Besonders heftig setzt sich jeweils der Verein zur Förderung der Psychologischen Menschenkenntnis (VPM) zur Wehr, wenn er als Sekte charakterisiert wird. Mit Büchern, Broschüren, Dokumentationen, Inseraten und Flugblättern, die er zehntausendfach streut und gezielt Politikern und Meinungsträgern zukommen läßt, versucht er das Bild zu korrigieren.

So schreibt der VPM beispielsweise in einer Stellungnahme: »Der VPM hat in Wirklichkeit nichts, aber auch gar nichts mit sektenähnlichen Gruppierungen oder Rechtstendenzen zu tun. Er gehört nicht in den Arbeitsbereich von Sektendelegierten, die weder zuständig noch kompetent sind, um eine tiefenpsychologische Schule beurteilen zu können (...) Die politische Instrumentalisierung des Sektenbegriffs gegen werterhaltende Gruppierungen wie den VPM ist nicht nur unsinnig und ethisch verwerflich, sondern auch gefährlich. Die unseriöse Verwendung des Sektenstigmas gegen Andersdenkende ist in letzter Konsequenz ein politisches Totschlaginstrument.«

Zu einem anderen Urteil kam das Landesgericht Wien im Mai 1993 im Prozeß gegen eine Broschüre der Erzdiözese Wien über den VPM. Im Urteil kommt das Gericht zu dem Schluß, daß der VPM die Supervision seiner fachlichen Leiterin Annemarie Buchholz-Kaiser als Macht- und Kontrollmittel einsetze. Ihr komme »tatsächlich eine absolute Machtposition« zu, weshalb die Gruppe »auch als totalitär« bezeichnet werden könne. Und laut einem Urteil des Zürcher Bezirksgerichts vom 18. November 1993 muß es sich der VPM gefallen lassen, als »totalitäre Sekte« und »Psychosekte« bezeichnet zu werden. Dies hielt das Gericht in einem Prozeß des VPM gegen den Zürcher Aufklärungsverein »Psychostroika« fest, der den VPM mit dem Sektenbegriff charakterisiert hatte. (Der VPM legte Berufung ein, das Urteil der zweiten Instanz liegt noch nicht vor).

Sektenbegriff nicht überstrapazieren

Der Sektenbegriff sollte möglichst differenziert verwendet werden. Wenn er überstrapaziert wird, verliert er an Griffigkeit. Die Auseinandersetzung mit totalitären Gruppen beginnt mit der Aufklärung, und nur eine präzise Darstellung wirkt glaubwürdig und vermag die Öffentlichkeit zu sensibilisieren. Tatsächlich benutzen Bewegungen mit vereinnahmender Tendenz undifferenzierte, schlecht recherchierte Zeitungsberichte, Bücher, Radio- und Fernsehsendungen, um ihre Anhänger gegen Kritik an ihrer Organisation zu immunisieren.

Seit den 70er Jahren wird die Gesellschaft mit dem Phänomen von neureligiösen Gruppen und Gurubewegungen konfrontiert. Damals rekrutierten die meist jungen Organisationen vorwiegend junge Leute, die sich gegen die Normen und Lebensweise ihrer Eltern auflehnten und sich von den traditionellen Kirchen entfremdet hatten. Gurubewegungen fanden vor allem unter den Flower-Power-Leuten neue Anhänger. Deshalb segelten die neureligiösen Bewegungen unter der Bezeichnung Jugendsekten. Heute ist der Begriff durch die Entwicklungen der Gruppen überholt: Seit ihr Interesse zunehmend der weltlichen Machtentfaltung und wirtschaftlichen Expansion gilt, sind ihnen ältere Mitglieder mit einer guten Ausbildung und einem dicken Portefeuille besonders lieb. Zu diesen auf die gesellschaftlichen und religiösen Defizite ausgerichteten Gruppen gehören unter anderem Scientology, Kinder Gottes, Boston Church of Christ, Vereinigungskirche (Moonies), Michaelsvereinigung, Fiat Lux (Erika Bertschinger alias Uriella), Universelles Leben (vormals

Heimholungswerk Jesu Christi), Hare Krischna, Divine Light Mission, Sai Baba, Ananda Marga, Eckankar, Transzendentale Meditation (TM), Sri Chinmoy, Bhagwan-Bewegung (Osho) und die rechtsextreme Europäische Arbeiterpartei des Lyndon La Rouches.

Im englischsprachigen Raum hat sich in den letzten Jahren der Sammelbegriff destructive cult, wörtlich übersetzt »zerstörerischer Kult« durchgesetzt, der sich für die meisten Gruppen mit sektiererischen oder totalitären Tendenzen anwenden läßt. Eigentlich müßte der Begriff in der deutschen Sprache eher mit selbstzerstörerisch übersetzt werden. Er enthält eine klare Wertung, die bei der Bezeichnung Sekte weniger prägnant zum Ausdruck kommt. Als neutraler Begriff für jüngere Gruppen mit vereinnahmender Tendenz läßt sich der Begriff »neureligiöse Kulte« verwenden. Eine Unschärfe bleibt aber auch bei dieser Bezeichnung, denn nicht alle Bewegungen verfolgen religiöse Heilsvorstellungen. Als Sammelbegriff überzeugt auch er nicht. Deshalb kommt man oft nicht darum herum, den Begriff »Sekte« zu verwenden.

Das Spektrum der Bewegungen mit vereinnahmenden oder totalitären Praktiken ist sehr breit. Es reicht von den klassischen Sekten, neureligiösen Kulten und esoterischen Kleingruppen, die sich um einen Geistheiler oder Channeling-Guru scharen, bis zu UFO-Gläubigen, die sich von einem machtbesessenen Demagogen das Heil und die Erlösung durch außerirdische Wesen einreden lassen. Dazu zählen auch enge Zirkel, die sich einem angeblichen Druidenmeister unterwerfen oder die Befreiung von sämtlichen Ängsten durch ritualisierte Psychotechniken erwarten. Aber auch extremistische oder terroristische Politgruppen haben ähnliche Indoktrinationssysteme entwickelt wie religiöse Sekten. Die menschliche Phantasie kennt keine Grenzen, wenn es darum geht, Paradiesesvisionen zu entwickeln und metaphysische oder existenzielle Ängste zu verdrängen.

Totalitäre Tendenzen auch bei okkulten Zirkeln und extremen politischen Gruppen

Zu den vereinnahmenden Gruppierungen sind teilweise auch die unzähligen okkulten oder satanistischen Zirkel zu zählen, die eine breite Palette an emotional schädlichen, oft selbstzerstörerischen Ritualen praktizieren. Die Abhängigkeit vom Kultgründer oder schwarzen Priester nimmt teilweise dramatische Formen an. Anhänger, die sich dem Gruppendruck nicht unterziehen, müssen mit körperlichen Strafen oder Züchtigungsritualen rechnen. Totalitäre Tendenzen mit einer ausgeprägten Bewußtseinskontrolle können auch extreme politische Gruppierungen am rechten oder linken Rand entwickeln, die ihrer Ideologie einen Heilscharakter beimessen und bei den gruppendynamischen Prozessen Indoktrinationsmethoden anwenden. Benutzt die Gruppe kriminelle oder gewalttätige Mittel zur Durchsetzung ihrer politischen Ziele, liefern sich die Mitglieder auf Gedeih und Verderben der Bewegung und ihrem Kader aus. Die Anhänger sind gezwungen, im Untergrund zu leben, ihre Existenz ist von der Gruppe abhängig. Um die Gefahr eines Verrats zu verringern, haben die Kaderfunktionäre die Gedanken- und Verhaltenskontrolle perfektioniert. Wer die Indoktrination durch die Gruppe eines Tages durchschaut, steht vor der Wahl, sich der Polizei zu stellen oder die Ideologie zu verinnerlichen.

Ein beträchtliches Potential an spirituellen Sehnsüchten hat der Kulturaustausch mit dem Fernen Osten freigelegt. Das Bewußtsein der westlichen Welt ist durch esoterisches Gedankengut und fernöstliche Philosophien und Religionen nachhaltig geprägt worden. Die uns fremden Rituale, Therapien und Heilsverfahren (Meditation, tantrische Rituale, spirituelle und mystische Therapien, Tarot, Geistheilung, Schamanismus, Channeling usw.) beflügeln unsere Phantasie und Hoffnungen. Sektiererisch interpretiert und angewendet eignen sich diese Praktiken hervorragend zur Indoktrination. Es ist kein Zufall, daß von den neureligiösen Kulten die fernöstlichen Gruppen besonders rasch expandieren und zum Teil einen starken Gruppendruck entwickeln.

Auf den ersten Blick erscheint es unstatthaft, all diese Bewegungen und Gruppierungen unter dem Sammelbegriff Sekte einzuordnen. Es gibt allerdings entscheidende Gemeinsamkeiten, die die einheitliche Begriffsverwendung rechtfertigen können: Die Anhänger totalitärer Gruppen zeigen unabhängig von der Ideologie oder Heilstheorie ähnliche psychische Reaktionen. Es ist tatsächlich verblüffend, daß die Mitglieder von religiösen Sondergruppen, extremen politischen Bewegungen, Kulten oder Psychogruppen erstaunlich uniforme Persönlichkeitsentwicklungen durchlaufen. Das Engagement in einer Gruppe mit vereinnahmender Tendenz führt in der Regel zu einer emotionalen Regression, meist auch zu Wesensveränderungen und Realitätsverlusten. Denn alle Anhänger dogmatischer oder totalitärer Gruppen sind getrieben von der Sehnsucht nach einer Erleuchtung oder Erlösung.

Die Mittel, mit denen die verschiedenen Bewegungen das Ziel anstreben, unterscheiden sich zwar teilweise erheblich, doch dienen diese lediglich einem höheren Zweck. So siedeln die einen das Heil im Transzendentalen an, die anderen erhoffen sich die Befreiung durch eine Revolution oder politische Umwälzung, wieder andere erwarten das Heil von Psychotechniken oder satanischen Ritualen. Allen ist auch gemeinsam, daß sie mehr oder weniger deutlich den Absolutheitsanspruch an ihre Ideologie oder Heilstheorie stellen und sich einem religiösen, geistigen oder spirituellen Führer anvertrauen oder unterwerfen. Außerdem bewegen sich die Anhänger in einer eingeschworenen Gruppe, von der teilweise ein starker Druck ausgeht. Und sie leben im Glauben, einer Elite anzugehören, die das angebliche Heil durch ihre Missionstätigkeit in die Welt hinaustragen muß.

Totalitären Gruppen ist weiter gemeinsam, daß sie Indoktrinationsmethoden anwenden, die zur Bewußtseinskontrolle führen. Auch die Argumente und Rationalisierungen, mit denen die verschiedenen Gruppen Einfluß auf das Verhalten und die Gefühle ihrer Anhänger nehmen, liegen häufig nicht weit auseinander. Es scheint eine innere Gesetzmäßigkeit in der Psychomanipulation von Menschen zu geben, denn die Gruppierungen kommen unabhängig voneinander auf ähnliche Indoktrinationsmethoden. Diese werden laufend perfektioniert und gleichen sich mit der Zeit an. Offenbar führt das Prinzip von Erfolg und Irrtum zwangsläufig zu uniformen Beeinflussungspraktiken.

Totalitäre Gruppen lassen sich nur schwer einordnen

Jeder Versuch, die verschiedenen Gruppen aufzulisten und präzis nach Kategorien zu ordnen, scheitert schon im Ansatz. Einerseits ist es ziemlich aussichtslos, den Überblick über sämtliche Gruppierungen zu erlangen, andererseits lassen sich viele nicht eindeutig zuordnen. Soll man beispielsweise die Vereinigungskirche des Koreaners Sun Myung Moon zu den Sekten (Berufung auf die Bibel), zu den neureligiösen Kulten (eigene Heilslehre mit den »Göttlichen Prinzipien«), als apokalyptische Heilsbewegung (Endzeitvision) oder als fernöstliche Sondergemeinschaft (Moon wurde von der fernöstlichen Mentalität und dem entsprechenden Gedankengut geprägt) bezeichnen? Scientology ließe sich ebenfalls verschiedenen Kategorien zuordnen, zum Beispiel den Psychogruppen (Auditing als Therapieform), den wirtschaftlich orientierten Sekten (weltweiter Verkauf von pseudoreligiösen Dienstleistungen nach rein marktwirtschaftlichen Kriterien und zu stark überhöhten Preisen), oder den neureligiösen Kulten (nennt sich Kirche und hält »Gottesdienste« ab) usw.

In allen mittleren und größeren westeuropäischen Ländern sind Hunderte von Gruppen und Zirkeln mit vereinnahmender oder totalitärer Tendenz bekannt. In Deutschland rechnet man mit rund 600, in der Schweiz ist die Zahl etwas geringer. In den USA geht man sogar von rund 3000 Gruppen und Sondergemeinschaften aus. Nach Schätzungen des Berufsverbandes Deutscher Psychologen gehören rund zwei Millionen Bundesbürger einer Kultgemeinschaft an. Diese Zahl scheint etwas hoch zu sein, oder der Verband hat auch Mitglieder von Gruppen mitgezählt, deren vereinnahmende Tendenz nicht sehr ausgeprägt ist. Mit Sicherheit stehen aber Hunderttausende von Personen unter der Bewußtseinskontrolle totalitärer Bewegungen. In der Schweiz dürfte ihre Zahl jenseits der Grenze von hunderttausend liegen. Bei der Beurteilung ist es wichtig, daß man die Gruppen nicht in einen Topf wirft, sondern an ihrem Anspruch und am Umgang mit ihren Anhängern mißt. Nicht alle Glaubensgemeinschaften mit vereinnahmender Tendenz wenden umfassende Indoktrinationsmethoden an.

Eine Beurteilung allein schon der größeren und bekannteren Bewegungen würde den Rahmen dieses Buches sprengen. Ein taugliches Mittel zur Einordnung liefern die in Kapitel 3 aufgeführten Sektenmerkmale. Die Nennung einer Gruppe in diesem Buch sagt nichts über ihre Abhängigkeitsstrukturen und ihre Gefährlichkeit aus. Vielmehr sollen die Thesen anhand von konkreten Beispielen veranschaulicht werden.

Einen guten Überblick für den deutschsprachigen Raum vermittelt das mehrere hundert Seiten starke Nachschlagewerk »Sekten, Sondergruppen und Weltanschauungen«, das 1990 im Herder-Verlag erschienen ist. Nützlich ist auch das Handbuch »Die Kirchen, Sondergruppen und religiösen Vereinigungen« von Oswald Eggenberger, erschienen im Theologischen Verlag Zürich, das vor allem im Bereich der klassischen Sekten umfangreich informiert.

Mystische Defizite fördern den Hang zur religiösen Selbstversorgung

Der Wunsch der Menschen, die existentiellen Grenzen zu sprengen, ist durch die modernen Lebensformen verstärkt worden. Die wissenschaftlichen Errungenschaften und technischen Fortschritte in den letzten Jahrzehnten haben die Phantasien neu beflügelt und die Hoffnung genährt, das Leiden aus der Welt schaffen, Leben verlängern und spirituelles Neuland erobern zu können. Viele Alltagsprobleme lassen sich heute relativ leicht lösen. Die Konsummentalität hat die Bereitschaft, einen Leidensdruck auszuhalten und psychisch schmerzhafte Prozesse durchzustehen, stetig vermindert.

Die kommerzialisierten Problemlösungen und die übersteigerten Ansprüche finden keine Entsprechung im religiösen oder spirituellen Bereich. Die Erwartungen an eine Religion oder Kirche sind in jüngster Zeit massiv gestiegen. Christliche Religionen, die den mühsamen Weg des Glaubens, Hoffens und der Sühne predigen, liegen nicht im Zeittrend und haben stark an Attraktivität verloren. Der Wertepluralismus hat dazu geführt, daß sich viele ihr eigenes spirituelles oder religiöses Gebäude zimmern und sich die Rosinen aus dem Kuchen bzw. den philosophischen, mystischen oder esoterischen Heilslehren picken. Diese Tendenz führt zur Desintegration und häufig zur Desorientierung. In das spirituelle Vakuum stoßen Sekten und neureligiöse Gruppen mit erstaunlicher Treffsicherheit.

Der Hang zur »religiösen Selbstversorgung« und zu einer säkularisierten Weltsicht führt zwangsläufig zur spirituellen Selbstüberschätzung und Überforderung. Die Verunsicherung weckt die Sehnsucht nach dem Heil. Das Unbewußte beschert uns immer häufiger Allmachtsvorstellungen. Der Machbarkeitswahn dehnt sich immer mehr in die metaphysischen und religiösen Bereiche aus. Der Drang zur Vollkommenheit und der Zeitgeist, das Göttliche ins Individuum zu projizieren, entfremdet uns von den menschlichen Grundbedingungen und weckt Heilsideen. Wir ertragen die Vorstellung, daß das Leben endlich ist und wir die metaphysischen Grenzen nicht überwinden können, immer schlechter. Analog zu der Hoffnung, die Medizin werde uns eines Tages mit dem Jungbrunnen beglücken, erhoffen viele Menschen ein Rezept für transzendentale Fragen. Damit öffnen sie ihr Bewußtsein für sektiererische Einflüsse und werden anfällig für Gruppen mit vereinnahmender Tendenz. Wird die Sehnsucht nach der Scheinwelt dominant, droht der Realitätsverlust.

Flucht in die Scheinwelt führt zur Isolation

Die Flucht in die Scheinwelt führt zur Entfremdung und in die Isolation. Außerdem lauert die Gefahr der Bewußtseinsspaltung, die oft schwere psychische Störungen bis hin zur Schizophrenie bewirken kann. Untersuchungen verschiedener Kultspezialisten haben ergeben, daß rund 50 Prozent der Mitglieder verschiedener Gruppen schizophrene Auffälligkeiten zeigen. Wird das Abtauchen in die sektiererischen Sphären als Instrument zur vermeintlichen Problemlösung angesehen, drohen Wahrnehmungsverschiebungen, verbunden mit der Unfähigkeit, den Alltag eigenständig zu meistern. Je größer die Angst vor der Realität und je größer der Lustgewinn bei der Ausschmückung der Scheinwelt, desto größer ist die Gefahr der Sucht: Weil die Heilserwartungen oder die erhoffte Erleuchtung Illusion bleiben, perfektionieren die Gruppenanhänger die Rituale und flüchten definitiv in die Heilstheorie. Erwartung und spirituelle Realität klaffen immer weiter auseinander. Dieser Prozeß fördert die Suchttendenz.

Ein beträchtlicher Teil der Sektenanhänger hat sich in einer Umbruchphase oder Krisensituation von einer totalitären Gruppierung anwerben lassen. Flüchten Menschen unter der Last der psychischen Probleme oder in einer Sinnkrise in eine religiöse oder mystische Ideologie, erwarten sie ein wirkungsvolles Rezept, das den Leidensdruck verringert und eine definitive Lösung verspricht. Psychisch labile Personen sind in ihrer Verzweiflung auch für absonderliche Heilsideen anfällig. Die perfekten Handelsvertreter in diesem Bereich sind Sektenanhänger auf Missionstour, die rasche und definitive »Lösungen« anbieten.

Mit der Integration in eine Gruppe und der Verinnerlichung der Heilslehre fühlen sich die neuen Kultmitglieder am Ende ihrer Suche und am Ziel ihrer Träume. Sie sind überzeugt, daß sich die spirituellen oder religiösen Hoffnungen endlich erfüllen. Der Drang, die psychischen und mystischen Defizite und Ängste zu überwinden, macht sie zu idealen Opfern von totalitären Gruppen. So empfinden sie die Einbindung in eine solche Organisation als Befreiung und Erlösung und wehren reflexartig alle Gedanken, Einwände und Alarmsignale ab, die sie aus ihrer Traumwelt zu reißen drohen. Sie verteidigen das endlich gewonnene Glück und wehren sich gegen alle Versuche, sie wieder auf den realen Boden zu holen. Somit werden sie Opfer einer klassischen Autosuggestion, ohne die die Sekten kaum eine Chance hätten. Sie öffnen ihr Bewußtsein für die Indoktrination der Gruppe.

Die Sekten versprechen ihnen die heile Welt, die »endgültige Wahrheit« und die Erlösung von den diesseitigen und jenseitigen Problemen. Mit ihrem religiösen Fast-Food-Rezept helfen sie ihren Anhängern, die Visionen in den Alltag hinüberzuretten, die Wunschvorstellungen alltagstauglich zu machen. Tatsächlich bauen vereinnahmende Gruppen die perfekte mystische oder religiöse Gegenwelt für Leute auf, die den Anforderungen des Lebens schlecht gewachsen sind oder sich mit den vielfältigen Widersprüchen nicht abfinden können. Sekten wecken in ihren neuen Mitgliedern bei massensuggestiven Ritualen bewußt ein euphorisches Glücksempfinden, das als erster Schritt auf dem Weg zur Erlösung interpretiert wird. Die Betroffenen realisieren nicht, daß sie dabei die Scheinwelt definitiv verinnerlichen und sich darin einzurichten beginnen. Damit liefern sie sich geistig und emotional den vereinnahmenden Gruppierungen aus und werden von ihnen abhängig. Die Sicht auf die Wirklichkeit ist nun endgültig verbaut, das Netz um die Scheinwelt so eng geflochten, daß sie zum geistigen Gefängnis wird.

Leben in der Scheinwirklichkeit

Die gezielte Indoktrination, also die psychische Manipulation mit vielfältigen Strategien, erschwert die Erkenntnis, in einer Scheinwirklichkeit gelandet zu sein. Wer nach erfolgter Psychomanipulation bis zum Umfallen schuftet, betet, meditiert, bettelt, sich zum Wohl der Gruppe keine Muße und kein Vergnügen mehr gönnt, fühlt sich in besonderer Weise wirklichkeitsbezogen und weist den Hinweis, sich in einer gefährlichen Gegenrealität verrannt zu haben, entrüstet von sich.

Das Auseinanderklaffen der spirituellen Welt und der Alltagsrealität fördert das Suchtverhalten: Für einen Krischna-Mönch, der zehn Stunden am Tag Bücher »verschenkt«, wirken die anschließende Hingabe an Krischna im reich geschmückten Tempel, das Chanten des Mantras und der ausgelassene Kirtan-Tanz wie eine himmlische Erlösung. Er empfindet das überwältigende Glücksgefühl als göttliche Belohnung für seine harte Arbeit und realisiert nicht, daß das extreme Wechselbad der Emotionen seine Identität erschüttert und ihn psychisch destabilisieren kann. Begünstigt wird die Bewußtseinsspaltung durch den Anspruch, mit den spirituellen oder religiösen Ritualen würden sich selbst die diesseitigen Ängste und Nöte überwinden lassen. Die Vorstellung, zu einer auserwählten Elite zu gehören, fördert außerdem die Selbstüberschätzung.

Die Gruppen machen den Anhängern weis, das Engagement diene dem Zweck, sich spirituell oder religiös zu läutern. Somit wird das Leben im Diesseits auf die Funktion einer Prüfung reduziert, die vermeintlich auf alle Zeit über Sein oder Nichtsein entscheidet. Das ganze Hoffen und Sehnen von Sektenmitgliedern ist auf die Heilswelt ausgerichtet. Die Sektengründer treiben die Adepten nicht nur in eine gefährliche Scheinrealität und möglicherweise in den psychischen Ruin, sondern berauben sie der Chance, die Möglichkeiten in diesem Leben zu nutzen. Ja sie rauben ihnen teilweise das Leben an sich.

Die Indoktrination beginnt bei der getarnten Anwerbung

Sekten und vereinnahmende Gruppen sind Spezialisten im Erkennen der Defizite und Ängste der Menschen in der modernen Welt. Sie haben im Lauf der Jahrzehnte die Indoktrinationsmethoden und teilweise ihre Heilslehre auf die Zivilisationskrankheiten und das Sinnvakuum vieler Leute ausgerichtet. Ihre Expansion und somit ihre Zukunft hängen direkt vom Erfolg der Anwerbung neuer Mitglieder ab. Gelingt es totalitären Gruppen, Außenstehende ins Zentrum zu locken und neugierig zu machen, sind ihre Erfolgsaussichten recht hoch. Denn nun können sie die Leute umgarnen und einlullen, ein verlockendes Bild der Heilslehre entwerfen und die schönsten Versprechungen abgeben, also ihr ganzes Repertoire an subtilen Beeinflussungen spielen lassen. Nehmen die Umworbenen gar an einem Ritual teil und erleben die euphorische Gruppenatmosphäre, werden sie rasch Opfer einer Massensuggestion und entschweben mental in höhere Sphären. Da vereinnahmende Gruppen wissen, daß unsichere und labile Leute den Verlockungen kaum widerstehen können, konzentrieren sie ihre gesamten Kräfte auf deren Anwerbung.

Vor allem die Sektengründer jüngerer Gemeinschaften entwickelten Manipulations- und Werbepraktiken, die exakt auf die Sehnsüchte desorientierter Leute und unsere heutigen Zeitströmungen abgestimmt sind. Missionierende Gruppenanhänger werden natürlich nicht in die verhängnisvollen psychologischen Zusammenhänge und Wirkungen ihrer Werbestrategie eingeweiht, deren Opfer sie selbst geworden sind, sondern sie erhalten ein praxisnahes, effizientes Training. Daß sie oft mit Lügen und Tricks arbeiten, ist ihnen häufig bewußt. Die Kaderleute machen ihnen jedoch glaubhaft, daß die verblendeten oder vom Satan besessenen Leute die mystische oder göttliche Wahrheit nicht zu erkennen vermögen und deshalb zu ihrem eigenen

Glück gezwungen und aus ethischen Überlegungen heraus überlistet werden müssen.

Die Anhänger vereinnahmender Gruppierungen holen ihre potentiellen Opfer bei ihren Sehnsüchten ab und nutzen die Ängste, Sinnkrisen und persönlichen Probleme geschickt aus, um letztlich ihre »frohe Botschaft« in Form eines individuell geschnürten Heilsprogramms zu verkünden und zu verkaufen. Die Gruppen geben vor, exakt die Rezepte und Antworten gefunden zu haben, die die Probleme ihrer Gesprächspartner lösen können. Verschiedene Kulte behaupten gar, auf der Basis wissenschaftlicher Erkenntnisse zu operieren.

Ein wichtiger Werbefaktor ist die Gruppe selbst. Mit leuchtenden Augen erzählen die Sektenanhänger den Umworbenen vom beglückenden Leben im religiösen Kollektiv, das sich aus Leuten zusammensetze, die nicht mehr bereit seien, den globalen Wahnsinn in dieser Welt mit all den Kriegen und Ungerechtigkeiten mitzumachen. Deshalb hätten sie der materialistischen, egozentrischen Lebensweise den Rücken gekehrt. Ihr Ziel ist es, den tieferen Sinn des Lebens zu erforschen und in Einklang mit den höheren spirituellen Gesetzen oder religiösen Idealen zu leben. Sie hätten sich die Lebensaufgabe gestellt, möglichst viele Menschen von ihren heilsstiftenden Erkenntnissen und Programmen profitieren zu lassen. Mit ihrer Arbeit könnten sie die Umkehr der selbstzerstörerischen Entwicklungen bewirken, schwärmen sie ihren Gesprächspartnern vor. Allerdings gelinge dies nur, wenn genügend Leute offen für ihr Werk seien und mithelfen würden, die Menschheit aus der tödlichen Depression und religiösen Krise zu befreien.

Die Gruppenmitglieder verwickeln die Umworbenen in ein Gespräch und sprechen mit ihnen unter großer Anteilnahme über ihre Schwierigkeiten und Ängste. Um sich ein Charakterbild der Betroffenen zu machen, sammeln die Gruppenanhänger persönliche Informationen. Die Angaben benutzen sie, um anschließend ein Heilsprogramm zu entwickeln, das auf die Bedürfnisse des Opfers abgestimmt ist: Dieses soll glauben, die Gruppe vertrete die Heilslehre, die es schon immer gesucht habe. In der Überzeugung, endlich die wahren Gesinnungsfreunde gefunden zu haben, öffnet sich das neue Mitglied meist schrankenlos, weshalb die Mitglieder der doktrinären Gruppen leichten Zugang zum Unterbewußten finden und bei ihrer Indoktrination kaum auf Widerstände stoßen.

Die Moonies beispielsweise benutzen die persönlichen Daten geschickt, um Zweifel bei den Umworbenen zu zerstreuen. Zeigt ein neues Mitglied Mißtrauen gegenüber der Praxis oder Lehre der Vereinigungskirche, wird es vom Gruppenführer zu einem seelsorgerischen Gespräch gebeten, was viele als Ehre empfinden. Läßt dieser in das Gespräch Informationen über die persönlichen Ängste und Probleme des Novizen einfließen, die ihm von den andern Moonies hinterbracht worden sind, landet er einen meist verhängnisvollen Überraschungseffekt. Denn die Betroffenen glauben, der Gruppenführer könne in ihre Seele blicken oder verfüge über göttliche Eingebungen. Viele lassen sich blenden und wagen anschließend kaum mehr, ihre Zweifel zu offenbaren und verdrängen die Ängste, wie ehemalige Moonies nach ihrem Ausstieg übereinstimmend erzählten.

Mit Love-Bombing wird das kritische Bewußtsein betäubt

Um die Vereinnahmung zu verstärken, werden die ahnungslosen Novizen mit viel Lob überschüttet. Ihre Bereitschaft zur Diskussion und die ernsthafte Sinnsuche bewiesen, daß sie ein wertvolles Individuum mit hohen ethischen und religiösen Ansprüchen seien. Und geheimnisvoll fügen die Anhänger vieler Gruppen an, es sei für sie kein Zufall, daß das neue Mitglied zum Kult gefunden habe. Sie lassen durchblicken, daß eine göttliche Vorsehung oder mystische Fügung im Spiel gewesen sein müsse. Dabei werden die Rollen geschickt vertauscht, und die Sektenanhänger suggerieren ihren Opfern, sie selbst hätten die Gruppe gesucht und gefunden, seien quasi von einer inneren oder höheren Macht gelenkt worden. Die Kultmitglieder vertuschen damit ihre gezielte Strategie der Anwerbung und Manipulation und vermitteln den Umworbenen ein angeblich übersinnliches Erlebnis.

Allein schon ein tiefgründiges, engagiertes Gespräch unter »Gleichgesinnten« ist Balsam für die Seele vereinsamter, kontaktscheuer oder desorientierter Menschen. Ein Grund, den Sektenmitgliedern zu mißtrauen, ist für die Opfer nicht erkennbar. Schließlich sind ihre neuen »Freunde« freundlich, einfühlsam, hilfsbereit und so sehr engagiert, daß sie die persönlichen Interessen zu Gunsten des Allgemeinwohls zurückstellen. Bei der Anwerbung haben die neuen Anhänger oft keine Ahnung, welcher Gruppe ihre Gesprächspartner angehören. Stoßen sie dann auf den Namen, schenken sie ihren Glaubensgenossen meist mehr Glauben als den Zeitungsberichten, die sie allenfalls früher einmal über die Bewegung gelesen haben. Thematisieren die Novizen den schlechten Ruf der Gruppe, fällt es den erfahrenen Gruppenmitgliedern leicht, die öffentliche Meinung als Zerrbild und üble Hetzkampagne zu »entlarven« und die aufkeimenden Zweifel ihrer neuen Schützlinge zu zerstreuen.

Die Scientologen beispielsweise kontern kritische Fragen mit einer Standardantwort, die immer paßt und die ihnen der Kultgründer Ron Hubbard in seinen Schriften bei jeder Gelegenheit einhämmert: Wahr ist für dich nur, was du selbst überprüfen kannst. Damit suggeriert er seinen Anhängern, sie sollen die scientologische Heilslehre ausschließlich an den Resultaten messen und nur akzeptieren, was sie selbst geprüft und für richtig befunden haben. Hubbard erweckt damit den Eindruck, seine Science-fiction-Welt lasse sich Punkt für Punkt und mit wissenschaftlicher Präzision nachweisen. In Wirklichkeit ist dies reine Augenwischerei, denn Hubbard sagt auch wörtlich, die Abänderung seiner Technologie sei ein Schwerverbrechen. Scientologen müssen also dogmatisch jedes Wort Hubbards als Wahrheit akzeptieren, ansonsten das ganze ideologische Gebäude zusammenkracht. Neue Mitglieder glauben jedoch, die scientologische Ideologie überprüfen zu können.

Diesen Widerspruch können die indoktrinierten Anhänger nicht durchschauen, und den neuen Mitgliedern fehlen die Hintergrundinformationen, um die hubbardsche Argumentation oder »Beweisführung« entlarven zu können. Sie lassen sich in der Überzeugung ködern, unakzeptable Aspekte ablehnen und der

Organisation allenfalls ohne Schwierigkeiten den Rücken kehren zu können. Damit streuen sie sich selbst Sand in die Augen und akzeptieren einen entscheidenden Widerspruch.

Sekten packen ihre Opfer beim Ehrgefühl

Lassen sich die Angeworbenen nicht überzeugen, packen die Gruppenmitglieder ihre Gesprächspartner gern bei der Ehre. Sie seien doch mündige, selbstverantwortliche Personen, die sich ein eigenes Urteil bilden könnten und sich nicht auf Informationen aus zweiter Hand und auf Vorurteile von Kritikern, Medien und Sektenberatungsstellen abstützen müßten. Sie seien es sich und der Gruppe schuldig, selbst Erfahrungen zu sammeln und sich ein eigenes Urteil zu bilden. Gelingt es den Sekten, die kritischen Novizen auf diese Weise zu verunsichern und zu überrumpeln, liefern sie sich ebenfalls der Indoktrination aus. Aus dieser Erfahrung heraus leiern die meisten Bewegungen mit vereinnahmender Tendenz bei öffentlichen Kontroversen eine Standard-Floskel herunter: Ihr Zentrum stehe für alle Personen offen. Die Leute sollen sich selbst ein Bild machen und nur glauben, was sie selbst erfahren haben.

Wer auch nur aus Neugier und für kurze Zeit in den Einflußbereich einer totalitären Gruppe gerät, braucht eine gehörige Portion Selbstvertrauen und Standfestigkeit, um sich gegen die Argumente und Vereinnahmung der vermeintlichen Freunde zu behaupten. Den Umworbenen ist nicht bewußt, daß die Sekten mit Hilfe der Bewußtseinskontrolle die inneren Widerstände neutralisieren und eine echte Wahl verhindern können. Die Mechanismen der Manipulation sind nur schwer durchschaubar. Außerdem sind die meisten Leute überzeugt, immun gegen die Indoktrination zu sein und sich notfalls wirksam wehren zu können. Daß die vielschichten Köderpraktiken bereits die erste Phase der Indoktrination sind, wird ihnen frühestens nach einer Sektenkarriere und dem schmerzhaften Ausstieg aus der vereinnahmenden Gruppe klar.

Die wohl heikelste Aufgabe des Kaders besteht darin, die eigenen Mitglieder darauf zu trimmen, die Manipulationsmethoden bei der Anwerbung und Gruppenkontrolle selbst anzuwenden. Denn es besteht die Gefahr, daß die Adepten die Mechanismen durchschauen, mit denen sie vorher selbst indoktriniert worden sind. Ein theoretischer Ansatz, die Methoden zur Vereinnahmung und Beeinflussung zu vermitteln, wäre zweifellos verräterisch. Also kommt nur der pragmatische Weg in Frage. Die Losung heißt deshalb: Learning by doing. Eine wichtige Voraussetzung besteht darin, daß die Anhänger die Sektenidentität verinnerlicht haben und blind Gehorsam leisten, also selbst bereits indoktriniert sind.

Die Gruppenmitglieder erhalten präzise Handlungsanweisungen im Umgang mit Novizen. Sie müssen behutsam vorgehen, keine Insiderkenntnisse verraten und Informationen zurückhalten, die für Außenstehende schwer verständlich sind. Entscheidend ist, auf kritische Fragen richtig zu reagieren. Den Mitgliedern werden Strategien und Argumentationshilfen vermittelt, die sich auf Grund der Erfahrung mit Hunderten von ähnlichen Fällen als besonders wirksam erwiesen haben. Das Kader leitet die Anhänger unter anderem an, in heiklen Situationen beleidigt zu reagieren, unbequeme Fragen oder Abgrenzungsversuche von Novizen als mangelndes Vertrauen zu interpretieren und bei den Umworbenen Schuldgefühle zu wecken.

Die gegenseitige Kontrolle führt zu einem engmaschigen Kontrollsystem

Manche Gruppierungen versuchen auch zu verhindern, daß neue Anhänger persönliche Gespräche mit einzelnen Mitgliedern führen. Außerdem achten sie darauf, daß stets eine erfahrene Person die Situation überwacht. Die Anhänger verschiedener Kulte werden auch angewiesen, die Novizen zu beobachten und Auffälligkeiten dem Kader zu melden. Dieses versucht, die Persönlichkeit der neuen Anhänger einzuschätzen und adäquate Strategien zu entwickeln, die den Untergebenen nicht als Indoktrination »verkauft« wird, sondern als Hilfe zur Selbstfindung für die suchende Person.

Die Betreuer sind bemüht, daß die Umworbenen nur mit linientreuen Mitgliedern Kontakt haben. Alle werden angewiesen, die neuen Anhänger mit viel Zuwendung zu überschütten und ihnen das Gefühl von Geborgenheit zu vermitteln. Ein wahres Love-bombing – wie die amerikanischen Sektenspezialisten die übertriebene Zuwendung nennen – soll sie in eine euphorische Stimmung versetzen.

Das Kader will außerdem wissen, wie es mit der familiären Situation steht und wie die Umgebung des neuen Anhängers auf die Mitgliedschaft in der Gruppe reagiert. Sind die Beziehungen zu den Eltern und Geschwistern gut, herrscht höchste Alarmstimmung. Auf Grund der Erfahrungen wissen die totalitären Gruppen, daß sie mit Interventionen der Angehörigen rechnen müssen, die versuchen werden, die neuen Anhänger aus der Gruppe zu lösen.

Mit dem »Wachtturm« und der Bibel von Tür zu Tür

Jede Sekte oder doktrinäre Gruppe hat ihre eigenen Werbemethoden entwickelt, die auf das angepeilte Zielpublikum ausgerichtet und auf die jeweiligen Heilsversprechen der Gruppe abgestimmt sind. Das Repertoire ist vielschichtig. Eigentliche Sekten mit biblischem Hintergrund verwenden mit Vorliebe das dogmatisch oder fundamentalistisch interpretierte Wort Gottes: Sie verteilen auf der Straße Traktätchen, meist versehen mit einem Bestellcoupon für weiteres Informationsmaterial. (Die Adresse der Interessenten ist diesen Gruppen besonders wichtig, um nachfassen zu können.) Außerdem laden sie die Passanten zu einem Gottesdienst, einer Predigt oder in einen Bibelkreis ein. Die Zeugen Jehovas verteilen ihre Zeitung »Der Wachtturm« und machen stets zu zweit und adrett gekleidet flächendeckend Hausbesuche. Wer ihnen die Tür öffnet, erhält wöchentlichen Besuch. Mit dem Eifer von unbeirrbaren Überzeugungstätern drängen sie den Leuten ihre Version der Bibel auf, die sie als die einzig richtige preisen. Man muß die Bibel sehr gut kennen, um ihnen argumentativ die Stirn bieten zu können und nicht verunsichert zu werden.

Auch die Hare-Krischna-Anhänger werben im direkten Kontakt mit der Öffentlichkeit. Sie verschenken ihre Kassetten und Bücher mit indischen Weisheiten und fordern hinterher mit Nachdruck eine Spende. Außerdem verteilen sie auf der Straße und an öffentlichen Veranstaltungen ihre süßen vegetarischen Küchlein, machen Musik und laden die Passanten zu einem indischen Festmahl oder Krischna-Fest in den Tempel ein.

Die Scientologen bedienen sich ebenfalls vorzugsweise ihrer Heilstheorie, um neue Kursteilnehmer und Mitglieder anzuwerben. Was den Sekten die Bibel, ist den Scientologen das Buch »Dianetik« ihres Kultgründers Ron Hubbard, das »Buch eins«, wie es bedeutungsschwer bezeichnet wird. In Inseraten, an Buchständen auf Straßen und Plätzen, in breit gestreuten Prospekten soll die zwischen Buchdeckel geklemmte »Wahrheit« an die Öffentlichkeit getragen werden. In Dutzenden von Übersetzungen sind bisher mehrere Millionen Exemplare verkauft und verteilt worden.

Die einfachste Werbemethode aller vereinnahmenden Gruppen ist gleichzeitig die effizienteste. Der persönliche Kontakt von Sektenangehängern zu ihren Bekannten, Verwandten und Angehörigen. Bei ihrer Überzeugungsarbeit nutzen die Kultmitglieder den Vertrauensbonus. Wenn eine intelligente, lebensfreudige Freundin, Cousine, Patin oder Enkelin plötzlich von einer mystischen oder religiösen Organisation schwärmt, kann sich ihre Umgebung kaum vorstellen, daß es sich dabei möglicherweise um eine sektiererische Gruppe handelt. Dadurch wird eine kritische Barriere abgebaut und die Bereitschaft steigt, sich mit der Gruppe und ihren Heilsvorstellungen näher auseinanderzusetzen. Außerdem haben die Umworbenen normalerweise Hemmungen, Bekannte und Verwandte zu verletzen und ihre Heilslehre als Phantasterei abzuqualifizieren. Viele scheuen sich deshalb eine Einladung an eine Veranstaltung auszuschlagen oder ein Sektenbuch ungelesen zurückzugeben.

Auch wer sich nur aus Höflichkeit mit einer Gruppe auseinandersetzt und allfällige Kritik zurückhält, läuft Gefahr, Opfer der Indoktrination zu werden. Es passiert immer wieder, daß ein Bruder oder eine Freundin hängenbleiben, die sich absichtlich ködern ließen, um ein Sektenmitglied aus den Fängen einer totalitären Gruppe zu befreien. Besonders gefährdet sind Leute, deren Lebenspartner in eine Sekte geraten ist. Um die Beziehung nicht aufs Spiel zu setzen oder aus Angst, den Gatten zu verlieren, nehmen sie an den Ritualen teil. Selbst kritisch eingestellte Personen können sich der Bewußtseinskontrolle nicht entziehen und laufen Gefahr, in der Sekte hängen zu bleiben. Selbstverständlich können sich ausgeglichene Personen, welche die Manipulationsmethoden totalitärer Gruppen kennen, erfolgreich gegen die raffinierte Anwerbung wehren und die Psychomanipulation neutralisieren. Doch viele Leute überschätzen sich selbst und unterschätzen die Sekten, weshalb der Versuch gar nicht erst gewagt werden sollte.

Tarnorganisationen veranstalten Werbeveranstaltungen

Viele Gruppierungen organisieren auch öffentliche Vorträge, Konzerte, Feste und kulturelle Veranstaltungen. Um ein ahnungsloses Publikum anlocken zu können, tritt oft eine Unter- oder Tarnorganisation als Organisator auf. An diesen Anlässen holen die Gruppen die Leute gern bei ihren Sehnsüchten ab. Ein Scientology-Zentrum hat beispielsweise einen Vortrag unter dem Titel »Sie müssen nicht erst sterben, um herauszufinden, daß Sie schon einmal gelebt haben« veranstaltet. Als Organisator zeichnete ein Dianetik-Beratungszentrum. Daß es sich um eine Werbeveranstaltung der Scientologen handelte, wußten nur jene Leute, denen Dianetik als scientologische Disziplin ein Begriff war.

Scientology hat auch besondere Strategien entwickelt, um einen ersten Kontakt zu den potentiellen neuen Anhängern herzustellen, sie neugierig zu machen und sie mental zu bearbeiten. Ihr »Wundermittel« nennt sich Oxford Capacity Analysis und ist ein

Persönlichkeitstest. Ein Fragebogen, millionenfach unter das Volk gebracht, vermag auch kritische Bürger neugierig zu machen. Denn der Test umfaßt 200 Fragen und verspricht tiefenpsychologische Erkenntnisse über die Testperson. Der umfangreiche Fragebogen, der per Computer ausgewertet wird, erweckt den Eindruck, wissenschaftlichen Kriterien zu genügen. Wer den ausgefüllten Bogen ins Scientology-Zentrum schickt, wird zu einem Auswertungsgespräch eingeladen. Eine graphische Computerauswertung wird den Testpersonen als Charakteranalyse gepriesen, die ihnen angeblich Stärken und Schwächen im Persönlichkeitsbild aufzeigt. Psychologen bezweifeln die Aussagekraft des Tests grundlegend. Allein schon die Fragestellung nährt erhebliche Zweifel am Nutzen des Resultats.

Tatsache jedenfalls ist, daß die Scientologen das Resultat benutzen können, um die Testpersonen aus dem Gleichgewicht zu bringen. Läßt sich eine Testperson nicht dazu überreden, einen Kurs oder ein Buch zu kaufen, üben die Auswerter oft erbarmungslos Druck aus und wecken Ängste. Sie behaupten beispielsweise keck, daß sich die »Charakterschwäche« verhängnisvoll auf das psychische und geistige Wohlbefinden auswirke. Wenn die Testperson den Defekt nicht bald behebe, könnten sie für nichts garantieren. Die Lösung des Problems kann der Scientologe auf dem Silbertablett servieren: Mit dem Kommunikationskurs ließen sich die Schwierigkeiten wirkungsvoll angehen und die Blockade in der Persönlichkeitsentwicklung rasch beheben, erklären die Testauswerter.

Um den Druck zu erhöhen, redete beispielsweise eine junge Scientologin einem 30jährigen Mann ein, er sei eine Null und ein Nichts. Sie untergrub sein Selbstvertrauen systematisch, bis er sich dankbar an den vermeintlichen Rettungsring klammerte, den ihm die rhetorisch geschickte Beraterin zuwarf. Er begann am gleichen Tag mit dem empfohlenen Kurs, um das drohende Unheil, das das verhehrende Testergebnis angeblich prophezeite, abzuwenden. Es folgte der Purification Rundown, ein sogenanntes Reinigungsprogramm, das eine Roßkur mit täglichem Saunabesuch von bis zu fünf Stunden beinhaltet. Später verschrieben ihm die Scientologen Auditing, eine äußerst umstrittene Befragungstechnik, die therapeutisch wirken soll. Zuerst plünderte er das Bankkonto, dann pumpte er seine Mutter an, und zum Schluß nahm er ein Darlehen auf sein Geschäft auf, um die horrenden Kurs- und Auditing-Kosten zahlen zu können.

Das harte Scientology-Training machte ihn weder glücklicher noch erfolgreicher. Vielmehr stürzte es den bisher stabilen Mann in eine psychische Krise, die ihm den letzten Rest an Selbstvertrauen raubte und ihn förmlich aus der Bahn warf. Er entwickelte Verfolgungsängste und erlitt psychische und physische Zusammenbrüche, die die notfallmäßige Einlieferung in eine psychiatrische Klinik erforderten.

Scientology hat vermutlich das vielfältigste und aufwendigste System zur Anwerbung neuer Mitglieder entwickelt. Die Zentren ziehen alle Register moderner Marketing- und PR-Methoden. Selbst das Sponsoring nutzen sie effektvoll. So fuhren längere Zeit ein Motorrad-Rennfahrer und ein Formel 300-Pilot mit der Aufschrift »Dianetik« an internationalen Wettkämpfen. Scientology hat auch wiederholt Werbefläche in Fußballstadien und an Weltcuprennen der Skifahrer gekauft. Dabei tritt die amerikanische Organisation nicht mit ihrem Namen auf, sondern versteckt sich hinter dem Begriff Dianetik, eine Disziplin der scientologischen Sektenlehre. Mit flächendeckend gestreuten Prospekten, eigenen Zeitungen, Inseraten, Standaktionen auf öffentlichen Plätzen, Postwurfsendungen usw. dienen sich Scientologen dem Publikum an.

Vereinigungskirche ködert einsame Sprachschüler

Eine wirkungsvolle Methode, ahnungslose Personen zu ködern, hat auch die Vereinigungskirche (Moonies) entwickelt. Sie tarnt sich geschickt und lockt ihre Werbeopfer mit Vorliebe im Ausland an. Die umstrittene Glaubensgemeinschaft ködert in England oder in den USA vor allem junge Touristen oder Sprachschüler aus Mitteleuropa. Jeweils zwei adrette Moonies sprechen junge Ausländer auf einem Campus oder an bekannten Ausflugszielen an und laden sie zu einem internationalen Studententreffen ein. Einsame junge Sprachschüler und Leute, die allein reisen, nehmen die Einladung meist gern an. Daß sie im Werbezentrum einer totalitären Organisation gelandet sind, die sich Kirche nennt, ahnen die überrumpelten Touristen und Studenten normalerweise nicht. Sie sehen keinen Grund, ihren Gastgebern zu mißtrauen, die sie großzügig bewirten, mit ihnen Lieder singen und angeregt über die vielfältigen Probleme dieser Welt diskutieren. Erst wenn sie zu einem drei- oder siebentägigen Studienkurs eingeladen werden, realisieren sie allenfalls, daß die Gastfreundschaft nicht selbstlos war.

Zweifel der Gäste werden mit dem Hinweis zertreut, die Studentengruppe bilde sich in religiösen Fragen weiter und engagiere sich zum Wohl der Menschheit. Stutzig müßte die jungen Gäste machen, daß sie gedrängt werden, noch in der gleichen Nacht in ein Camp mitzukommen. Doch wer will schon überall eine Gefahr wittern und mißtrauisch sein, vor allem nach einem unterhaltsamen und interessanten Abend im Kreis vieler fröhlicher junger Leute aus aller Welt. Ernsthafte Bedenken über den raschen Entscheid kommen bei vielen erst, wenn die Fahrt mit dem Kleinbus zwei Stunden dauert und in einem abgelegenen Lager endet. Doch nun ist es zu spät, und die Moonies haben mehrere Tage Zeit, ihre Indoktrination anzuwenden und die Befürchtungen ihrer Opfer zu zertreuen. Will ein »Gast« in die Stadt zurückgefahren werden, ist oft der Bus nicht verfügbar oder hat eine Panne. So sind die jungen Leute gezwungen, im Camp zu übernachten oder mehrere Tage zu bleiben. Diese Zeit nutzen die Moonies, um auch die kritischen Geister zu beeinflussen.

Opus Dei peilt oft noch jüngere Leute an und rekrutiert neue Anhänger mit Vorliebe an den Gymnasien und Hochschulen. Um Schüler an die Gruppe zu binden, führt die katholische Elite-Organisation Schülerclubs, in denen die Gymnasiasten ihre Freizeit verbringen können. Oft werden sie von Priestern betreut und machen unter fachkundiger Begleitung Hausaufgaben. Da Opus Dei vom Vatikan anerkannt ist, ahnen die Eltern nicht, daß ihre Kinder vereinnahmenden Einflüssen ausgesetzt sind und sich allmählich von der Umgebung entfremden. Im Schülerclub werden die jungen Anhänger in die Lehre des bereits seliggesprochenen Gründers Josémaria Escriva de Balaguer eingeweiht und angehalten, bis zur Selbstaufgabe demütig zu sein. Außerdem sollen sie ihr Leben Gott weihen. Eltern reagieren oft erst mit einer gewissen Skepsis, wenn ihr Sohn oder ihre Tochter ein lebensfremdes Verhalten zeigt oder Rituale vollzieht, die an Selbstkasteiung grenzen.

Massenmobilisation der Evangelikalen mit Millionenaufwand

Bei der Mobilisierung der Massen sind evangelikale und charismatische Bewegungen unerreicht. Ihre Evangelisationsveranstaltungen werden teilweise mit Millionenaufwand generalstabsmäßig organisiert und dauern manchmal mehrere Wochen. Charismatische Prediger und Heiler, oft aus den USA eingeflogen, treten in großen Hallen vor 10 000 und mehr Anhängern auf und peitschen mit einem rhetorischen Feuerwerk die Menge emotional auf. Mit der Beschwörung der satanischen Welt erzeugen sie Angst und Schuldgefühle und verstärken damit die massensuggestive Wirkung. Erst zum Schluß hin läßt der Prediger Jesus wirkungsvoll in die düstere Szene treten und das angebliche Heil für die Auserwählten in die Welt bringen. Die Botschaft von Schuld und Sühne wird auf intellektuell tiefem Niveau und in einfachen Schwarz-weiß-Schemen vermittelt: Wer Jesus nicht in sein Herz aufnimmt, ist verloren. In eindringlichen Appellen werden deshalb am Schluß alle frisch bekehrten Besucher nach vorn gebeten, um vor der großen Glaubensgemeinschaft ihre Wandlung zu bezeugen und ihr Leben Jesus zu weihen.

Nach dem gleichen Muster organisieren evangelikale Gruppen immer wieder mehrtägige Kongresse, in denen christliche Heiler vor mehreren tausend Gläubigen ihre angeblichen Wunderkräfte demonstrieren. Originaltext einer solchen Veranstaltung mit dem amerikanischen Heiler John Wimber in der Festhalle Bern im Oktober 1993: »Workshops: Heilung von sexueller Zerbrochenheit (Homosexualität, Kindsmißbrauch, Inzest, Perversion), Heilung im Bereich sozialer Ungerechtigkeit, Heilung vom Burn-out-Syndrom, Prophetie und Heilung usw.« Der Prediger läßt Zeugen auftreten, die unter Applaus und Beifallsrufen von erstaunlichen Heilungen berichten. So sollen bei Unfällen abgetrennte Finger und Ohren wieder nachgewachsen sein. Wer den Schilderungen glaubt, sieht den Beweis dafür, daß Gott direkt in unseren Alltag eingreift und seine Prediger Wunder vollbringen läßt.

Wer sich nicht innerlich wehrt und sich dem Ritual hingibt, kann sich der Massensuggestion nicht entziehen. Diese löst normalerweise ein euphorisches Empfinden aus, das die Betroffenen als Heilserlebnis interpretieren. Sie sind überzeugt, daß Jesus in diesem Moment von ihrem Herz Besitz ergriffen hat. Sie empfinden das Erlebnis im Kreis der Gläubigen als unbeschreibliches Ereignis, das sie immer wieder erleben möchten. Die Suche danach kann zur Sucht werden. Solche Heilsrituale haben aber oft nichts mit religiösen Vorgängen zu tun, sondern sind tiefenpsychologisch erklärbare Reaktionen, die autosuggestive Wirkungen auslösen können: Ist dies der Fall, indoktrinieren sich die neuen Anhänger selbst.

Zu den Evangelisationswochen, die auch in Deutschland und der Schweiz oft von der amerikanischen Bewegung »Campus für Christus« organisiert werden, gehören häufig auch lautstarke Demonstrationen in den Straßen. Mit Transparenten, Sprechchören und Lautsprecherwagen wird Jesus in allen Tonlagen propagiert. Die Predigten des vergleichsweise gemäßigten Billy Graham werden manchmal in Dutzende von Ländern übertragen. Ein Millionenpublikum lauscht jeweils dem Star unter den Massenpredigern und Evangelisten. Man muß sich zwar hüten, alle Evangelisationsbewegungen in den gleichen Sektentopf zu werfen, doch viele Massenevangelisationen nach dem beschriebenen Muster halten einer kritischen Hinterfragung nach sektiererischen Gesichtspunkten selten stand. Wer das Evangelium marktschreierisch unter das Volk bringt, reduziert die religiösen Inhalte auf Schlagworte.

Ein Blick in die USA zeigt, daß die von einem Millionenpublikum verehrten Starprediger wohl kaum das Sprachrohr Gottes sind, für das sie sich ausgeben. Jim Bakker zum Beispiel, Fernsehprediger der Assembly of God-Kirche, der Sonntag für Sonntag riesige Sportpaläste füllte und mit seinem rhetorischen Feuerwerk ein sündenfreies Leben vor Gott predigte, erlag dem Charme seiner Sekretärin und ließ sich nach den sexuellen Eskapaden von ihr jahrelang erpressen. Untersuchungen ergaben außerdem, daß er Spenden in Millionenhöhe veruntreut hatte. Bakker hatte mit dem Schwert Gottes Kampagnen gegen die Promiskuität und die Pornographie geführt und Einfluß auf die Gesetzesbestimmungen genommen.

Auch Marvin Gorman mußte sich nach einem Sex-Skandal von seinen Anhängern verabschieden. Jimmy Swaggart, der seine Konkurrenten im lukrativen Geschäft mit Gott am Fernsehen »als Krebsgeschwür im Körper Christi« verdammt hatte, wurde mit einer Prostituierten in New Orleans erwischt. Mit einem herzerweichenden Auftritt am Bildschirm – unter Tränen gestand er: »Oh Gott, ich habe gesündigt gegen Dich und gegen meine Frau« – konnte er die Verbannung abwenden. In die Schlagzeilen sind weiter auch die Fernseh-Evangelisten Pat Robertson, Jerry Falwell und Oral Roberts geraten.

Sektenführer Moon überdeckt mit dem religiösen Heilsanspruch den weltlichen Machtdrang

Der Schlüssel zum tieferen Verständnis einer Gruppe mit vereinnahmender Tendenz ist stets beim Urheber der Ideologie oder der Führungsgestalt zu suchen. Wer das Wesen einer totalitären Bewegung ergründen und die innere Dynamik oder die Indoktrinationsmethoden studieren will, muß die Biographie des Gurus, Propheten, Messias, spirituellen Meisters, Kultgründers oder der Führungsgestalt studieren und versuchen, ein Psychogramm zu erstellen. Oft gibt das Persönlichkeitsbild der Führungsperson auch Aufschluß über die Gefährlichkeit oder eben Harmlosigkeit einer Bewegung. (Abgesehen vom Universellen Leben mit Gabriele Wittek, Fiat Lux mit Uriella und dem Verein zur Förderung der Psychologischen Menschenkenntnis (VPM) mit Annemarie Buchholz-Kaiser werden die bekannteren und größeren Gruppen von Männern geleitet).

Die Gründer und Leiter prägen die Heilslehre, werden von den Anhängern verehrt und wachen darüber, daß die Rituale und Kurse in der reinen Form praktiziert werden. Außerdem bestimmen sie das Gruppenleben und die Atmosphäre. Da sie von den Mitgliedern als die Garanten für die Erlösung oder das Heil betrachtet werden, verkörpern sie innerhalb der Bewegung die unbestrittene Autorität. Besonders fanatische Anhänger verschiedener Gruppen bestätigen denn auch nach ihrem Ausstieg, daß sie für ihren religiösen und geistigen Führer durchs Feuer gegangen wären, und zwar im wörtlichen Sinne, also bereit gewesen wären, notfalls ihr Leben zu opfern. Diese Idee ist gar nicht so abwegig, wie die Geschichte lehrt. In Jonestown, Guyana, ließen beispielsweise über 900 Sektenanhänger für ihren Führer Jones ihr Leben und in Waco, Texas, über 80 für Koresh. Fixierung auf den Gründer und Abhängigkeit vom Sektenführer sind untrügliche sektiererische Merkmale.

Die Formulierung einer Heilslehre, die in der Regel mit dem Anspruch auf die religiöse oder spirituelle »Wahrheit« verbunden ist, und die Gründung einer Bewegung sind stets Ausdruck eines ausgeprägten Willens zur Macht. Tatsächlich ist der Machtanspruch das verbindende Thema aller Kult- und Sektengründer. Die Biographie der Führungsfiguren gibt häufig Aufschluß über die Motive, die bei vielen in den tiefenpsychologischen Bereichen zu suchen sind. Traumatische Erlebnisse, neurotisches Charakterbild, schizophrene Tendenzen, Realitätsverschiebungen, Verfolgungswahn usw. können die Triebfeder sein, sich als Messias oder Hüter der letzten Geheimnisse des Lebens zu fühlen oder auszugeben.

Kampf gegen den psychischen Absturz

Das Gefühl von Macht soll helfen, die psychischen Defizite auszugleichen. Da es sich dabei bestenfalls um eine Ersatzbefriedigung handelt, muß die Macht beständig zunehmen, um als Ersatz wirksam zu bleiben. Die Verehrung und das unterwürfige Verhalten der Anhänger suggerieren den machtanfälligen Führungsfiguren, die bedeutendste Gestalt der Zeitgeschichte zu sein und die Wende in der Menschheitsgeschichte eingeleitet zu haben. Solche Vorstellungen begünstigen größenwahnsinnige Tendenzen. Alle Anzeichen sprechen dafür, daß einzelne Sektengründer auf dem Buckel ihrer Jünger einen unablässigen Kampf gegen den eigenen psychischen Absturz führen.

Auch bei der Beziehung zwischen den Kultgründern und ihren Jüngern spielt das Prinzip von Angebot und Nachfrage. Wäre nicht bei einem Teil der Bevölkerung das Bedürfnis nach Führern vorhanden, würden die Gurus, »Messias«, »Propheten« und Kultfiguren in ihrem Elfenbeinturm vereinsamen. Diese profitieren vom Hang vieler Leute, sich zu unterwerfen. Erich Fromm beschreibt das Phänomen folgendermaßen: »Je vollkommener Gott wird, desto unvollkommener wird der Mensch. Er projiziert das Beste, was er hat, auf Gott und gibt sich darüber selbst der Armut preis. Nunmehr ist alle Liebe, alle Weisheit, alle Gerechtigkeit bei Gott, und der Mensch ist dieser Eigenschaft beraubt, ist leer und arm. Er hatte mit einem Gefühl der Kleinheit begonnen, nun aber ist er völlig machtlos und ohne Kraft. Alles, was seine Stärke ausmacht, hat er Gott übertragen.« Fromm spricht von der Abhängigkeit des Gläubigen von Gott: »Je mehr er Gott preist, desto leerer wird er. Je leerer er wird, desto sündiger fühlt er sich. Und je sündiger er sich fühlt, desto mehr preist er Gott – und desto weniger ist er imstande, zu sich selbst zurückzufinden.« (Aus »Psychoanalyse und Religion«).

Dieser Prozeß der Entfremdung ist bei Sektenanhängern besonders ausgeprägt. Je mehr das Selbst geschwächt wird, desto stärker ist es auf die »Autorität« des Sektenführers angewiesen. Diese Dynamik, die von den Sekten gefördert wird, entpuppt sich als Indoktrination. Die Anhänger können die Verantwortung dem Gründer übertragen und alle Entscheide ihm überlassen. Er lindert vermeintlich auch alle Ängste und Nöte. Dabei berauben sich die Jünger der Möglichkeit, seelisch zu wachsen und werfen die wohl wichtigsten menschlichen Werte weg.

Handelt es sich um einen unnahbaren »apokalyptischen« Führer, der mit dem Mittel der Angst operiert, kann die Beziehung zur Unterwerfung oder gar Versklavung der Jünger führen. Bei fernöstlichen Gurus besteht die Gefahr der Verschmelzung, die in der Selbstaufgabe endet. Deshalb ist es kein Zufall, daß beispielsweise sowohl weibliche wie männliche Anhänger von Bhagwan (Osho) ihr Verhältnis zu ihrem verstorbenen Guru oft als Liebesbeziehung bezeichnen.

Die Zeugen Jehovas loben die Unterwerfung sogar als ausgeprägte religiöse Tugend. In ihrem Traktätchen »Der Wachtturm« vom 1. Juli 1994 heißt es unter dem Titel »Willige Unterwerfung unter die Souveränität Jehovas«, der Schlüssel für eine willige Unterwerfung sei die Anerkennung legitimer Autorität. Dies aus der Überzeugung heraus, daß es für die Menschen nichts Besseres gibt. Der Artikel kommt zum Schluß: »Möchtest du von Jesus und seinem Vater geliebt werden? Dann unterwirf dich ihrer Autorität.«

Moon hat ein perfektes Sektensystem aufgebaut

Ein Kurzporträt des Gründers der Vereinigungskirche, Sun Myung Moon, soll Einblick in die Biographie eines mächtigen Sektenführers geben. Auf eine psychologische Interpretation oder ein Psychogramm soll hier aus persönlichkeitsrechtlichen Überlegungen heraus verzichtet werden. Die Fakten sollten es jedoch erlauben, sich selbst ein Bild von der Persönlichkeitsstruktur des Sektengründers zu machen.

Die Moonies, Anhänger der Vereinigungskirche, verehren ihren Sektengründer Sun Myung Moon als Messias und den »wahren Vater«. Sie schreiben dem Koreaner göttliche Attribute zu, weshalb die Grenzen zwischen dem »wahren« und dem himmlischen Vater im Bewußtsein vieler Moonies ineinander fließen. Es scheint ihn nicht zu stören, daß sie ihn auf eine Ebene mit Gott stellen. Die Fixierung der Anhänger auf seine Person hat durchaus einen praktischen Nutzen: Sie fördert die Indoktrinationsmöglichkeiten, die Abhängigkeit und Entfremdung. Der Sektenführer ist unnahbar und lebt abgeschottet im engsten Kreis des Sektenkaders.

Unklar ist, ob die Moonies ihrem »Messias« direkte Einflüsse in den himmlischen Sphären zuschreiben. Vermutlich entwickeln die Anhänger auf Grund der gruppeninternen Andeutungen ihre eigenen Vorstellungen darüber. Moon selbst äußert sich dazu nur in vielfältig interpretierbaren Metaphern. Klar ist hingegen, daß er von sich behauptet, einen göttlichen Auftrag erfüllen zu müssen. Unbestritten ist auch, daß der Sektengründer die absolute Macht innerhalb der totalitär geführten Vereinigungskirche innehat. Sein Wort ist für die Moonies Gottes Botschaft, unumstößlich und nicht anzuzweifeln. Und seine Anordnungen verstehen die Anhänger als göttliche Befehle. Wer dies bezweifelt, wird vermeintlich vom Teufel in Versuchung geführt und betreibt Gotteslästerung. Der Absolutheitsanspruch und die Monopolisierung der göttlichen Wahrheit durch Moon führen zwangsläufig zur religiösen Entmündigung der Mitglieder.

Die Allmachtsphantasien Moons beziehen sich aber nicht nur

auf den religiösen Bereich, sondern zeigen sich auch handfest im Diesseits. Hans-Joachim Rosina beruft sich in seinem Buch »Faszination und Indoktrination« (S. 159) auf ein Ex-Mitglied der Vereinigungskirche, das den Sektengründer erlebte. Danach soll der »Messias« bei einer internen Veranstaltung der Vereinigungskirche in den USA verschiedenen Sektenanhängern befohlen haben, körperliche Peinigungen lautlos zu ertragen. Diese Züchtigungen waren laut Rosina nicht als Strafe gedacht, sondern als Gehorsamsritual. Als Dank für die Demütigung vor versammelter Sektengemeinde durften die Geschundenen den Sektengründer lobpreisen. Außenstehende mögen solche Rituale für sadistisch halten, einschneidender als die körperlichen Schmerzen solcher Gehorsamsübungen sind jedoch die seelischen Folgen. Nur wer sich zu Gunsten einer angeblich höheren Idee und eines Kollektivs aufgegeben hat, unterwirft sich freiwillig einer solchen Prozedur.

Der 1920 geborene Koreaner Sun Myung Moon – in seinem »Künstlernamen« führt er sowohl die Sonne als auch den Mond an – hat eines der perfektesten Sektengebäude entwickelt. Zu seinem Machtsystem gehören nicht nur eine religiöse Heilstheorie, sondern auch eine politische Ideologie und ein weltumspannendes Wirtschaftsimperium. Der »Messias« aus dem Osten versucht die ahnungslosen Menschen in Europa und den USA mit den Waffen des Westens zu schlagen: Mit der Bibel in der Hand stößt er in die sensiblen Machtbereiche vor. Der Name seiner Sekte verrät dabei mindestens einen Teil seines Ziels: alle Religionen unter seinem Banner zu vereinen. Damit pflanzt er seinen Anhängern die Utopie ein, »im Auftrag Gottes« alle gläubigen Menschen unter seinem ideologischen Dach zu vereinen. Den umfassenden Führungsanspruch dokumentierte er unter anderem, als er den »Rat für die Religionen der Welt« gründete. Konsequent zu Ende gebracht, führt dies zur Idee von der Weltherrschaft.

»Messias« Moon hat sich im angeblichen Heilsplan Gottes die Hauptrolle zugeteilt und sich zur Schlüsselfigur bei der Rettung der Menschheit aufgeschwungen. Laut seinen Visionen ist es ihm vorbehalten, über das Schicksal von Himmel und Erde zu entscheiden: Gelingt es ihm, das Reich Gottes auf Erden vorzubereiten, bricht das Paradies für alle Zukunft über das Universum herein. Scheitert seine göttliche Mission, versinkt die Menschheit wahrscheinlich für die nächsten 2000 Jahre in eine noch tiefere Depression und bleibt Spielball des Teufels. So verkündet es Moon, und kein Jünger käme auf die Idee, an diesen »göttlichen« Botschaften zu zweifeln. Wer es trotzdem tut, begeht vermeintlich Verrat an der Vereinigungskirche und der Menschheit schlechthin und versündigt sich schwer.

Im Laufe seiner Karriere als Sektenchef gewöhnte sich Moon an die Rolle des »Messias«. Mit der Zeit versuchte er, seinen Einfluß auszuweiten und seine Rolle im angeblichen Heilsplan Gottes immer weiter auszuschmücken. Er interpretierte seine Funktion als Sprachrohr Gottes generös: Da Gott ihn als Erlöser auf die Erde gesandt hat, mußte er logischerweise Teil des göttlichen Systems sein, überlegte sich Moon. Und so erklärte er: »Gott lebt in mir, und ich bin seine Inkarnation. Die ganze Welt ist in meiner Hand, und ich will die Welt erobern und unterwerfen.« (Zitiert nach Friedrich W. Haack aus »Jugendreligionen«, S. 105).

Moon spielt – wie bereits erwähnt – nicht nur virtuos auf der religiösen Klaviatur, er hat den göttlichen Auftrag auf die politische und wirtschaftliche Bühne ausgedehnt. So glaubte er, es gehöre auch zu seiner vornehmen Aufgabe, den Kommunismus als Inbegriff der satanischen Kräfte zu bekämpfen. Satanisch ist für Moon außerdem so ziemlich alles außerhalb seines engen ideologischen und religiösen Horizontes. Als göttlich, himmlisch und »wahr« läßt er praktisch nur gelten, was in sein Weltbild paßt. Immerhin kennt der Sektengründer klare Abstufungen. In seinen Augen gedieh das Böse an sich zur Zeit des Kalten Kriegs in den Ländern des Ostblocks, wo der Satan im Kommunismus ungehindert gewütet haben soll. »Messias« Moon dehnte deshalb die religiöse Schlacht um das Reich Gottes auf die ideologisch-strategische Ebene aus. Er sagte dem Satan den Kampf an und fuhr scharfes Geschütz auf: Moons Wirtschaftsimperium soll auch eine Waffenfabrik umfassen, wie Kenner der Szene in verschiedenen Büchern und Publikationen schreiben. Moon benutzt die beiden potenten Machtinstrumente Kirche und Kapital, um seine Schlagkraft zu erhöhen.

Mit der religiösen Interpretation des weltlichen Machtkampfes legitimiert Moon sein ausgeprägtes und handfestes Engagement im wirtschaftlichen und politischen Bereich. Abstrahiert man dieses abenteuerliche Sektenkonstrukt auf den eigentlichen Gehalt und zieht die Persönlichkeitsstruktur des »Messias« in Betracht, fällt der selbstgezimmerte »göttliche« Heilsplan in sich zusammen: Moon kaschiert seinen mit Wahnideen durchsetzten Machtanspruch mit religiösen Versatzstücken.

Analysiert man die Entwicklung von Moons Sekten- und Wirtschaftsimperium, zeigt sich deutlich, daß er das Schwergewicht seiner Aktivitäten mehr und mehr auf die weltlichen Aspekte gelegt hat. Die religiöse Verbrämung seiner Ideologie erscheint als Ablenkungsstrategie. Mit dem Anspruch, im Auftrag Gottes zu handeln, legitimiert er sein Bemühen, die Schlacht gegen die satanischen Kräfte auf die politische und wirtschaftliche Bühne auszudehnen und weltweit zu expandieren. Bei Moon sind Geld und Macht siamesische Zwillinge. Er gibt zwar vor, den Hunger nach Kapital in den Dienst seiner göttlichen Mission zu stellen. Seine Aktivitäten erwecken jedoch eher den Eindruck, daß der Sektenführer von individueller Machtgier getrieben wird.

Gefängnisstrafe für den Sektengründer

Ein Blick ins unternehmerische Portefeuille von Moon zeigt, daß die wirtschaftliche Expansion mit aller Kraft vorangetrieben wird. Die Liste seiner Firmen und Fabriken ist unüberblickbar. Stützpunkte für seine Aktionen sind vor allem Südkorea und die

USA. Zu Moons Imperium gehören Banken, Zementfabriken, Hotels, Verlage, Zeitungen, Export- und Importfirmen, eine Fischereiflotte sowie zahlreiche Dienstleistungsbetriebe. Außerdem beherrscht der Sektenchef den weltweiten Ginseng-Markt zu einem beträchtlichen Teil. Die Maschinenfabrik Tong II soll auch Waffen oder Teile davon produzieren. Die renommierteste Zeitung in seinem Sold ist die »Washington Times« (nicht zu verwechseln mit der »Washington Post«). Als Prunkstück der zahlreichen Ländereien und Immobilien gilt das riesige, 1976 gekaufte Hotel »New Yorker«. Moon wollte auch das berühmte Empire State Building kaufen, doch brachte er das Geschäft nicht unter Dach. In den letzten Jahren gründeten vermehrt auch geschäftstüchtige Moonies Firmen, die sie unter ihrem eigenen Namen führen.

Zur wirtschaftlichen Prosperität der Vereinigungskirche tragen auch die Sektenanhänger bei. In der Überzeugung, das Reich Gottes auf Erden vorzubereiten, betteln sie ein Vermögen zusammen oder verkaufen Blumen, Kerzen und Kleinkram zu überhöhten Preisen. Im Schnitt erbetteln die Mitglieder rund 100 Dollar pro Tag, die in die Sektenkasse fließen. Oft sind die Moonies täglich bis 18 Stunden auf den Beinen, um das aus religiösen Motiven heraus selbstgesteckte Soll zu erfüllen.

Die machtpolitischen Ambitionen kann Moon hinter frommen Sprüchen verstecken, und seine Kolonnen sind überzeugt, als die Elite Gottes einen Kreuzzug im Auftrag des »himmlischen Vaters« zu führen. Unter dem Banner ihrer Vereinigungskirche gibt es für die Moonies keine politischen Grenzen. Sie beanspruchen für sich weltweit Religionsfreiheit und setzen unter dem Schutz dieses Rechtstitels meist unbehelligt ihre handfesten Machtinteressen durch. Auf ihrem Expansionsfeldzug werten die Moonies ihre verqueren religiösen und ethischen Ideen höher als die demokratischen Spielregeln.

Entlarvend ist Moons Wortschöpfung »Gott-ismus«, mit der er ein ideologisches Gegengewicht zum Kommunismus setzte. Seine »Gottes-Ideologie« ist eine Symbiose von Religion und politischer Weltanschauung, mit der er seinen globalen Machtanspruch dokumentiert. Moon nutzt die religiöse Toleranz der westlichen Demokratien für seine politischen Aktionen. Nach außen pocht er auf die demokratischen Grundrechte und mißachtet nach innen, also gegenüber seinen Jüngern, die Menschenrechte. Dabei baut er auf die Angst vieler Politiker und Behörden, gegen religiöse Minderheiten einzuschreiten. Tatsächlich wurden die totalitären Religionsgemeinschaften bisher kaum je für ihr wucherhaftes Geschäftsgebaren oder die Indoktrinationsmethoden belangt. Denn die Meinungsträger haben Angst, in den Ruch zu geraten, religiöse Minderheiten zu verfolgen. Sekten stürzen sich denn auch reflexartig in die Märtyrerrolle, sobald Kritik an ihrer Gruppe laut wird. Dabei machen sich die Behörden zu Helfershelfern eines »Messias«, der seine Anhänger ausbeutet und psychisch unheilvoll beeinflußt.

Eine Biographie voller Überraschungen

Der Gründer der Vereinigungskirche hat ein lockeres Verhältnis zu den biographischen Eckdaten seiner Person. Wie verschiedene andere Sektenführer nimmt es auch Moon mit seinem Werdegang nicht so genau, die Grenze zwischen Dichtung und Wahrheit ist fließend. Unspektakuläre Stationen seines Lebens blendet er aus, die entscheidenden Ereignisse werden dramatisiert. Bei Moon beginnt die Klitterung bereits vor der Geburt. Zwar erblickte Yong Myung Moon, wie er ursprünglich hieß, am 25. Februar 1920 als Sohn eines Bauern in Chunju, das im heutigen Nordkorea liegt, das Licht der Welt, doch in der Sektenbiographie wird das Geburtsdatum kurzerhand auf den 6. Januar, den Drei-Königs-Tag, vorverlegt. Für einen »Messias« macht es sich offenbar besser, am Tag der Erscheinung des Herrn auf die Welt gekommen zu sein. Wörtlich dazu in einer Moon-Schrift: »An jenem Tag wurde einem Menschen das Leben geschenkt, dem der göttliche Auftrag für die schwierigste Aufgabe der Geschichte bestimmt war: die Welt zu erneuern.« (zitiert nach Friedrich W. Haacks Buch »Jugendreligionen«).

Tatsächlich ist für die Moonies der 6. Januar bedeutungsvoller als der 24. Dezember. Sie versuchen damit auch, die Rolle von

Jesus im göttlichen Heilsplan zu relativieren. Sie leugnen zwar nicht, daß der Sohn Gottes ein wichtiger Prophet war, doch hat er in den Augen der Moonies das Ziel seiner Mission gründlich verfehlt: Weil er die Chance nicht nutzte, die »wahre« und »reine« Familie zu gründen und sich ans Kreuz schlagen ließ, erfüllte er laut Moon seine Bestimmung nicht, nämlich die Menschen vom verhängnisvollen Fluch der Erbsünde zu befreien und das Reich Gottes auf Erden vorzubereiten. In einer sekteninternen Biographie heißt es dazu: »Jedoch wurde ihm selbst erst in seinem sechzehnten Lebensjahr seine Mission vollkommen deutlich gemacht. Als er am Ostersonntag bei Sonnenaufgang in ein Gebet vertieft war, hatte er eine großartige Vision. Jesus Christus erschien ihm und teilte ihm mit, daß er dazu bestimmt sei, jene Mission zu Ende zu bringen, die Jesus 2000 Jahre zuvor begonnen, aber nicht vollendet hatte.« (Zitiert nach Hans-Joachim Rosinas Buch »Faszination und Indoktrination«, S. 28).

Moon stellt sich nicht nur über Jesus, sondern brachte offenbar auch Satan das Fürchten bei. In den »Göttlichen Prinzipien«, der Moonschen Bibel, heißt es: »Die Wahrheiten Gottes lagen in seinen Händen. In diesem Punkt wurde er unumschränkter Sieger von Himmel und Erde. Die gesamte geistige Welt beugte sich am Tage seines Sieges vor ihm. Satan ergab sich an jenem Tage völlig, denn Sun Myung Moon hatte sich zu einem reinen und vollkommenen Sohn Gottes emporgekämpft. Sun Myung Moon wurde als Sieger des Universums und als Herr der Schöpfung anerkannt.« (zitiert nach Rosina, S. 28/29).

Moon wuchs bis zum 10. Lebensjahr in konfuzianischem oder buddhistischem Gedankengut auf. Seine Familie ließ sich danach zum Christentum bekehren und trat – wie verschiedene Quellen erklären – der presbyterianischen Kirche bei. Mitte der 40er Jahre schloß er sich einer Sekte mit dem Namen »Israel Orden« an, dessen Führer Kom Moun Paik sich für den Messias hielt. Moon hat sich vermutlich vom Israel Orden inspirieren lassen, eine eigene Sekte zu gründen. Verschiedene Elemente sind denn auch in die Vereinigungskirche eingeflossen.

Moon entwickelte früh missionarischen Eifer

Schon während der Studienjahre fiel Moon durch sein missionarisches und sektiererisches Verhalten auf. Er versuchte aber erfolglos, die christlichen Gemeinschaften in Korea unter seinem Führungsanspruch zu vereinen. 1946 verhafteten die kommunistischen Behörden den religiösen Eiferer. Die Umstände der Verhaftung lassen sich nicht rekonstruieren, doch soll Moon – von Gläubigen denunziert – wegen sexuellen Initiationsriten verurteilt worden sein, wie in verschiedenen Sektenbüchern nachzulesen ist. Die Vereinigungskirche behauptet dagegen, politische Gründe hätten zu seiner Verhaftung geführt.

Eine sekteninterne Schrift bestätigt indirekt den Sachverhalt und leitet daraus eine Art Auferstehungsgeschichte ab: »Durch Denunziation kam es zu mehrfachen Verhaftungen, bis er später in einem Gefängnis brutal geschlagen und für totgehalten hinaus in den kalten Schnee geworfen wurde. Dort wurde sein lebloser Körper von einigen Anhängern gefunden, die jedoch wenig Hoffnung für sein Überleben hatten. Doch wie durch ein Wunder kam Sun Myung Moon bald wieder zu Kräften.« Noch krasser formulierte die »Auferstehung« eine andere, von Friedrich Kabermann im Buch »Die Jesusfalle« zitierte Sektenschrift: »Seine trauernden Anhänger finden seinen Körper und beginnen mit den Vorbereitungen für die Beerdigung. Nach drei Tagen kommt er jedoch auf unerklärliche Weise wieder zu sich, und obgleich nach den Mißhandlungen alles Blut aus seinem Körper gewichen war, erhebt er sich sofort ...«

1948 verurteilten die koreanischen Behörden Moon erneut zu mehreren Jahren Arbeitslager. Laut eines Berichtes der »New York Times« lautete die Anklage auf Bigamie. Moon, der heute vorgibt, die »wahre Familie« gegründet zu haben, soll die zweite Frau geheiratet haben, ohne geschieden gewesen zu sein. Auch diese Internierung baute Moon später als Teil des angeblichen Heilsplans Gottes in seine Biographie ein. »Wegen systematischer Unterernährung und Überarbeitung starben die meisten

Gefangenen bereits nach sechs Monaten. Sun Myung Moon, von der Liebe Gottes getragen, verbrachte dort knapp drei Jahre, bis ihn 1950 die UNO-Truppen befreiten (...) Darauf unternahm er einen äußerst beschwerlichen Fußmarsch in den Süden. Während Hunderten von Kilometern trug er einen Freund mit gebrochenem Bein auf dem Rücken«, verkünden die Moon-Schriften.

Nach der Befreiung begann Moon, die angeblich göttliche Offenbarung umzusetzen. Er verfaßte seine Heilslehre, die »Göttlichen Prinzipien«, in denen er die Bibel auf seine Weise interpretierte und mit Botschaften anreicherte, die er direkt vom Himmel empfangen haben will. Am 15. Mai 1954 gründete Moon die »Holy Spirit Association for the Unification of World Christianity«, die Vereinigungskirche. Sechs Jahre später soll der Sektengründer seine vierte Frau, die damals 18jährige Hak Ja Han, die Tochter seiner Köchin, geheiratet haben. Die Vereinigungskirche erklärt hingegen, Hak Ja Han sei erst die zweite Frau Moons und nicht die Tochter der Köchin gewesen. Mit ihr gründete er die »wahre Familie« und zeugte 13 »reine Kinder«, die frei von jeder Erblast sein sollen. Damit sei ihm der entscheidende Durchbruch im Heilsplan Gottes geglückt, der Jesus versagt geblieben war, behauptet Moon. Die »wahre« Familie betrachtet er als die Kernzelle zur Erneuerung der Menschheit.

Politische Ideologie als Teil des Erlösungsplanes

Wie bereits erwähnt, hat Moon seine politische Ideologie in den Erlösungsplan integriert und zum Bestandteil seiner religiösen Lehre gemacht. Sein Haß auf den Kommunismus, der sich in den koreanischen Gefängnissen in seine Seele fraß, floß ungefiltert ins missionarische Konzept der Vereinigungskirche ein. Um den Kampf gegen die kommunistischen Regimes wirkungsvoll führen zu können, baute Moon 1959 den wichtigsten Sektenstützpunkt in den USA auf, dem Gegenspieler der Sowjetunion. Vier Jahre später näherte er sich dem satanischen Feind auch geographisch und weitete seine Bewegung auf Europa aus.

Moons religiöse Heilslehre trägt kindlich-naive Züge. Nach seiner Version begann das Verhängnis der Menschheitsgeschichte wie in der Bibel mit Adam und Eva, die als vollkommenes Paar auf der Erde wandelten. Allerdings wählte Moon zur Erklärung des Sündenfalls nicht den Umweg über den ominösen Apfel, sondern führt Luzifer persönlich auf den Schauplatz des Geschehens. Eva läßt sich vom Satan verführen, hält jedoch die Schmach nicht aus. Deshalb zieht sie Adam mit ins Verderben: Ihre Kinder und mit ihnen die ganze Menschheit erben die untilgbare Sünde. Der Satan übernimmt das Zepter und verwandelt die Erde in ein Jammertal. Um den Teufel zu besiegen und die Menschheit zu befreien, sendet Gott nach Moons Version Jesus ins gelobte Land. Doch versagt der Sohn Gottes laut Vereinigungskirche jämmerlich. Die Spirale der Erbsünde dreht sich weiter 2000 Jahre, und der Satan führt weiterhin ungehindert das Zepter.

Diese abenteuerliche These vertritt Moon nicht nur gegenüber den indoktrinierten, unkritischen Sektenanhängern, sondern auch vor Fachpublikum. An einem Kongreß in Korea erklärte er zahlreichen amerikanischen Geistlichen in einer Rede: »Aber – und was ich jetzt sage, wird Sie nicht unberührt lassen, und wegen dieser Aussagen bin ich auch mein ganzes Leben verfolgt worden – Jesus Christus war ein Mensch (...) Seine Aufgabe war es, eine wahre Familie wiederherzustellen; zu seiner Zeit bestand die Möglichkeit einer solch ungewöhnlichen Partnerschaft (...) In den Augen Gottes hätte ein wahrer Nachkomme Jesu viel größeren Wert als all die Menschen hier auf Erden zusammen.«

Es ist tatsächlich erstaunlich, daß sich Geistliche aus aller Welt als Plattform für solche »Verkündigungen« mißbrauchen lassen, ohne lautstark zu protestieren. Denn Moon organisiert immer wieder pompöse Kongresse, an die er vor allem christliche Theologen und Geistliche aus aller Welt einlädt. Sie geben sich dazu her, Moon im Glanz eines großen Religionsführers erscheinen zu lassen. Er benutzt diese Großveranstaltungen, an denen auch viele seiner Anhänger teilnehmen, auch als Propagandamittel nach innen: Die Jünger erhalten den Eindruck, Moon sei über die Vereinigungskirche hinaus als geistiger und religiöser Führer anerkannt. Damit gelingt es ihm, gelegentliche Zweifel an der Glaubwürdigkeit seiner Person zu zerstreuen.

Feldzug gegen den Teufel und den Kommunismus

In den »Göttlichen Prinzipien« erklärt Moon, die beiden ersten Weltkriege hätten die Welt in eine kommunistische und eine demokratische Hälfte geteilt. Der Sieg über den Kommunismus im Dritten Weltkrieg sei nebst der Gründung der »wahren Familie« die zweite Bedingung zur Errichtung des Reichs Gottes auf Erden. Moon postuliert zwar nicht ausdrücklich einen kriegerischen Feldzug seiner Kolonnen, doch vermittelt er in seinen Botschaften den Eindruck, daß er den Auftrag Gottes notfalls nicht nur mit der Waffe der Ideologie und Expansion der Vereinigungskirche umsetzen will. Im Gelöbnis der Vereinigungskirche, das alle Jünger Moons jeden Sonntagmorgen um etwa fünf Uhr erneuern, versprechen sie unmißverständlich: »Ich werde unter Einsatz meines Lebens kämpfen.«

In seinem Kampf für das Reich Gottes auf Erden erlebte Moon 1982 eine empfindliche Niederlage. Wegen Steuerhinterziehung verurteilte ihn ausgerechnet sein »Verbündeter«, die USA, zu 18 Monaten Gefängnis, die der »Messias« 1984/85 absaß. Sein Weltbild erlitt Risse, der gedemütigte Moon verlegte den Sektensitz nach Südkorea. Vor dem Sieg über den Welt-Kommunismus mußte er noch Amerika bekehren. In einer Rede am 15. Mai 1986 erklärte er: »Ich habe viele Organisationen ins Leben gerufen, um Amerika zu retten.«

Ein taktisches Meisterwerk gelang Moon in Moskau. Obwohl er kurz zuvor noch den Dritten Weltkrieg gegen den Kommunismus beschworen hatte, führte er im März 1990 tief im Feindesland eine Weltgipfelkonferenz für den Frieden mit 500 geladenen Gästen aus 60 Ländern durch und erhielt eine Audienz bei Präsident Gorbatschow, dem einstigen Erzfeind. So ließ sich der Sektenführer als Sieger auf dem geistigen und ideologischen Schlachtfeld feiern. Vergessen war die Losung der Causa (Konföderation für die Vereinigung der Gesellschaft Amerikas), des politischen Arms der Sekte: »Causa hat sich den Sieg über den Kommunismus zum Ziel gesetzt, auf daß alle Völker von der Knechtschaft befreit werden.« (Aus einer Werbeschrift von Causa-Schweiz)

Die Gefängnisstrafe in den USA war nicht die einzige Schmach, die Moon einstecken mußte. Besonders schmerzhaft war der Verleumdungsprozeß, den die Moonies 1981 gegen die englische Zeitung »Daily Mail« geführt hatte. »Die Kirche, die Familien zerstört«, hatte das Blatt im Titel verkündet und die Machenschaften der Vereinigungskirche enthüllt. Die Sekte kontrolliere ihre Anhänger durch Gehirnwäsche, mache sie abhängig und entfremde sie von ihren Familien, hatte die Zeitung kritisiert. Moon führe ein Leben in Luxus, lasse aber seine Jünger in Armut leben und für den Sektengründer große Beträge erbetteln. Die Sekte verlor den Monsterprozeß und mußte riesige Summen an Anwalts- und Gerichtskosten zahlen.

Die von Moon initiierten Studentenorganisationen, Bürgerinitiativen und politischen Gruppierungen haben oft den Charakter einer Tarnorganisation. Im »Rat für die Religionen der Welt« (Council für the World's Religions, CWR), den Moon 1984 gründete, will er führende Vertreter großer Religionsgemeinschaften wie Buddhismus, Hinduismus, Islam, Judentum usw. vereinen. Damit deutet er an, daß er seinen Führungsanspruch nicht auf die christlichen Kirchen beschränkt.

Eine wichtige Rolle innerhalb der Vereinigungskirche spielt auch die Studentenbewegung CARP (Collegiate Association for the Research of Principles). Sie hat vor allem die Funktion, internationale Studentreffen zu organisieren und neue Anhänger zu werben. In eigenen, hochschulartigen Institutionen bieten die Studentenorganisationen Lehrgänge an. CARP-Mitglieder können umworbene junge Leute mit der Aussicht auf ein Studium am eigenen College ködern. Außerdem haben Novizen in den USA die Möglichkeit, ihre Eltern in Europa mit dem Hinweis zu beruhigen, aus Studienzwecken länger als geplant in den Staaten zu bleiben.

Verhängnisvolles Abhängigkeitssystem als Religionsgemeinschaft getarnt

Nach dem Muster anderer Sektenführer entwickelte auch Moon einen ausgeprägten Machtdrang. Im Gegensatz zu politischen Diktatoren, die über die Staatsgewalt verfügen, macht Moon seine Anhänger nicht nur mit massensuggestiven und machtpolitischen Mitteln untertan, sondern mit raffinierten, nur schwer erkennbaren Indoktrinationsmethoden. Und der Gründer der Vereinigungskirche vereinnahmt seine Jünger in ihrer gesamten Persönlichkeit. Er beherrscht sie nicht nur ideologisch, sondern greift mit der geistigen Implantation seiner Heilslehre nach ihrer Seele. Durch die Bewußtseinskontrolle und enge Einbindung in die totalitäre Gruppe wird Moon Herr über das Leben seiner Anhänger. Somit hat er als Sektenführer die vollkommenste Art der Machtausübung gefunden, die alle Lebensbereiche und Persönlichkeitsanteile umfaßt.

Sind sich die Führer totalitärer Gruppen der Tragweite ihrer krampfhaften Machtbefriedigung bewußt? Wohl kaum. Ihr rauschartiges Streben nach göttlichen Attributen trübt das Bewußtsein, fördert die irrationalen Tendenzen und läßt die dunklen Seiten ihrer Seele unkontrolliert wuchern. Sie laufen Gefahr, seelische Zombies zu werden, die im weißen Gewand der Heilsbringer immer wieder eine Bühne für ihre egozentrische Performance finden. In ihrem Wahn sind sie überzeugt, Messias, Prophet, erleuchteter Guru oder genialer Retter der Menschheit zu sein.

Bezeichnend ist, wie Moon mit Empörung über den Sektenführer Jim Jones herzog und nicht den Hauch einer Selbsterkenntnis hatte. Acht Tage nach dem unfaßbaren Sektendrama erklärte Moon vor rund 500 Theologen, Philosophen und Wissenschaftlern an einer Konferenz: »Während wir diese letzten vier Tage gearbeitet haben, war die Tragödie von Guyana ständig in unserem Bewußtsein. Ein Grund, warum die Guyana-Tragödie die Menschen erschreckt hat, ist, daß sie uns daran erinnert, daß wir heute durch einen Wahnsinnigen in Machtstellung selber zerstört werden können. Die ganze Menschheit kann durch den Druck auf einen Knopf, der eine atomare Massenvernichtung auslöst, zugrunde gehen. Sogar unsere eigenen Entdeckungen werden oft von bösen Kräften dazu benutzt, Instrumente der Zerstörung zu schaffen (...) Wir sind in eine wichtige Aufgabe für das Überleben der Menschheit einbezogen. Lassen Sie uns zusammenarbeiten, damit wir eine Stimme für eine geistige Gesundheit, Vernunft und schöpferische menschliche Liebe werden, daß wir fortfahren in unserer Suche nach absoluten Werten.« (Zitiert nach »Edition Zeitgeschehen: Wahn oder Glaube«, Seite 13, Fackelträger-Verlag 1980).

Sekten streben die reinste Form der Macht an

Es liegt im Wesen von Sekten und vereinnahmenden Gruppen, Macht in ihrer komplettesten Form anzustreben. Der umfassende und absolute Heilsanspruch führt in letzter Konsequenz zum Anspruch auf Kontrolle. Heilslehre und Gruppenrituale sind oft nur Versatzstücke, um den Machtanspruch zu legitimieren, denn sie bewirken das Gegenteil von dem, was den Adepten versprochen wird: Statt Freiheit, Erleuchtung oder Erlösung von den irdischen Leiden führt die Bewußtseinskontrolle in eine Scheinwelt und fördert die Entfremdung und Entpersönlichung. Sektenführer machen ihre Anhänger zu willfährigen Gefolgsleuten, die blinden Gehorsam leisten. Die grausamsten Kriege in der Geschichte der Menschheit hatten häufig religiöse Ursachen. In der Hoffnung auf das Heil und die Erlösung verliert der Mensch oft sich selbst und ist zu allem bereit, auch zum Foltern und Morden. Diese zerstörerische und selbstzerstörerische Kraft machen sich Kultgründer mit kalter Berechnung zu eigen: Sie funktionieren die gutgläubigen Anhänger mit dem Mittel der Indoktrination zu Instrumenten ihrer Wahnideen um.

Wer hinter dem komplexen System von sektiererischen Gruppen mehr sieht und den totalitären Bewegungen auch religiöse Motive zubilligt, läuft Gefahr, ihnen auf den Leim zu kriechen. Sondergemeinschaften müssen einzig und allein am Umgang mit ihren Mitgliedern, dem Machtanspruch und den Methoden gemessen werden, mit denen sie die Ideologie durchsetzen. Die Indoktrination ist zu offensichtlich, als daß man den Sektengründern und ihrem engsten Kader Naivität oder Gutgläubigkeit zubilligen könnte. Wer Leute in Namen Gottes oder sonst einer höheren Macht knechtet und zu diesem Zweck Seelenwäsche betreibt, darf nicht mit mildernden Umständen rechnen. Diese sind einzig den indoktrinierten Opfern vorbehalten: Die Eigendynamik des Gruppenlebens und der Rituale bewirkt, daß alle

Mitglieder eines Sektenzentrums, Ashrams oder Tempels an die vorgegaukelten Ideale glauben und die Pervertierung der Heilslehre nicht realisieren.

Ursprung des krankhaften Machtstrebens ist in jedem Fall der Begründer der Ideologie oder des religiösen Wahnsystems. Er allein hat sie geprägt und die Gruppenstruktur, Missionspraktiken und Indoktrinationsmethoden ausgeheckt und umgesetzt. In letzter Konsequenz trifft ihn die Hauptverantwortung für die sozialpolitisch gefährlichen sektiererischen Umtriebe seiner Anhänger. Seine Sucht nach Macht und der übersteigerte Geltungsdrang, der oft in den Größenwahnsinn führt, sind die treibende Kraft, die ihn ein Sektensystem entwickeln lassen. Eine Macht, die weder vor geografischen Grenzen noch vor dem Bewußtsein der Anhänger Halt macht.

»Wir sind die einzige westliche Streitmacht«

Wie diese Macht auf den Sektengründer konzentriert ist, zeigt das Porträt von Sun Myung Moon, dem Oberhaupt der Vereinigungskirche. Im Gegensatz zu Moon, der seine wahre Motivation hinter einem pseudoreligiösen Konstrukt verbirgt, hat der Scientology-Gründer Ron Hubbard kein Geheimnis aus seinen Machtvorstellungen gemacht. Im Stil eines Feldherrn predigte er seinen Anhängern in einem Aufsatz mit dem Titel »Was mit Ihren Beiträgen geschieht«: »Wir sind in der einzigartigen Lage, die vielleicht einzige, wirklich wirksame westliche Streitmacht zu sein. Wir würden nicht einmal fünf Pfennige für den Rest geben.« Und im Klappentext seines Standardwerks »Dianetik« schürt er die apokalyptische Stimmung mit dem Satz »Die Geschichte ist zu einem Wettlauf zwischen der Dianetik und dem Untergang geworden.« (Dianetik nennt sich eine Disziplin der Hubbardschen Heilsidee).

Der Machtanspruch umfaßt aber nicht nur die ideologische und damit auch reale Herrschaft über die Menschheit, die Scientologen behaupten und glauben auch, daß sie das Monopol über die Mittel besitzen, um den Planeten vor dem Untergang zu retten. Seinen Absolutheitsanspruch dokumentiert Hubbard in der Aussage: »Ohne uns hätte diese Gesellschaft bereits den Punkt überschritten, an dem es noch eine Rückkehr gibt.« (aus »LRH ED 307 INT«)

Mit welchem Anspruch und moralischem Druck Hubbard seine Anhänger diszipliniert, zeigt folgendes Zitat: »In Wirklichkeit ist es jedoch vollkommen hoffnungslos und verhängnisvoll, kein Scientologe zu sein. Diejenigen, die keine Scientologen sind, befinden sich in einem Zustand völliger Unkenntnis über die Absichten der Betrüger und haben keine Chance in Bezug auf ihre Unsterblichkeit. Es ist wirklich so einfach. Daher ist es besser, gefährdet zu sein, aber eine Chance zu haben, anstatt vollkommen verdammt und ohne Chance zu sein. Diejenigen, die die Scientology kritisieren oder abfällige Bemerkungen darüber machen, können einer eingehenden Überprüfung ihrer vergangenen Taten oder Absichten nicht standhalten. Das ist Gott sei Dank ein glücklicher Umstand für uns. Der Kriminelle scheut das Licht und wir sind das Licht.« (Aus »Drohbrief an einen Scientology-Kritiker«).

Konsequenterweise hält Hubbard mit seiner Weltanschauung wenig von der Demokratie: »Und ich sehe nicht, daß populäre Maßnahmen, Selbstverleugnung und Demokratie dem Menschen irgend etwas gebracht haben, außer ihn weiter in den Schlamm zu stoßen. (...) Die Demokratie hat uns Inflation und die Einkommenssteuer gebracht.« (HCO PL vom 28.1.73).

Die klassischen Sekten, die sich auf die Bibel berufen, deklarieren ihren Machtanspruch weniger offen und beschränken sich in ihren Schriften oft auf religiöse Dogmen. Denkt man ihren Absolutheitsanspruch auf die religiöse Wahrheit und den Missionsauftrag konsequent zu Ende, führen auch ihre Ideen direkt in einen »Gottesstaat« und letztlich zur Weltherrschaft unter dem Diktat der Sekte. Die Anhänger fühlen sich nämlich von Gott aufgerufen, die Menschheit zu bekehren, sie zur religiösen Wahrheit zu führen und das Reich Gottes auf Erden einzurichten. Dies beinhaltet auch, daß sie das politische und soziale Leben nach ihren religiösen Ideen normieren wollen. Der Missionsanspruch verrät klar die globalen Ziele, die die Sekten verfolgen.

Alle Menschen haben sich den religiösen Dogmen der Glaubensgemeinschaft unterzuordnen, auch die Politiker. Garant für den authentischen Aufbau einer gottgefälligen Gesellschaft können in den Augen der Gruppenmitglieder nur die religiösen Führer sein, die den Willen Gottes am besten kennen und angeblich von ihm eingesetzt worden sind, die globale Aufgabe in seinem Namen zu erfüllen.

Sektiererische Systeme laufen dem Rechtsstaat zuwider

Streng genommen lassen sich sektiererische Ansprüche und Systeme mit einem demokratischen Rechtsstaat nicht vereinbaren. Würde man die Sekten und totalitären Gruppen gewähren lassen und ihre Heilslehre zur Staatsreligion erklären, würden in jedem Fall diktatorische Regimes entstehen. Ihre »Wahrheit« ist nicht teilbar oder formbar; sie ist einzig und allein dazu da, bis ins Detail in der vorgeschriebenen Weise umgesetzt zu werden. Im Reich des Absoluten gibt es keinen Raum für Kultur und Visionen, das Leben erstickt im Keim. Anschauuungsunterricht bieten die fundamentalistischen islamischen Regimes, in denen die religiösen Führer gleichzeitig die weltlichen Herrscher sind. Der Versuch, den Gottesstaat zu errichten, führt zwangsläufig zur Unterjochung und Indoktrination der Bevölkerung.

Keinen Hehl über ihre Ansprüche machen die Zeugen Jehovas. In »Der Wachtturm« vom 1. Juli 1994 schreiben sie unter dem Zwischentitel »Theokratische Unterordnung« wörtlich: »Theokratie bedeutet Gottesherrschaft«.

Daß die Idee von der Verfassungsfeindlichkeit gerade bei Scientology nicht abwegig ist, zeigt sich in Deutschland. Alle 16 Justizminister der Bundesländer haben einstimmig beschlossen, dem Innenministerium den Vorschlag zu unterbreiten, Scientology bundesweit durch den Verfassungsschutz beobachten zu lassen. Im Saarland wird dies bereits gemacht. Und in Hamburg hat das Oberlandesgericht dem Scientology-Zentrum die Gemeinnützigkeit und Vereinsfähigkeit abgesprochen.

Die meisten totalitären Gruppen hüten sich, den umfassenden Machtanspruch auszuformulieren. Sie wollen den Politikern und Behörden nicht auf die Nase binden, daß sie im Grunde genommen verfassungsfeindliche Ziele verfolgen. Die Führungsfiguren kleinerer Gruppen mit vereinnahmender Tendenz formulieren in der Aufbauphase den Machtanspruch in gemäßigter oder versteckter Form. Der Absolutheitsanspruch steckt aber in ihrer Ideologie. Die schnelle Expansion und die Verehrung durch ihre Jünger fördern gleichzeitig den Realitätsverlust und Größenwahnsinn.

Ein Paradebeispiel dafür ist einmal mehr Scientology. Hubbard hat Anfang der 50er Jahre ein kleines Kursinstitut aufgebaut, in dem er den Klienten seine Dianetik-Ideen vermittelte. 1954 gründete er dann die Scientology-Kirche, unter anderem, um Steuern zu sparen. Von einem Machtanspruch war damals noch keine Rede. Diesen entwickelte er erst im Laufe der 60er Jahre, als sein Unternehmen international expandierte.

»Macht Geld, macht, daß andere Geld machen«

Beseelt vom Machtdrang konnte Hubbard seine Habgier immer schlechter verstecken. »Macht Geld, macht, daß andere Geld machen«, bleute er seinen Anhängern ein. Über die Motive der Sekte ließ Hubbard keine Zweifel offen: »Der einzige Grund, aus dem es Orgs (scientologische Organisationen) gibt, ist die Aufgabe, Materialien und Dienstleistungen an die Öffentlichkeit zu verkaufen und zu liefern und Leute aus der Öffentlichkeit hereinzuholen, an die man verkaufen und liefern kann. Die Zielsetzung sind total befreite Kunden!«

Neben dem Seelenheil und der Linderung sämtlicher körperlicher Leiden versprach er den Anhängern gar die Unsterblichkeit, die konsequenterweise an finanzielle Bedingungen geknüpft ist: Wer clear werden will, also scientologisch geklärt, kann hunderttausend und mehr Franken auf das Kirchenkonto einzahlen. Und wer den Thetan, die scientologische Seele, retten möchte, wird rasch eine halbe Million los. Denn eine einzige Stunde Auditing, die hubbardsche Pseudotherapie, kostet auf den höchsten Ausbildungsstufen bis zu 1500 Franken. Wer sich das vermeintliche Heil nicht leisten kann, wird gedrängt, einen Kredit aufzunehmen.

Der 1986 verstorbene Hubbard hat seinen Anhängern wortreich erklärt, daß die Dienstleistungen gemessen am Gewinn eigentlich günstig seien. Außerdem würden die als Spenden deklarierten Gelder nicht etwa seiner persönlichen Bereicherung dienen, sondern dringend für die Errettung der Welt vor dem Untergang gebraucht. Nach Schätzungen der Sektenkenner dürfte der Jahresumsatz der Sekte mindestens zu Zeiten der Hochkonjunktur eine Milliarde erreicht haben. Allein das Zentrum in Zürich kam auf etwa zehn Millionen.

Prall gefüllte Kriegskasse

Ehrenspenden der Scientologen fließen in die war chest, die Kriegskasse, mit der die Kosten für die Aktionen gegen Kritiker und Feinde bezahlt werden. Gewöhnliche Gönner (patron) zahlen 40 000 Dollar, »ehrenvolle Gönner« 100 000 Dollar und »Gönner mit besonderen Verdiensten« gar 250 000 Dollar. Weit über 1000 Scientologen ließen sich auf der Ehrentafel verewigen, unter ihnen 150 Schweizer, die prozentual gesehen mit Abstand den ersten Rang aller Nationen einnehmen und Millionenbeträge in die Kasse schütteten. Ein begüterter Zürcher Scientologe hat für seine Familie 700 000 Franken in die Kriegskasse gespendet und insgesamt Millionenbeträge für Kurse, Materialien und Spenden aufgewendet.

Wohin die Millionen im Detail fließen, bleibt das Geheimnis des heutigen Kaders. Ein beträchtlicher Teil wird in Ländereien, in das scientology-eigene Luxus-Kreuzfahrtschiff »Freewinds« und in Immobilien investiert. Im Hauptquartier von Clearwater soll bereits ein Stadtviertel zum Portefeuille der Sekte gehören. Viel Geld verschlingen auch das professionelle Marketing, die Werbekampagnen und der Unterhalt der Dutzenden von Zentren. Für das Sektenzentrum an der Badenerstraße 141 in Zürich, mit rund 7000 Quadratmetern das größte in Europa, bezahlen die Scientologen eine Jahresmiete von rund zwei Millionen Franken.

Scientologen versuchen seit ein paar Jahren, sich eine Scheibe des Wirtschaftskuchens abzuschneiden. Sie haben unzählige Firmen im Consulting-Bereich, in der Computerbranche, auf dem Gesundheits- und Schönheitsmarkt, in der Immobilienbranche sowie im Dienstleistungssektor gegründet. Dabei arbeiten die Manager teilweise mit der sogenannten Hubbard-Technologie und zahlen Tantiemen und Lizenzgebühren an die Pseudokirche. Die Manager von Hubbards Gnaden haben sich in der WISE (World Institut of Scientology Enterprise) zusammengeschlossen. Die Zielsetzung von WISE Schweiz sieht nicht nur die Optimierung der Gewinne durch Synergien vor, sondern formuliert indirekt einen globalen wirtschaftlichen Machtanspruch. In den Führungsrichtlinien steht, WISE wolle »Hubbards administrative Technologie in jedem Geschäft der Welt in vollen Gebrauch bringen.« Der Scientology-Gründer treibt sie mit dem Spruch an: »Erobern Sie, egal wie, die Schlüsselpositionen.«

Geld ist der Motor für die Expansion

Geld spielt auch bei vielen anderen Sekten, pseudoreligiösen Kulten und Psychogruppen eine wichtige Rolle. Die Gründer wissen sehr wohl, daß Geld ein wichtiger Machtfaktor ist. Die Kinder Gottes sammeln angeblich für Missionsprojekte in Entwicklungsländern und klopfen bei großen Firmen an, die Krischna-Mönche verschenken Bücher und Kassetten auf der Straße und hoffen auf eine fette Spende, die Chinmoy-Anhänger führen Reformgeschäfte, Restaurants und andere Läden.

Im Vergleich zu Hubbard waren Moon, Mose David, Prabhupada und Chinmoy allerdings phantasielos. Der Scientology-Gründer läßt sich seine umstrittenen Therapien und Hilfsmittel nicht nur mit gewaltigen »Spenden« vergolden, er benutzt das Geld gleichzeitig, um sein Abhängigkeitssystem zu verfeinern.

Wer bereits Zehntausende von Franken für das erhoffte Seelenheil und die endlose Zukunft investiert und Schulden gemacht hat, handelt sich zur psychischen Abhängigkeit auch die finanzielle ein. Denn aus dem Darlehensvertrag mit dem Finanzinstitut kann er nicht mit einem Kündigungsschreiben aussteigen.

Als »Dank« für die aufopfernde Arbeit, die lediglich mit einem besseren Trinkgelt entlöhnt wird, erhalten abgesprungene Staff-Member (Mitarbeiter) eine sogenannte Freeloader-Bill, eine Rechnung, die Zehntausende von Franken betragen kann. Der Grund: Als Mitarbeiter durften sie einen Teil der teuren Therapie und Kurse gratis beziehen. Steigen sie vor Ablauf des zweieinhalbjährigen oder fünfjährigen Vertrages aus, müssen sie einen Teil der Kurskosten zurückzahlen. Mit dieser perfiden Vertragsklausel hat Hubbard die Hürde für Mitarbeiter, aus dem Sektenunternehmen auszusteigen, noch höher gelegt. Auf den Schuldenberg packt Scientology noch eine happige Rechnung, die den Start in ein neues Leben außerhalb des Hubbard-Reichs zusätzlich erschwert. Die Schulden ketten die Sektenopfer noch stärker an den Kult.

Aber auch für Anhänger anderer Gruppierungen ist der Absprung aus materiellen Überlegungen heraus massiv erschwert. Sie stehen im Alter von 30, 40 oder 50 Jahren mittellos und oft ohne Ausbildung auf der Straße. Bilden Angehörige oder Verwandte kein Auffangnetz, ist ab einem gewissen Zeitpunkt der Ausstieg ohne Absturz kaum mehr möglich.

Scientologen, die ihr Vermögen auf die Heilsversprechen der Sekte gewettet haben, wehren sich besonders gegen die aufkeimenden Zweifel an der Heilslehre und den Verdacht, Seele und Existenz aufs Spiel gesetzt zu haben. Die Erkenntnis, dem Thetanschwindel eines sektiererischen Wirtschaftsunternehmens aufgesessen zu sein, kann schmerzhafter kaum sein. Durchschauen sie den Flop von der Unsterblichkeit, stehen sie vor einem Scherbenhaufen. Ein wichtiger Teil des Lebens scheint sinnlos vertan. Und nach außen haben sie ihr Gesicht verloren.

»Indoktrination ist keine Gehirnwäsche, aber eine seelische Folter«

Indoktrination: »Massive psychologische Mittel nutzende Beeinflussung von einzelnen oder ganzen Gruppen der Gesellschaft im Hinblick auf die Bildung einer bestimmten Meinung oder Einstellung.« (Duden)

Das zentrale Merkmal vereinnahmender Gruppen und Sekten ist die Indoktrination, mit der die Anhänger in eine vielschichtige Abhängigkeit geführt werden. Die Kultgründer verfolgen das Ziel, die Mitglieder zu unterwerfen und sie für die totalitären Bedürfnisse der Gruppe verfügbar zu machen. Mit gezielter Psychomanipulation wollen die Kaderleute auf subtile Weise die Bewußtseinskontrolle erreichen. Die Gruppenmitglieder sind gezwungen, eine neue Identität anzunehmen, sich selbst aufzugeben und sich der Bewegung unterzuordnen. Ideologie und Heilslehre sollen das eigenständige Denken und Handeln behindern und langfristig ersetzen. Als Belohnung für die geistige Mutation verspricht die Sekte den Anhängern das Heil und die Zugehörigkeit zu einer auserwählten Elite. Kultmitglieder opfern die Unabhängigkeit, um sich in den Dienst einer höheren Mission zu stellen und vermeintlich einen tieferen Lebenssinn zu finden. Dabei bleibt ihnen verborgen, daß sie manipuliert und zum willenlosen Werkzeug der Gruppe werden.

Die eigentliche Gefahr der psychischen Manipulation durch vereinnahmende Gruppen besteht darin, daß sie unauffällig angewendet und von den Betroffenen als solche nicht erkennbar ist. Somit haben die Opfer keine Möglichkeit, wirksame Abwehrstrategien zu entwickeln. Die neuen Mitglieder erhalten gar den Eindruck, sie würden alle Anforderungen freiwillig erfüllen. Sie sind auch überzeugt, die Heilslehre entspreche genau ihrer bisher erfolglos gesuchten Idealvorstellung der mystischen oder religiösen Welt.

Somit stehen Angehörige mit ihren kritischen Einwänden auf

verlorenem Posten. Die totalitären Gruppen können den neuen Anhängern einreden, die Eltern seien Opfer der Desinformation und der Hetzkampagnen der Medien geworden. Schließlich haben die Novizen (bisher noch) keine der so oft kolportierten Schauermärchen und Horrorgeschichten erlebt und die Sektenanhänger nicht als Zombies kennengelernt, sondern als äußerst liebenswerte und hilfsbereite Leute. Der Vorwurf der Eltern, die Gruppen würden Gehirnwäsche betreiben, bringt sie höchstens zum Lachen.

Die Indoktrination der vereinnahmenden Gruppen verläuft in Stufen und beginnt sanft. Sobald die ersten Manipulationsprozesse zu greifen beginnen und Wirkung zeigen, wenden die Gruppen stärkere Mittel an. Die Reizschwelle ist jeweils erreicht, wenn das neue Mitglied mißtrauisch reagiert, erste Zweifel über die Lauterkeit der Gruppe und die Heilslehre äußert oder wenn der Anpassungsdruck Gegenreaktionen provoziert.

Gehirnwäsche diente der Umerziehung von Kriegsgefangenen

Um die psychische Beeinflussung zu veranschaulichen und eine abschreckende Wirkung zu erzielen, verwenden viele Kritiker und Journalisten den Begriff der Gehirnwäsche. Der undifferenzierte Gebrauch dieses Begriffs ist problematisch. Er wurde ursprünglich im Koreakrieg Anfang der 50er Jahre geprägt und umschreibt die Umerziehung von Kriegsgefangenen. Nordkoreanische Folterknechte versuchten damals, den amerikanischen Soldaten gewaltsam die kommunistische Ideologie ins Bewußtsein zu stanzen. Sie ersannen grausame Methoden, ihre Gefangenen physisch und psychisch zu quälen und an den Rand des Wahnsinns zu treiben.

Totalitäre Gruppen arbeiten zwar gelegentlich auch mit dem Mittel der körperlichen Züchtigung, systematische Folterungen wenden sie heute kaum mehr an. Sekten und Kulte wissen genau, daß sie die Grenzen des Strafgesetzes nicht allzu offensichtlich überschreiten dürfen. Sekten verfolgen hingegen mit der Indoktrination das gleiche Ziel wie totalitäre Regimes, die zur Umerziehung von Gefangenen die Gehirnwäsche praktizieren: Mit manipulativen Methoden überschreiben sie das Bewußtsein mit ihrer Heilslehre oder Gruppenideologie. Indoktrination und Gehirnwäsche sind gleichermaßen Eingriffe in die Gefühls- und Gedankenwelt der Opfer, die zur Bewußtseinskontrolle führen. Beide Methoden dienen dem Zweck, die Identität einer Person »auszulöschen«. Die Anhänger müssen die bisherigen religiösen oder weltanschaulichen Normen und Werte radikal verdrängen und die Sektenrealität verinnerlichen. Die Psychomanipulation durch dogmatische Kulte und die Gehirnwäsche unterscheiden sich also vor allem in der Wahl der Mittel: Die Indoktrination ist keine körperliche Folter, sondern eine seelische.

Im Gegensatz zur Gehirnwäsche, bei der die Gefangenen gegen ihren Willen und gewaltsam umprogrammiert werden, unterwerfen sich Mitglieder sektiererischer Organisationen in euphorischer Erwartung des Heils freiwillig und verstärken den Prozeß durch Autosuggestion. Sie ahnen nicht, daß sie sich einer Indoktrination aussetzen. Erkennen sie die manipulativen oder doktrinären Methoden gelegentlich ansatzweise, rechtfertigen sie sich mit dem Argument, daß die Praktiken zum Wohl der Gruppe und der Heilsziele angewendet werden. Sie sind vom guten Zweck überzeugt, der die Mittel heiligt. Die dekadente Welt hat ihrer Ansicht nach die Menschen derart degenerieren lassen, daß ihnen der Blick auf die Wahrheit, das religiöse Heil und die ethischen Werte ohne Hilfe der Gruppe versperrt bleiben. Daß sie selbstzerstörerische Beeinflussungsmethoden benutzen, bleibt ihnen verborgen, da sie Opfer der Indoktrination sind. Und weil sie später selbst neue Anhänger bearbeiten, reproduziert sich das Manipulationssystem und läuft nicht Gefahr, von innen her erschüttert oder entlarvt zu werden.

Scientology-Methoden zeigen Parallelen zur Gehirnwäsche

Parallelen der Indoktrination totalitärer Gruppen zur Gehirnwäsche bei Kriegsgefangenen hat der Zürcher Psychiatrie-Professor Hans Kind auf Grund eines exemplarischen Falls aufgezeigt und in einem Gutachten dokumentiert. Hans Kind analysierte anhand der Originalliteratur von Scientology die therapeutischen Konzepte und untersuchte die psychischen Reaktionen einer ehemaligen Scientologin. Der Spezialist kam dabei zu dem Schluß, daß die Klienten bei der Therapietechnik des Auditings in einen hypnoseähnlichen Zustand versetzt werden. (Die Scientologen bestreiten dies nach wie vor vehement). Das einleitende suggestive Prozedere mache die Klienten für die Manipulation des Auditors (»Therapeut«) zugänglich und schwäche ihre Realitätskontrolle. Auf diese Weise lasse sich der Therapieklient zum Glauben bekehren und sei überzeugt, er könne sich an vorgeburtliche Erlebnisse oder gar an solche aus früheren Leben erinnern, schreibt Kind. Außerdem fühle sich der Therapierte mit zunehmender Abhängigkeit als Auserwählter, der über sonst unerreichbare seelische Fähigkeiten verfügen könne und im Extremfall einen Atomkrieg überleben werde.

Kind kritisiert in seinem Gutachten, daß die Therapie nach mechanischen Regeln abläuft und die Therapeuten keine spezielle Vorbildung brauchen. »Besonders bedenklich ist aber die offen verfolgte Tendenz, den Patienten von seinen Eltern und seiner Familie zu isolieren mit der völlig einseitigen, ja absurden Schuldzuweisung an diese für jedes frühere Fehlverhalten des Patienten«, schreibt Kind. Damit würden die Scientologen vollends an die Organisation gebunden. Der Wissenschaftler entlarvt die scientologische Therapie als »völlig unpersönliche, ja unmenschliche Prozedur«, weil der Auditor laut Lehrbuch nicht auf die persönlichen Anliegen und Probleme des Patienten eingehen soll. Als besonders bedenklich wertet Kind, daß der Auditor laut Hubbard ruhig sitzen bleiben und ein Liedchen pfeifen soll, selbst wenn der Patient Krisen und Zusammenbrüche erlebe.

Dieses Verfahren berge für labile, selbstunsichere Menschen erhebliche Gefahren wie Angstzustände, Depressionen und Krisen bis zu psychotischen Zusammenbrüchen.

Im weiteren geht Professor Kind in seinem Gutachten der Frage nach, ob die Methoden von Scientology und speziell der Auditing-Therapie mit der Gehirnwäsche vergleichbar seien. Er kommt zu dem Schluß, daß dieser Begriff vor allem für die politische Umerziehung von Kriegsgefangenen benutzt werde und Scientology deshalb nicht mit Gehirnwäsche gleichgesetzt werden dürfe. Bezüglich des psychologischen Vorgehens seien aber gewisse Parallelen nicht zu übersehen. Autoritäre Struktur, die Tendenz zur Isolierung und der Gruppenzwang seien offensichtlich. Die Parallelen zur Gehirnwäsche bedeuten laut Kind für die praktizierenden Scientologen erhebliche Risiken.

Für bedenklich hält Kind auch die unrealistischen Versprechen, mit denen Scientologen neue Anhänger ködern und Eingeweihte bei der Stange halten. Tatsächlich schreibt Hubbard in seinem Standardwerk »Dianetik«, daß mit Hilfe seiner Therapie »Arthritis verschwinden wird, Kurzsichtigkeit sich verbessert, Herzkrankheiten zurückgehen, Asthma verschwindet, der Magen ruhig arbeitet – all diese Leiden verschwinden und bleiben verschwunden... Das sind wissenschaftliche Tatsachen«. Kind hält auch die Vorstellung der Scientologen, daß Neurosen und psychosomatische Erkrankungen ausschließlich durch frühe oder vorgeburtliche Ereignisse verursacht würden »im Lichte der heutigen psychologischen und psychiatrischen Forschungsergebnisse für völlig unhaltbar«.

Außerdem untersuchte Kind die Fälle von ehemaligen Scientologen und beschreibt den enormen Druck, der auf den Klienten lastet. Eine junge Frau erlitt nach einem langen Auditing einen Kreislaufkollaps. Als sie zur Erholung fahren wollte, riefen die Scientologen täglich bei ihr an und drängten sie, sie solle sich im Scientology-Zentrum erholen und sich hier helfen lassen. Als sie sich von der Organisation lösen wollte, sei sie täglich und oft zu später Stunde mit Telefonanrufen bombardiert worden.

Eine andere junge Frau verpflichtete sich, ihr Arbeitspensum auf 50 Prozent zu reduzieren und zusätzlich zehneinhalb Stunden pro Tag im Scientology-Zentrum zu arbeiten, was mit einem fünfjährigen Vertrag besiegelt wurde. Die Doppelbelastung brachte die Scientologin an den Rand der Erschöpfung, und ihre Ärztin diagnostizierte einen psychophysischen Erschöpfungszustand. Sie schrieb die Patientin für zwei Wochen krank, doch schlug diese die Warnung in den Wind. »Erst neun Monate später meldete sie sich in heller Panik erneut bei der Hausärztin. Bei der Konsultation befand sie sich in einem schweren psychischen Ausnahmezustand mit Verfolgungs- und Todesängsten«, schreibt Professor Kind in seinem Gutachten.

Jeden Versuch, das Arbeitspensum zu reduzieren, beantworteten die Scientologen mit moralischen Druckmitteln. Wenn sie in diesem Leben gerettet werden wolle, müsse sie sich voll engagieren, wurde der jungen Frau eingetrichtert. Sie mußte eine Schrift von Hubbard lesen, in der der Scientology-Gründer schreckliche Fälle von abtrünnigen Scientologen beschrieb. In diesem Zusammenhang kritisiert Kind in seinem Gutachten die Scientology-Ethik, bei der »jede Kritik an Scientology und selbständiges Denken als Vergehen oder gar Verbrechen gegen die Organisation bezeichnet werden könne«.

Angst und Schuldgefühle als Indoktrinationsmittel

Wichtige Instrumente der Indoktrination sind Angst und Schuldgefühle, mit denen praktisch alle totalitären Gruppen arbeiten. Sie pflanzen ihren Anhängern auf schwer durchschaubare Weise diese lähmenden Gefühle ein. Dabei kaschieren Sekten und Kulte die Disziplinierungsmaßnahmen als Erlösungsritual. Häufig wird die falsch verstandene Demut, die zur Selbstaufgabe führen kann, als unabdingbare Funktion der religiösen oder spirituellen Läuterung gepriesen.

Viele Gruppen mit vereinnahmender Tendenz operieren auf zwei Ebenen mit Schuldgefühlen und Ängsten. Die wirksamere liegt im ideologischen Bereich. Die Gruppen schrauben die Anforderungen, die die Heilstheorie stellt, derart hoch, daß sie die menschlichen Möglichkeiten übersteigen. Wer nach den Erfordernissen der Ideologie und der Sekte leben will, ist zwangsläufig zum Scheitern verurteilt. Er lebt nicht nur in der ständigen Angst, die Rituale nicht in der angestrebten Perfektion und mit der nötigen Ausdauer auszuüben, sondern gleichzeitig das Heilsziel, also die religiöse oder mystische Erlösung, nicht erreichen zu können und für alle Zeiten verdammt zu bleiben. Dieser endlose Widerspruch löst bei vielen Gruppenmitgliedern traumatische Ängste aus, die sie zu weiteren Sonderleistungen anstacheln. Das Streben nach dem unerreichbaren Ziel wird zum fatalen Teufelskreis. Mit Hilfe der Indoktrination vernebeln die Sekten das Bewußtsein ihrer Anhänger und verhindern damit, daß sie dieses mystische Phantom erkennen.

Die zweite Ebene betrifft das Leben und Arbeiten in der Gruppe. Auch hier setzen Kulte und Sekten gezielt das Mittel der Angst und der Schuldgefühle im Namen eines höheren Zwecks ein. Den Gruppenmitgliedern wird eingeimpft, daß sie als Elite von der höheren religiösen oder spirituellen Macht auserwählt worden seien, um das Heil auf der Erde umzusetzen und die Menschheit auf den Erlösungspfad zu führen. Die Zielsetzungen sind auch in diesem praktischen Bereich unerfüllbar. Die Gruppenanhänger können den Anforderungen nicht genügen und fühlen sich als Versager. Das Kader macht ihnen weis, nicht mit der nötigen Ernsthaftigkeit und dem erforderlichen Einsatz bei der Sache zu sein. Viele Sektenmitglieder werden mit der Zeit vom Gefühl dominiert, die Ziele der Gruppe und den Gründer, Guru oder Gott zu verraten.

Gruppenanhänger, die von Ängsten und Schuldgefühlen verfolgt werden, sind bald verunsichert und verlieren das Selbstvertrauen. Sie sind einem extremen Wechselbad der Gefühle ausgesetzt: Auf die euphorischen Heilserlebnisse bei Massenveranstaltungen und Ritualen folgen unerwartete Rückschläge, die die Hoffnung auf die religiöse Läuterung und Erlösung jäh zerschlagen. Nun sind sie vollends desorientiert, und das Selbstwertgefühl schrumpft weiter. Deshalb sind sie erst recht gezwungen, die Ideologie und die Gruppe als Krücke für ihr Leben zu benutzen. Beide sollen ihnen den Weg aus dem bedrohlichen Labyrinth weisen. Wer einen Kern an Widerstandskraft und Selbstvertrauen bewahren kann und sich aufzulehnen beginnt, wird mit Strafen gemaßregelt, bis auch sein Wille gebrochen ist.

Totalitäre Gruppen, die ihren Anhängern Schuldgefühle und Ängste einjagen, erhalten Macht über sie. Sekten und Kulte benutzen gezielt diese Mittel der Indoktrination und erzeugen eine vielschichtige Abhängigkeit. Eine Abhängigkeit, die die geistige, seelische und religiöse Autonomie radikal beschneidet. In ihrer seelischen Not haben die Gruppenmitglieder keine andere Wahl, als sich den Sekten restlos zu unterwerfen. Damit werden sie wider Willen zu willfährigen Instrumenten eines perfekten Machtsystems, das seine Opfer zwingt, sich selbst aufzugeben.

Jede Gruppe hat ihr eigenes Indoktrinationssystem

Obwohl sich die psychologischen Grundmuster der Indoktrination bei den verschiedenen sektiererischen und totalitären Organisationen gleichen, hat jede Gruppe ihr eigenes System der psychischen Manipulation entwickelt. Die Ziele sind jedoch identisch: Die sektiererischen Bewegungen wollen – mehr oder weniger bewußt – die Kontrolle über die Gedanken- und Gefühlswelt ihrer Mitglieder erlangen. Gruppen, die das Bewußtsein ihrer Anhänger kontrollieren, gewinnen letztlich auch Macht über das Verhalten der Leute. Die Opfer der Indoktrination werden zu beliebig manipulierbaren Spielbällen in der Hand des Sektenkaders. Das Kontroll- und Abhängigkeitssystem ist derart fein gewoben, daß nicht nur die Leitfiguren oder Gründer bedingungslos als unantastbare Autorität akzeptiert werden, sondern die Anhänger sich auch gegenseitig überwachen. Somit helfen sie unbewußt aber wirkungsvoll mit, die Machtstrukturen zu perfektionieren und das Abhängigkeitssystem zu zementieren.

Die Anhänger realisieren nicht, daß sie selbst ein Teil des Überwachungsapparats geworden sind und als Mitvollstrecker der Indoktrination mißbraucht werden. Sehnsucht, ein mentaler Leistungsdruck und ein raffiniertes Belohnungssystem garantieren Ideologietreue und machen aus allen Gruppenmitgliedern Gesinnungsschnüffler.

Wer die Indoktrination am besten verinnerlicht hat und sich bis zur Selbstaufopferung für den Kult abrackert, wird als Mustermitglied gelobt und mit einer Beförderung belohnt. Dabei ist eine der wichtigsten Aufgaben, die »Reinheit« der Heilslehre oder Ideologie zu garantieren. Geborgenheit und Zuneigung werden zu Funktionen der Heilslehre und Gruppenziele und haben nichts mit Liebe an sich zu tun. In den Genuß von Zuwendung kommt nur, wer sich gruppenkonform und linientreu verhält.

Die gegenseitige Kontrolle wird als Dienst an den anderen Gruppenanhängern und als wichtiger Akt zum Wohl des Kollektivs empfunden. Den Mitgliedern wird eingeredet, sie müßten sich gegenseitig vor falschen oder schädlichen Gefühlen, Gedanken und Heilsvorstellungen bewahren und einander auf dem Weg zum mystischen oder religiösen Glück begleiten. Die Indoktrinaton wird somit als wohltätiger Akt im Dienst des einzelnen und der Gruppe getarnt. Die Anhänger schaufeln sich förmlich die eigene Falle.

Reise in die Scheinwelt durch Suggestion und Hypnose

Ein wichtiges Indoktrinationsmittel vieler Gruppen mit vereinnahmender Tendenz ist die Suggestion, die oft tranceähnliche Zustände oder gar Hypnose hervorruft. Mit dieser psychischen Beeinflussung verschaffen sich die Sekten und doktrinären Bewegungen Zugang zu tiefen Bewußtseinsschichten ihrer Anhänger und können die Ideen ihrer Heilstheorie rasch verankern. Neue Anhänger, die sich massensuggestiven Ritualen öffnen, rutschen in der Regel besonders schnell in die Abhängigkeit.

Wer sich der Massensuggestion öffnet, entwickelt zwangsläufig eine Autosuggestion und macht sich selbst zum Spielball totalitärer Gruppen. Die Betroffenen haben am angeblichen Heil geschnuppert und sehnen sich so sehr nach der Erlösung, daß sie den sektiererischen Prozeß selbst beschleunigen und die eigene Indoktrination nach Kräften fördern. Durch die Autosuggestion erhält das Sektensystem eine Eigendynamik und wird zum Perpetuum mobile: Totalitäre Gruppen leben von der unheilvollen Energie, die sie selbst erzeugen.

Die Suggestion transformiert die Fiktion der Heilslehre zur vermeintlichen Realität. Angebliche Erfahrungen, Erlebnisse oder Erkenntnisse, welche die Sektenanhänger unter suggestiven Einflüssen machen, werden für sie zur Wirklichkeit und zur Wahrheit. Sie sind nicht mehr fähig, den Prozeß zu analysieren und kritisch zu hinterfragen. Im tranceähnlichen Zustand oder suggestiv beeinflußt können ihnen beispielsweise evangelikale Heiler oder spirituelle Meister plumpe Taschenspielertricks als göttliches Wunder oder paranormales Phänomen verkaufen.

Die suggestiven Einflüsse wirken in Gruppen am stärksten. Von einer Versammlung von Gläubigen, die das Heil erhofft, geht in der Regel eine starke psychologische Kraft aus, die Voraussetzung für eine Massensuggestion ist. Mit teils langatmigen, fast einschläfernden Ritualen und Meditationen verstärken die Sektenprediger oder Gurus die suggestive Energie und nähren die Hoffnung auf Wunderheilungen oder Erlösungserlebnisse. Begünstigt vom eindringlichen, meist in der gleichen Tonlage gehaltenen Singsang, der stets die selben einfachen Botschaften vermittelt, versetzen sich die Anhänger selbst in einen tieferen Bewußtseinszustand.

Sigmund Freud verglich die psychologische Wirkung von Massen mit der Hypnose. Tatsächlich rutschen Teilnehmer an Veranstaltungen mit massensuggestiver Beeinflussung relativ leicht in einen hypnotischen Zustand ab. Die Gruppenatmosphäre wirkt ansteckend und führt zur Gleichschaltung der Gedanken und Gefühle. Die vom Affekt beherrschten tiefen Bewußtseinsschichten dominieren nun die Teilnehmer. Magische Kräfte überlagern das logische Denken und lähmen die Selbstbestimmung. Als Ersatz verleiht die Gruppe dem einzelnen die Macht des Kollektivs.

Individuelle Bedürfnisse werden der gemeinsamen Heilserwartung untergeordnet. Die irrationalen Seiten des Unterbewußten überlagern Verstand und Vernunft. Die einzelnen Teilnehmer der massensuggestiven Rituale verfallen in einen dumpfen Gemütszustand, der zu einer Reduktion des Bewußtseins führt. Hypnoseforscher erklären denn auch, die Hypnose enge das Bewußtsein ein. Sie bezeichnen sie deshalb sowohl psychologisch wie hirnphysiologisch als eine primitiv-archaische, regressive Erscheinung.

Die Hypnose ist eine mit suggestiven Beeinflussungen herbeigeführte Bewußtseinsveränderung. Sie funktioniert nur, wenn der Hypnotisierte für die suggestiven Einflüsse zugänglich ist. Der beste Hypnotiseur steht auf verlorenem Posten, wenn sein Proband immun gegen Suggestion ist. Die Erwartungshaltung oder Bereitschaft muß vorhanden sein. Der Proband hypnotisiert sich genau genommen selbst. Der Hypnotiseur schafft mit dem Ritual lediglich den günstigen Rahmen und eine suggestive Atmosphäre. Dabei helfen ihm seine Gefolgsleute, die angeblich von einem Leiden befreit worden sind. Sie erzählen, wie sie durch die Glaubensheilung die Sehkraft wieder erlangt hätten oder von Lähmungen befreit worden seien.

Autosuggestion kann somatische Kräfte freisetzen

Solche Schilderungen verstärken die eigenen Sehnsüchte nach der Erlösung und wecken bei den Gläubigen die Hoffnung, der Heiler könne sie ebenfalls von ihrem Leiden befreien. Solch intensive Autosuggestion kann tatsächlich somatische Kräfte freisetzen, die gelegentlich medizinisch unerklärliche Spontanheilungen bewirken. Wird ein Teilnehmer Zeuge einer solchen »Wunderheilung«, verstärkt sich sein Glaube an das Medium. In Wirklichkeit fördert er damit lediglich die Autosuggestion.

Mit den massensuggestiven Methoden arbeiten vor allem die eigentlichen Sekten, die evangelikalen und charismatischen Zirkel sowie die Gurubewegungen und esoterischen Sondergruppen. Ausdruck der Massensuggestion sind beispielsweise das Zungenreden und das automatische Schreiben. Die Gläubigen sind dabei überzeugt, Gott rede oder schreibe durch sie. Die angeblichen Botschaften lassen sich aber selten entziffern.

Wenn bei Heilungsgottesdiensten die Gläubigen reihenweise umfallen, liegt ebenfalls ein massensuggestives Phänomen vor. Die Betroffenen sind überzeugt, daß der Heilige Geist in sie gefahren ist. Auf diese Weise werden die psychologischen Vorgänge der Massensuggestion und Autosuggestion zur wichtigen Funktion der Heilslehre. Sie beweisen den Gläubigen angeblich das direkte Wirken Gottes oder sonst einer höheren Macht. Psychologische Phänomene betrachten sie als religiöse Erfahrung mit Beweiskraft. Gefördert wird diese Überzeugung durch das rauschartige Glücksempfinden, welches das Ritual in der Regel bewirkt. Heilprediger, die zu den fundamentalistischen Bibelinterpreten zu zählen sind, suggerieren ihren Gläubigen ebenfalls, Kraft des Heiligen Geistes Heilungen vornehmen zu können. Sie geben z. B. vor, selbst verkürzte Gliedmaßen verlängern zu können. Dabei bedienen sie sich ebenfalls der Massensuggestion. Im Rahmen der Heilungsgottesdienste fallen immer wieder Gläubige in Ohnmacht, bekommen Schreikrämpfte oder hysterische Anfälle. Diese Reaktionen werden nicht etwa als Ventil der unerträglichen inneren Anspannung gewertet, sondern als Heilsvorgang interpretiert.

Auch esoterische Disziplinen eignen sich zur Massensuggestion. Bei den Ritualen in der Gruppe wird die Bewußtseinsveränderung geradezu gesucht. Auch Meditationen erzeugen eine uniforme kollektive Atmosphäre und lassen Sektenanhänger in tiefere Bewußtseinszustände abgleiten. Da es Ziel verschiedener Bewußtseinstechniken ist, sich gedanklich von allem Irdischen zu lösen und sich für die kosmischen Energien zu öffnen, ist die Autosuggestion oft Bedingung für ein erfolgreiches Ritual. Scharlatane unter den spirituellen Meistern können das weit geöffnete Unterbewußte ihrer Anhänger für die Indoktrination nutzen. Die angebliche Erleuchtung ist nur über autosuggestive Techniken erreichbar, weshalb die Möglichkeiten der psychischen Manipulation bei Gurubewegungen, fernöstlichen Gruppen, mystischen Zirkeln und spirituellen Kulten besonders ausgeprägt sind.

Auch Scientology arbeitet gezielt mit der Massensuggestion und indoktriniert die Anhänger an den Meetings. Verschiedene Hinweise deuten außerdem darauf hin, daß die Sekte auch die Hypnose anwendet. Das Auditing (»Therapie«) enthält Rituale, welche die Hubbard-Jünger in die Hypnose oder in einen hypnoseähnlichen Zustand versetzen können. In seinem Buch »Dianetik« gibt Hubbard den Auditoren beispielsweise die Anweisung: »Bringen Sie den Patienten am Ende der Sitzung in die Gegenwart zurück, und nennen Sie das Löschwort. Testen Sie ihn mit einer Blitzfrage nach seinem Alter. Greifen Sie seine erste Antwort auf, und finden Sie den Festhalter bei diesem Alter, wenn er nicht in der Gegenwart ist.«

Sektiererischer Eifer führt in die Sucht

Die in Sekten geweckte Sehnsucht nach dem unerreichbaren Heil und die jahrelang praktizierten sektiererischen Rituale fördern zwangsläufig das Suchtverhalten. Unterstützt wird es von der komplexen Abhängigkeit vom Sektengründer und der Gruppe. Gruppenanhänger entwickeln im Laufe der Jahre ein vielschichtiges Suchtverhalten.

Bei den meisten totalitären Bewegungen ist die Ideologie oder Heilslehre das primäre Suchtelement. Die Heilsvorstellungen wecken Erwartungen, die auch nach jahrelangem Engagement in der Gruppe und unendlicher Wiederholung der vermeintlichen Heilsrituale nicht erfüllt werden. Die Diskrepanz zwischen den übertriebenen Hoffnungen und der Sektenrealität führt häufig in die Sucht.

In der Praxis sieht dies folgendermaßen aus: Heilstheorie oder Ideologie von totalitären Gruppen sind eine Fiktion. Sekten postulieren irreale Ziele und versprechen beispielsweise die Unsterblichkeit, die spirituelle »Wahrheit«, die mystische Erleuchtung, paranormale geistige Fähigkeiten, die exklusive Erlösung durch Gott am jüngsten Tag, die Heilung von tödlichen Krankheiten usw. Diese »Wunderkräfte« werden den Gruppenmitgliedern jedoch nicht geschenkt, der Guru, Gründer oder die Führungsgestalt knüpfen das Heil an Bedingungen. Einerseits müssen sich seine Jünger bis zur Selbstaufgabe unterordnen und sich bedingungslos für die Sekte einsetzen. Diese Arbeit wird als Teil der Heilslehre deklariert, die spirituelles oder religiöses Wachstum fördern soll. Andererseits hängt die Erleuchtung von der Gruppenidentifikation, vom Glauben an die Heilsversprechen und von der Hingabe bei den Ritualen ab: Wer am häufigsten betet, wer am längsten und intensivsten meditiert, wer sich bedingungslos dem Meister hingibt und am meisten Kurse absolviert, hat angeblich die größte Chance, das Heil zu erlangen.

Doch die Ziele sind nicht erreichbar und verstärken die Sehnsucht nach der Erlösung laufend. Die Gruppenanhänger jagen einem Phantom hinterher, das sich immer mehr zu verflüchtigen scheint. Sie suchen die Ursache für die Mißerfolge bei sich und strengen sich noch mehr an. Dabei liefern sie sich erst recht der Gruppe aus, entfremden sich weiter, verlieren das Selbstvertrauen und konzentrieren ihre Hoffnungen noch stärker auf die Heilserlebnisse. Dieser Teufelskreis fördert die psychische Abhängigkeit und die Suchttendenz. Statt Erlösung und Beruhigung verursacht die Suche nach dem Heil nur Streß und Angst.

Es verhält sich ähnlich wie mit der Droge: Sie verspricht die Erlösung von den Problemen und den Schlüssel zu einer heilen Gegenwelt, erzeugt in Wahrheit jedoch Abhängigkeit und Elend. Und wie die Drogenabhängigen können auch die Sektenanhänger den Teufelskreis nicht durchbrechen: Statt die Heilslehre als fatale Fiktion zu entlarven, verrennen sie sich erst recht in die Scheinwelt. Angetrieben von den euphorischen Heilserlebnissen bei der Initiation und verstärkt durch die Indoktrination, ergreifen sie die Flucht nach vorn. Die künstlich erzeugte Gruppenatmosphäre weckt in ihnen die Überzeugung, daß die andern Mitglieder erfolgreich auf dem Pfad zum Heil wandeln und nur sie die religiösen Ziele verfehlen. Sie steigern die Sehnsucht ins Unermeßliche und werden süchtig nach dem Heil und den Heilserlebnissen. Dieser Prozeß löst wahrscheinlich endorphine Reaktionen im Hirn aus, wie Neurologen vermuten: Die durch die Rituale hervorgerufenen Muster erzeugen chemische Reaktionen, die Suchtprozesse auslösen.

Auch die Rituale fördern die Suchttendenzen

Die Rituale können jedoch auch unabhängig von der Heilserwartung ein Suchtverhalten bewirken. Sie erzeugen in der Regel ein momentanes Hochgefühl und vermitteln den Gruppenmitgliedern scheinbar eine Ahnung von den Heilszielen. Diese glauben, daß sich die euphorischen Momente summieren und mit der Zeit einen anhaltenden Zustand des Glücksempfindens bewirken. Deshalb sehnen sie sich bei den Ritualen nach neuen Erkenntnissen oder Erleuchtungsvisionen, die sie in die beglückende Scheinwelt katapultieren. Die »Ausnüchterung« und die entsprechend harte Landung in der Realität wecken das Bedürfnis nach einem neuen »Kick«, der sie wieder in die heile Sektenwelt entführt.

Wie bei eigentlichen Drogen läßt die euphorisierende Wirkung immer rascher nach, weshalb die Gruppenanhänger Entzugssymptome zeigen und eine höhere Dosis an Heilserlebnissen brauchen. Statt die Suchtdynamik zu durchbrechen und die Rituale auszusetzen, erhöhen die Kultanhänger in der Regel die Kadenz und geben sich noch intensiver dem Zungenreden, dem Rebirthing, den Gebetsritualen, der Selbstkasteiung, dem Schuld- und Sühnebekenntnis, dem Chanting, der Gruppen-Meditation usw. hin.

Die Rituale verlieren mit der Zeit die ursprüngliche Bedeutung als Türöffner zur religiösen oder spirituellen Welt und werden zum Selbstzweck. Die Gruppenmitglieder müssen sich rituell betätigen, um die wachsende innere Unruhe zu bekämpfen und das Gefühl der Leere loszuwerden.

Bei Scientology kann beispielsweise das Auditing, die scientologische Therapie, eine Suchtwirkung erzeugen. Die Preclears, die zu Klärenden, werden zu Beginn der Sitzung verunsichert, indem ihnen die psychischen Defizite und Schwächen vor Augen geführt werden. Hubbard hat den Auditoren eingeschärft, die Sitzung aber erst zu beenden, wenn der Preclear zum Schluß ein Erfolgserlebnis gehabt hat. Deshalb fühlen sich die Scientologen nach jeder Auditingstunde befreit und glauben, dem Heilsziel einen großen Schritt nähergekommen zu sein. Durch die anfängliche Unterminierung des Selbstwertgefühls erleben die Preclears am Ende der Sitzung ein eigentliches Glücksempfinden, weshalb sie Wirkung und Nutzen des Auditings stark überhöhen. So sehnen sie sich immer mehr nach diesen Momenten der Erfüllung, die ihnen das Ritual vermeintlich vermittelt. Ähnliche Wirkungen können auch fernöstliche oder esoterische Rituale erzeugen. Sie entführen die Adepten in fremde Bewußtseinssphären, in denen die Welt in rosarote Watte verpackt erscheint.

Bei den Sekten, die sich auf die Bibel stützen und in ausgeprägtem Maße mit dem Indoktrinationsmittel von Schuld, Sühne und Vergebung arbeiten, hat sich eine eigene Form der Suchtdynamik entwickelt. Dies trifft teilweise auch auf die Zeugen Jehovas und evangelikale Bewegungen zu. Die Prediger untergraben mit der andauernden Beschwörung der Sünde das Selbstwertgefühl ihrer Gläubigen. Voraussetzung für die Erlösung ist, täglich die Sünden zu bekennen und Gott um Vergebung zu bitten. Dieses selbsterniedrigende Ritual frißt sich unheilvoll ins Unbewußte und bewirkt ein Grundgefühl des Ungenügens und Versagens. Ein solcher Gemütszustand richtet den Mensch mit der Zeit seelisch zu Grunde, weshalb er sich krampfhaft nach Erlösung von diesen permanenten Demütigungen sehnt.

Die »Sünder« sehnen sich nach der Vergebung, die der Prediger mit Hilfe von Gott bewerkstelligen soll. Diese bewirkt aber nur eine kurzfristige Linderung des Leidens, weil es sich lediglich um eine Symptombekämpfung handelt. Die Betroffenen realisieren nicht, daß die seelische Not tiefer liegt. Sie fühlen sich nach dem Vergebungsritual zwar für kurze Zeit erleichtert, zahlen aber das momentane Glücksgefühl mit einer weiteren Erniedrigung. Dies führt oft zu einer Suchttendenz mit einem hohen Toleranzgrad. Das heißt, die Betroffenen müssen das Ritual immer häufiger durchführen, um die Entzugssymptome bekämpfen zu können.

Mit der Zeit lernen sie, das Ritual auch allein durchzuführen, sich innerlich vor Gott auf den Boden zu werfen, die angeblichen Sünden in immer dramatischeren Bildern zu bekennen und Jesus um Vergebung zu bitten. Die Gläubigen werden immer unselbständiger und entwickeln häufig irrationale Ängste. Aus der Sorge, wirkliche Sünden zu begehen, werden sie teilweise handlungsunfähig und wirken wie gelähmt. Nicht selten zeigen Opfer einer solchen Indoktrination mit der Zeit psychische Auffälligkeiten und sind nicht mehr in der Lage, das Leben eigenständig zu meistern. Sie sind gezwungen, psychologische Hilfe in Anspruch zu nehmen. Manche Sekten führen eigene Kliniken und behandeln ihre Gläubigen gleich selber. Fatalerweise wenden sie das gleiche Ritual als Therapie an, das bei den Patienten die psychische Not ausgelöst hat. In der Überzeugung, die seelische Krankheit sei durch schwere Sünden bewirkt worden, wird das Vergebungsritual noch verstärkt. Dadurch schrumpft das Selbstvertrauen noch mehr, und das Opfer verliert endgültig den Boden unter den Füßen. Es glaubt, von Gott fallengelassen worden zu sein und die Chance, dereinst in den Himmel eingehen zu können, definitiv verspielt zu haben.

Tatsächlich erleben die Betroffenen dabei »im Namen Gottes« die Hölle auf Erden. Sie fallen meist in eine tiefe Depression und erleben eine starke Depersonalisation. Aus Selbstschutz entwickeln sie manchmal auch autistische Züge.

Die fünf Phasen der Indoktrination

Die Indoktrination verläuft in mehreren Stufen, die aufeinander abgestimmt sind, sich teilweise überschneiden oder ineinander übergehen. Es kann zwischen folgenden fünf Hauptphasen unterschieden werden:

1. Anwerbung
2. Einführung in die Heilslehre
3. Einbindung in die Gruppe
4. Entfremdung von der Umwelt und Isolation
5. Festigung der Heilslehre

Phase 1: *Anwerbung*

Die erste Stufe der Indoktrination betrifft die Anwerbung und ist bereits in Kapitel 3 ausführlich beschrieben worden, weshalb hier nur noch ein paar grundsätzliche Aspekte aufgeführt werden. Die psychische Beeinflussung beginnt bereits beim ersten Kontakt mit potentiellen Interessenten. Die Mitglieder vereinnahmender Gruppen verfolgen von Beginn an die klare Strategie, bei den umworbenen Personen Sehnsüchte zu wecken. Gespräche mit Außenstehenden sind nie zweckfrei, Kultanhänger operieren stets mit der versteckten Absicht, ahnungslose Leute in ihre Organisation zu locken. Mit geschickter Gesprächsführung versuchen Kultanhänger, ihre Opfer emotional zu destabilisieren und sie in Widersprüche zu verwickeln.

So paradox es klingen mag: Obwohl die Sektenmitglieder

durchaus glaubwürdig erscheinen und den Anschein erwecken, die Angeworbenen geistig und seelisch befreien zu wollen, ist bereits das erste Gespräch ein Angriff auf die Gedanken- und Gefühlswelt. Denn die Angesprochenen werden mit dem Ziele umgarnt, sie in die Gruppe zu locken. In der ersten Stufe, also der Anwerbung, scheuen sich die Kultmitglieder nicht, notfalls aus taktischen Überlegungen heraus die eigene Heilstheorie zu verleugnen. Sie unternehmen alles, um vom Verdacht der Indoktrination abzulenken und ein Vertrauensverhältnis aufzubauen. Die durch die öffentliche Kritik an den Gruppen hervorgerufenen Ängste vieler Leute werden teilweise mit fingierten, nicht nachprüfbaren Gegeninformationen zerstreut.

Die meisten Kulte und Sekten entwerfen eine phantastische Scheinwelt, in die die Umworbenen gelockt werden. Mit einer Überdosis an Zuwendung und Gruppensolidarität werden sie in ein bisher kaum erlebtes euphorisches Bad der Emotionen geworfen, ihr Selbstvertrauen wird künstlich aufgebaut. Sektenanhänger vermitteln ihnen gezielt Glückserlebnisse. Abgerundet wird das euphorische Heilsgefühl durch überhöhte und irreale Heilsversprechungen. Wer sich von den Ängsten und Einsamkeitsgefühlen befreit fühlt, ist überzeugt, endlich den wahren Lebenssinn gefunden zu haben. Von der ganzen Gruppe umschwärmt, laufen die geköderten Personen schon nach kurzer Zeit Gefahr, in einen Gefühlstaumel zu fallen und süchtig nach den emotionalen Flashs zu werden. Nun sind sie bereit, an den Ritualen teilzunehmen, um in den Besitz des mystischen Heils, der Erleuchtung oder der religiösen Wahrheit zu kommen.

Die Gruppen mit vereinnahmenden Tendenzen wirken in der ersten Phase der Indoktrination durch ihre antrainierte kollektive Glückseligkeit verführerisch. Sie erwecken bei den Novizen oder neuen Anhängern den Eindruck einer großen, glücklichen Gemeinschaft, die verspricht, die Urbedürfnisse nach der verlorenen Geborgenheit befriedigen zu können. Die Gruppen suggerieren, die ideale Gesellschaft zu verkörpern. Außenstehende sind oft hingerissen von der scheinbar perfekten Harmonie. Alle Mitglieder wirken beseelt von der überwältigenden Idee, das Heil zum Wohl der Menschheit und im Auftrag einer höheren

Macht umzusetzen. Die Umworbenen erleben eine Glaubensgemeinschaft ohne Widersprüche und Konflikte, vereinigt durch die hohen ethischen und religiösen Ziele. Ehemalige Sektenmitglieder berichten immer wieder, daß sie geblendet worden seien von der vermeintlich harmonischen Gruppenatmosphäre.

Ein wichtiges Mittel der Indoktrination in der ersten Phase besteht darin, den Umworbenen eine heile Gegenwelt in der Gruppe vorzugaukeln. Erfahrene Sektenanhänger entführen ihre Opfer in eine Scheinwelt, in der auf alle komplexen Fragen einfache Antworten warten und in der sich die ahnungslosen neuen Mitglieder bald verlieren. Um sich in der neuen Heilslehre und der Bewegung zurechtfinden zu können, müssen sie sich an den Betreuern orientieren und sind auf deren Hilfe angewiesen. Damit liefern sie sich aus und öffnen sich für die Indoktrination.

Persönliche Bekenntnisse wecken Heilserwartungen

Ein wirkungsvolles Indoktrinationsmittel in der Phase der Anwerbung sind auch die persönlichen Bekenntnisse der erfahrenen Sektenanhänger. Diese offenbaren den Umworbenen ihren scheinbar wunderbaren Weg und die beglückende spirituelle oder religiöse Wandlung, die sie dank der Gruppe vollziehen durften. Mit leuchtenden Augen erzählen sie von ihrem früheren Leben in Sünde und Unwissenheit und der erlösenden Bekehrung. Wie durch ein Wunder oder gelenkt von einer höheren Macht seien sie zur Bewegung gekommen und hätten ein völlig neues Leben begonnen. Hier seien sie endlich glücklich geworden und hätten eine sinnvolle Lebensaufgabe gefunden.

Daß die erste Phase der Indoktrination eine süße Versuchung, ja eine eigentliche Verführung sein kann, beweisen die Kinder Gottes oder Die Familie, wie sich die Anhänger Mose Davids seit einiger Zeit nennen. Eine ihrer Strategien der Anwerbung heißt sektenintern »flirty fishing«. Das bedeutet nichts anderes, als neue Mitglieder durch Flirten zu fischen. Um Fische an die Angel zu bekommen, verführen die weiblichen Anhänger des Sektengründers Männer manchmal zuerst im Bett. Heute streiten die Kinder Gottes zwar vehement ab, das flirty fishing im ursprünglichen Sinn noch anzuwenden. Tatsache ist jedoch, daß sie vor kurzem noch in ihren wöchentlichen Rapporten angeben mußten, wieviele Fische sie mit Flirten an Land gezogen hatten. Und Mose David sagte seinen weiblichen Mitgliedern in den Mo-Briefen, der sekteninternen »Bibel«, wörtlich: »Gebt Euch hin...«

Für die Anhänger der klassischen Sekten ist die Bekehrung zu Gott das mystische Schlüsselerlebnis. Ihr Leben habe eine unerklärliche Wende genommen, als sie Jesus in ihr Herz aufgenommen hätten, erzählen alle Anhänger den Umworbenen in einer beinahe stereotypen Formel. Doch sie wirkt immer wieder. Die Botschaft ist klar: Wenn so viele glaubwürdige Personen das gleiche Wunder erleben durften, muß zweifellos etwas daran sein, überlegen sich die Angesprochenen. Verlockend wirkt auch, daß das Heilserlebnis so leicht zu haben ist: Man braucht nur das Tor des Herzens ganz weit zu öffnen und Jesus inständig zu bitten, für immer einzutreten.

Daß sich dieses angebliche Wunder nicht im stillen Kämmerlein einstellt, versteht sich. Praktisch alle Sektenanhänger erleben das Ritual im Kollektiv, also während einer Andacht oder einer Predigt. Dann also, wenn die Gruppenatmosphäre die neuen Anhänger mitreißt und der Prediger mit massensuggestiven Mitteln die Emotionen der Gläubigen schürt. Fremdbestimmt vom Massenphänomen, der eindringlichen Musik und dem rhetorischen Feuerwerk des Predigers, brechen vor allem Frauen häufig in Weinkrämpfe aus. Im tranceähnlichen Zustand erleben die Angeworbenen den Moment als höchstes Glück, dem sie später oft in der Manier von Süchtigen hinterherjagen – allerdings meist vergeblich.

In Scientology wirken nicht nur die persönlichen Schilderungen der erfahrenen Anhänger verlockend, sondern auch die zahlreichen schriftlichen Bekenntnisse der hochtrainierten Hubbard-Anhänger über ihre angeblichen Supergewinne. In Büchern und Prospekten wird wortgewaltig suggeriert, daß beispielsweise die sogenannte Feuerwand (OT III) Wunder wirke und führende

Scientologen auf dem Weg zur Unsterblichkeit seien. Kursabsolventen müssen einen Erfolgsbericht verfassen, der im Sektenzentrum als angeblicher Beweis für die kraftvolle Wirkung aufgehängt wird. Außerdem erhalten sie unter dem tosenden Applaus der Scientologen eine Urkunde. Die permanente Fütterung mit »Wundern« wirkt auf viele Leute magisch, und sie haben nur noch den Wunsch, so schnell wie möglich clear zu werden und die weiterführenden scientologischen Ausbildungsstufen in Angriff zu nehmen. Die Suche oder Sehnsucht nach höheren Werten und einem erfüllten spirituellen oder religiösen Leben wird von Sekten und totalitären Gruppen als potentes Mittel der Indoktrination mißbraucht.

Phase 2: *Einführung in die Heilslehre*

Haben sich die Angeworbenen in der ersten Phase von den Heilsversprechungen ködern lassen und ist ihre Sehnsucht geweckt, werden sie in der zweiten Phase in die Grundzüge der Heilslehre eingeführt. Dabei verfolgen die vereinnahmenden Gruppen das Ziel, die Novizen sachte ins Labyrinth der Ideologie zu führen und sie mental an den Kult zu binden. Sie müssen sich intensiv mit den Lehrinhalten auseinandersetzen und sich in die Denkkategorien der Gruppe vertiefen. Oft verschlingen sie die ersten Schriften in fiebriger Erwartung und getrieben von der Hoffnung, darin auf den Kern zur versprochenen »Wahrheit« zu stoßen. Die geistige Auseinandersetzung mit der »Offenbarung« soll die neuen Anhänger elektrisieren und sie heiß auf die religiöse oder spirituelle Metamorphose machen. Ihre Sehnsucht wird konkretisiert und gleichzeitig erhöht.

Die Einführung in die Lehre erfolgt in erster Linie durch Kurse, Seminare, Bibelstunden, Lectures, das Studieren von Büchern, Tonband- und Videokassetten. Die neuen Mitglieder sollen die »reine« Lehre vom Guru, Messias oder Gründer im Wortlaut oder von eingefuchsten Kadermitgliedern erfahren. Bei der Verinnerlichung und Festigung der Gruppenideologie spielt allerdings das persönliche Gespräch mit erfahrenen Kultanhängern eine wichtige Rolle, die bei den neuen Mitgliedern bald eine Vertrauensstellung einnehmen. Die Angeworbenen ahnen nicht, daß ihre neuen Freunde selbst psychisch manipuliert sind und als Werkzeug des Sektengründers funktionieren.

Die vereinnahmenden Gruppen lassen ihren neuen Anhängern in dieser Phase der Konditionierung keinen Raum, sich kritisch mit der portionenweise verabreichten Heilslehre auseinanderzusetzen. Sie werden stark eingebunden, zeitlich belastet und geradezu mit Zuwendungen und Komplimenten überschüttet. Die Überbetonung der Gefühlsebene gehört zur Strategie der Sekten: Die emotionale Verwirrung überlagert das kritische Bewußtsein und raubt den neuen Anhängern in der entscheidenden Phase die Möglichkeit, die realitätsfremde Sektenideologie und die übertriebenen Heilsversprechen zu hinterfragen.

Bei der Einführung in die Heilslehre geht es in erster Linie darum, die Gedanken- und Gefühlskontrolle über die Novizen zu verstärken. Dabei kommt den totalitären Gruppen die Autosuggestion zu Hilfe, die ebenfalls zum Instrument der Indoktrination wird: Die Anhänger erhoffen und ersehnen sich die Heilserkenntnisse und die Erlösung mit der ganzen Kraft ihrer Seele und blenden den kritischen Verstand aus. Oft entwickeln sie dabei auch halluzinative Erlebnisse, die aus den Widersprüchen und Wahrnehmungsverschiebungen resultieren. In ihrer Vorstellungswelt werden die abenteuerlichsten religiösen Fiktionen zur vermeintlichen Realität. Sie entwickeln Abwehrreflexe nach dem Muster: »Es ist so, weil ich es so will und weil es so zu sein hat. Ich lasse mir das neue Glück von den notorischen Besserwissern und Pessimisten nicht nehmen.« Die neuen Anhänger schaffen sich mit Hilfe der Autosuggestion mental die Welt, die sie sich so sehr wünschen.

Die Gruppenmitglieder vermitteln den neuen Glaubensbrüdern das beglückende Gefühl, Teilhaber der religiösen oder spirituellen Wahrheit zu sein und zur kleinen Elite zu gehören, die den Heilspfad entdeckt hat. Hauptziel der Phase 2 ist die Verankerung der Heilslehre im Bewußtsein der neuen Anhänger. Sie sollen sich so lang mit den Ideen der Gruppe auseinandersetzen, bis ihnen die fremden Vorstellungen vertraut erscheinen. Der selbstverständliche Umgang der erfahrenen Gruppenanhänger mit utopisch klingenden Ideen macht ihnen die Visionen rasch vertraut.

Ideologie wird portionsweise verabreicht

Das Vortasten in die Heilslehre erleben die meisten neuen Anhänger mehrheitlich als erfüllte, intensive Zeit, in der sie vermeintlich zu tiefgreifenden Erkenntnissen gelangen. Sie sind überzeugt, ihr Leben habe die entscheidende Wende genommen und sie würden dem großen Geheimnis des Lebens Schritt für Schritt näherkommen. Das versprochene Mysterium wird ihnen allerdings nur häppchenweise offenbart. Würden sie schon in der Anfangsphase die gesamte Heilslehre, das hierarchisch strukturierte Sektengebäude und die totale Einbindung der Mitglieder erfahren, könnten sie mißtrauisch werden, und die Vision vom absoluten Heil würde getrübt. Denn in den ersten zwei Phasen der Indoktrination ist die Bewußseinskontrolle noch nicht so weit fortgeschritten, daß die neuen Anhänger auch die offensichtlichen Widersprüche der Sektendoktrin und die krassesten Praktiken und Rituale schlucken würden.

Die neuen Anhänger sollen zwar rasch ein euphorisches Heilserlebnis erfahren, die angebliche Befreiung oder Erleuchtung müssen sie sich aber teuer erkaufen oder schwer erarbeiten. Beschert ihnen eine angebliche mystische Teiloffenbarung einen neuen euphorischen Schub, wird die Latte zum absoluten Heil rasch etwas höher gelegt. Denn es ist das oberste Gebot einer Indoktrination, daß die Opfer das Ziel ihrer Sehnsüchte nie erreichen, auch nicht vermeintlich. Würden sie das Heil eines Tages erlangen, verlören die Gruppen ihre Bedeutung als Vermittler.

Alle Gruppen mit vereinnahmender Tendenz schrauben die Erwartungen laufend höher, so daß die Anhänger auf der Suche nach dem absoluten Glück bald im Defizit sind und Enttäuschungen erleben. Die Suchtdynamik wird also früh eingeführt. Rückschläge gehören zur Strategie der Phase 2 der Indoktrination: Die neuen Mitglieder sollen verunsichert werden und das Selbstvertrauen wieder verlieren, das anfänglich gezielt gestärkt worden war. Damit sind sie gezwungen, sich noch intensiver mit der Gruppenideologie auseinanderzusetzen, sich noch häufiger an den Ritualen zu beteiligen und sich noch stärker den Kadermitgliedern zu unterwerfen. Diese richten die Zweifler moralisch wieder auf und erklären ihnen, daß sie das Heil hart erarbeiten müssen. Sie erzählen von den eigenen Schwierigkeiten in der Anfangsphase und beteuern, dem Sektengründer unendlich dankbar zu sein, daß er ihnen die Kraft gegeben habe, die schwierige Zeit zu überwinden.

Die Gedankenkontrolle wird in aller Regel von den Gruppenmitgliedern nicht erkannt. Eine Ausnahme bildet das Universelle Leben, das diese Form der Bewußtseinskontrolle offen als Teil des religiösen Prinzips deklariert. In der Sonderausgabe der Zeitung »Innerer Weg« heißt es unter dem Zwischentitel »Gedankenkontrolle«: »Ein Kernpunkt der geistigen Schulung ist die Kontrolle und Lenkung unserer Empfindungen und Gedanken. Wir müssen immer wieder mit dem Menschlichen ringen, damit sich das Göttliche in uns vermehren und entfalten kann.«

Indoktrination führt zu einer neuen Identität

Die Bewegungen mit vereinnahmender Tendenz beginnen bereits bei der Einführung in die Heilslehre, eine neue Identität bei den neuen Anhängern aufzubauen. Diese sollen ein neues Selbstverständnis auf der Basis der Heilstheorie und der Gruppenbedürfnisse entwickeln. Die bisherigen Lebenserfahrungen sollen verdrängt werden. Die Sektenidentität und das ursprüngliche Bewußtsein schließen sich in den wesentlichen Aspekten aus und sind bald in einem verhängnisvollen inneren Widerstreit. In dieser Phase erleben Angehörige oft, wie der Betroffene hin und her gerissen ist und je nach Situation von einer Identität in die andere wechselt. Entsprechend reagiert er als das bisherige Individuum oder als Sektenmitglied und ist oft schwer berechenbar.

Da dieses Leben in zwei Identitäten früher oder später zu einer Persönlichkeitsspaltung führen würde, sind die Opfer der Indoktrination gezwungen, sich auf eine Seite zu schlagen. Das Unbewußte erkennt die Gefahr der Bewußtseinsspaltung und will die psychische Krankheit abwenden. Daß es sich fast immer für die Sektenidentität entscheidet, hängt unter anderem mit der Sehnsucht nach dem Heil und der Bewußtseinskontrolle zusammen, welche die totalitären Gruppen ausüben.

Das System mit dem unerreichbaren Köder fördert den Hunger, ohne ihn zu stillen. Diese Methode hat Scientology perfektioniert: Leben, Raum, Zeit, Energie und Materie können die Anhänger laut Sektengründer Hubbard erst erschaffen, wenn sie die sogenannte Ausbildungsstufe OT 23 (OT steht für operierender Thetan, der quasi die autonome Seele bedeutet), erreicht haben. Dann soll auch die Unsterblichkeit winken. Die Besteigung des scientologischen Olymps hat Hubbard jedoch weit in die Zukunft verlegt. Denn bisher sind lediglich die ersten acht OT-Stufen freigegeben worden. In den angeblichen Genuß der nächsten Stufe gelangen die Scientologen erst, wenn eine bestimmte Anzahl von ihnen die höchste Etage des Ausbildungsgebäudes erreicht hat und die größten Scientology-Zentren ein bestimmtes Leistungsniveau aufweisen können. Hubbard hat also das Erlangen der Unsterblichkeit auf unbestimmte Zeit vertagt. Beim momentanen Entwicklungstempo werden sich die Scientologen noch Jahrzehnte, möglicherweise Jahrhunderte gedulden müssen, bis sie sich zu göttlichen Wesen entwickelt haben, die, wie versprochen, Leben erschaffen können.

Die vermeintliche Brücke zur Freiheit oder zu einem neuen Leben wird zum endlosen lukrativen Geschäft mit der Sehnsucht. Die Anhänger des ehemaligen Science-fiction-Autors glauben allen Ernstes, im nächsten Leben als hochtrainierte Scientologen auf die Welt zu kommen und letztlich über die Erinnerung und das geistige Potential mehrerer Leben zu verfügen. Wie bereits erwähnt, unterschreiben die Mitglieder der Elite-Truppe Sea-Org. einen Vertrag über eine Milliarde Jahre. Welche Anteile des heilstheoretischen Endziels die Scientologen bereits in diesem Leben erreichen können, wird nirgends klar definiert. Hingegen erwecken die für die einzelnen Kurse versprochenen Gewinne dem Thetan schon heute übermenschliche Fähigkeiten.

Die Indoktrination betäubt das kritische Bewußtsein

Der radikale Sprung in die geistige und religiöse Gegenwelt führt nach ersten Heilserlebnissen oft zu Enttäuschungen, die Zweifel an der Heilslehre nähren. Diese sind das Resultat einer inneren Zerrissenheit. Das Bewußtsein nimmt das Denken in den Sektenkategorien nicht widerstandslos hin, die Gruppenideologie läßt sich nicht in die bisherigen Erfahrungen integrieren. Der resultierende Gewissenskonflikt zeigt an, daß der Prozeß der Indoktrination bereits eingesetzt hat und zu greifen beginnt. Totalitäre Gruppen verteufeln bei der Einführung in die Heilslehre die ursprünglichen weltanschaulichen und religiösen Erfahrungen der neuen Mitglieder als kolossalen Irrtum. Ihnen wird oft eingetrichtert, sie hätten egoistische Maximen zum obersten Lebensprinzip erhoben und die Sinnsuche verdrängt. Die Sektenideologie ist den »Neuen« hingegen noch derart fremd, daß ihnen das Instrumentarium fehlt, die Zusammenhänge und eigentlichen Absichten zu erkennen. Da die Manipulation auch die Gefühlsebene erschüttert, geht ihnen das gesunde Empfinden und das Urteilsvermögen ab.

Als ersten Ideologiehappen verabreicht beispielsweise Scientology seinen neuen Anhängern das Hubbard-Werk »Dianetik«, das »Buch eins« der Scientologen. Darin entwirft der Sektengründer ein völlig neues Wesensbild des Menschen und eine phantastische Weltsicht, die das ganze Universum miteinschließt. Hubbard wirft alles über den Haufen, was uns die Wissenschaften über die Entwicklung des Menschen und der Erde erzählen. Wer in den neuen Kosmos des Autors eintauchen will, muß verleugnen, was für ihn bisher gegolten und woran er geglaubt hat. Hubbards Science-fiction-Welt ist zwar ein verrücktes Konstrukt, der Sprung in sein Universum wirkt aber auf viele Leute elektrisierend. Es ist der Aufbruch in ein unbekanntes Abenteuer. Die Scientologen fühlen sich beim Vortasten in die scientologische Ideologie bald als Pionier auf der Entdeckungsreise zu einem neuen Kosmos. Da es keine Zwischenlösung gibt und die nicht-scientologische und die scientologische Welt sich nicht verschmelzen lassen, wird von den neuen Kultanhängern eine enorme Anpassungsleistung verlangt, ja ein mentaler Quantensprung. Wer ihn wagt, beginnt sich im hubbardschen Phantasiereich einzunisten und verteidigt es bald selbst gegen Kritik. In dieser Situation bauen die Novizen unbewußt die Sektenidentität auf.

Sprung in die mystische Gegenwelt

Der innere Widerstreit in der zweiten Phase der Indoktrination ist auch bei vielen Hare Krischna-Anhängern groß. Sie tauchen in eine unbekannte mystische Welt ein, die mit den bisherigen Denk- und Erfahrungsmustern nicht erfaßt werden kann. Wer den Absolutheitsanspruch in der Heilslehre des Gurus Prabhupada akzeptiert und an die spirituelle Vereinigung mit Krischna glaubt, erlebt eine religiöse Wiedergeburt. Um sich in der neuen Umgebung und der fremden mystisch-religiösen Welt aufgehoben und geborgen fühlen zu können, müssen die Krischna-Anhänger ihre bisherige Identität aufgeben und eine rasche geistige Transformation vollziehen. Eine Transformation, deren Folgen die Adepten weder kontrollieren noch beeinflussen können. Eine harmonische Persönlichkeitsentwicklung ist nun kaum mehr möglich.

Bei neuen Mitgliedern der klassischen Sekten, die sich dogmatisch an das Wort der Bibel klammern, ist der Widerspruch zur bisherigen Erfahrungswelt und somit die innere Zerrissenheit mindestens zu Beginn der Indoktrination kleiner. Die Bibel ist den neuen Anhängern als Glaubensgrundlage bekannt. Allerdings müssen auch sie eine Persönlichkeitsveränderung vollziehen und eine Anpassungsleistung erbringen, die nur über die Indoktrination erreicht werden kann: Der Absolutheitsanspruch der Heilslehre und die Isolation in der Gruppe zwingen die neuen Mitglieder, die Lebens- und Denkweise radikal umzustellen. Der einst barmherzige Gott muß außerdem als strafender Herrscher akzeptiert werden, der am Jüngsten Tag nur seine auserwählten Kinder retten und die gottlosen »Gläubigen« anderer Religionsgemeinschaften peinigen und in die Verdammnis peitschen wird. Neu ist für viele auch, daß Gottes Hand angeblich direkt in das Leben und den Alltag der Menschen eingreift, Sünder oft sofort bestraft und selbstlose Taten belohnt.

Bei der Einführung in die Heilslehre geht die Vereinigungskirche ganz gezielt vor und dosiert die Information bewußt. So erfahren die Angeworbenen in der Regel nicht, daß auf den dreitägigen Einführungskurs ein siebentägiger folgt. Und vom anschließenden dreiwöchigen Seminar erzählt man ihnen meist erst am Ende des siebentägigen. Unbequemen Fragen weichen die Kursleiter mit dem Hinweis aus, dieser Themenbereich komme später zur Sprache. Um nicht vorzugreifen, würden sie die Frage im Moment zurückstellen. Fällt ein Kursteilnehmer durch kritische Anmerkungen auf, wird er oft von der Gruppe entfernt und von einem führenden Mitglied unter vier Augen ins Gebet genommen. Greift die Indoktrination auch im Gespräch mit einem Spezialisten für schwere Fälle nicht, rät man dem Unbelehrbaren nach mehreren Versuchen, den Kurs abzubrechen. Denn die Kaderleute wollen auf jeden Fall verhindern, daß er mit seinem kritischen Geist die anderen Kursteilnehmer ansteckt.

Die Moonies wissen aus Erfahrung, daß sich aus Angeworbenen, bei denen die Indoktrination nicht schon in den ersten Tagen Wirkung zeigt, keine treuen Anhänger Moons machen lassen.

»Das letzte Geheimnis des Universums«

Hubbard hat einen anderen Trick ersonnen, um kritischen Fragen und Anmerkungen die Spitze zu brechen. Er trichtert seinen Anhängern glattweg ein, daß es gefährlich sei, thematisch vorzugreifen. Erstens würden die neuen Anhänger die komplexe Materie der höheren Kursstufen nicht verstehen, und zweitens könnten sie so verwirrt werden, daß sie »overts« – eine gegen das Überleben gerichtete Handlung – produzieren. Als Beispiel wird dann gern OT III, die Feuerwand, herangezogen. Dazu heißt es in der Broschüre »OT-Stufen«: »Auf OT III wird das letzte Geheimnis dieses Teiles des Universums enthüllt. Vor 75 Millionen Jahren ereignete sich eine Katastrophe solchen Ausmaßes, daß sie heute noch einen gewaltigen Einfluß auf unser Leben und unsere Zivilisation hat. Hier war etwas Unbekanntes von solch tödlicher Kraft, daß niemand zu dieser »Feuerwand« eine Antwort finden oder sie gar überwinden konnte. Dann, am 14. März 1967, schaffte L. Ron Hubbard den Durchbruch und war das erste Wesen, das die »Feuerwand« durchbrach.« Hubbard schrieb zu diesem angeblichen Geheimnis: »Es ist so verschlossen, daß, wenn jemand versucht hätte, es zu durchdringen, er gestorben wäre. Und ich bin sicher, daß es viele getan haben und gestorben sind. Der Stoff in diesem Gebiet ist sehr gefährlich insofern, als er sorgfältig so angeordnet ist, daß er jeden tötet, der die ganze Wahrheit dessen entdeckt.«

Angesichts der »tödlichen Gefahr« leuchtet es jedem Scientologen ein, daß über die tieferen Geheimnisse der Heilslehre nicht gesprochen und die Brücke zur »totalen Freiheit« nur an der Hand eines vermeintlich hochtrainierten Auditors (»Therapeut«/Geistlicher) überquert werden darf. Die Anhänger realisieren nicht, daß die Geheimniskrämerei vor allem den Zweck erfüllt, ihre Erwartungen und Hoffnung auf das Heil zu verstärken, die Sehnsucht weiter zu steigern und eine kritische Auseinandersetzung mit der Heilslehre zu verunmöglichen.

Hubbard hat denn auch seinen Anhängern verboten, mit anderen Scientologen über Inhalt und Verlauf ihrer Kurse oder Prozessings zu sprechen. Die verordnete Schweigepflicht begründet Hubbard mit dem Hinweis, durch die mündliche Weitergabe könnte die hochempfindliche Technologie verändert werden. Damit will er auch verhindern, daß sich die Scientologen ihre Mißerfolge gegenseitig erzählen. Es ist offensichtlich, daß kein Scientologe die versprochenen und übermenschlichen Fähigkeiten erreichen kann. Somit machen alle Hubbard-Anhänger aus ihrer Seele eine Mördergrube und glauben, nur sie würden die prophezeiten Gewinne nicht erzielen. Sie fühlen sich als Versager und strengen sich noch mehr an. Der Teufelskreis ist perfekt, und die Indoktrination wirkt nach dem Prinzip der Eigendynamik. Damit hat Hubbard eine Art Perpetuum mobile in den Seelen seiner Jünger installiert, das die Abhängigkeit fördert.

Phase 3:
Einbindung in die Gruppe

Stoßen die Gruppen bei der Einführung in die Heilslehre auf wenig Widerstand, werden die neuen Anhänger oft schon nach wenigen Wochen oder Monaten mit der Idee konfrontiert, die bisherigen Lebenswurzeln abzuschneiden und im Schoß der Gemeinschaft ein neues Leben zu beginnen. Novizen, die sich leicht begeistern und mitreißen lassen, äußern häufig von sich aus den Wunsch, als Vollzeit-Mitglied aufgenommen zu werden. In diesem Fall haben die vereinnahmenden Gruppen ein leichtes Spiel. Spürt das Kader hingegen Widerstand von den jungen Mitgliedern oder ihren Angehörigen, wird die Einbindung in die totalitären Bewegungen in kleinen Schritten vorangetrieben.

Die meisten Gruppen haben Mischformen entwickelt, um die Anhänger einzubinden: Die besonders stark ideologisierten Mitglieder engagieren sich als Vollzeit-Mitglieder für die Gruppe, die übrigen wirken als Sympathisanten oder assoziierte Mitglieder in ihrer Freizeit mit. Die Form der Mitarbeit hängt oft von der Persönlichkeit ab. Denn viele Anhänger können sich zwar früher oder später mit der Heilslehre identifizieren, schaffen es zu Beginn ihrer Suchtkarriere aber (noch) nicht, den Beruf und die Lebensgewohnheiten radikal zu ändern.

Die Integration in die Gruppe verläuft bei manchen vereinnahmenden Bewegungen parallel zur Einführung in die Heilslehre, doch viele totalitäre Organisationen achten darauf, die beiden Phasen zu staffeln. Denn die 3. Stufe ist wohl der heikelste Schritt in der Indoktrination. Nun kommt die Stunde der Wahrheit, weil der Sektenalltag mit den schönfärberischen Heilsversprechungen kontrastiert. Die Missionstätigkeit, die Arbeit im Zentrum, die Geldbeschaffung und selbst die Rituale sind meist Knochenarbeit. Um die frisch geköderten und bisher in Watte verpackten Anhänger nicht abzuschrecken und kopfscheu zu machen, müssen sie behutsam auf den harten Boden der Kultrealität heruntergeholt werden, denn die Sektenrealität ist vor allem von Aufopferung und Entbehrung geprägt.

Bei der Einführung in die Gruppe ist die Schonzeit für die neuen Anhänger also definitiv vorbei. Sie werden nun mit dem harten Sektenalltag konfrontiert. Allmählich müssen sie sich in ihrer gesamten Person einbringen und die vielschichtigen Anforderungen der Gruppe erfüllen. Der Gruppendruck wird merklich erhöht und führt notfalls zu Sanktionen. Wer die Erwartungen nicht erfüllt, muß mit moralischen Druckmitteln rechnen. Die »Fehlbaren« werden vor dem Kollektiv gemaßregelt oder ausgegrenzt. Sie haben den Ernst der Lage nicht erkannt und gefährden die Gruppenziele, wird ihnen eingeredet. Sie müssen Liebesentzug und die Streichung von »Privilegien« gewärtigen.

In der Phase 3 der Indoktrination wird die Belastung bis zur Überforderung laufend erhöht, wobei das Kader stets darauf achtet, den Bogen nicht zu überspannen. Durch die Überlastung erhalten die neuen Mitglieder den Eindruck, die Erwartungen nicht erfüllen und deshalb auch ihr individuelles Heilsziel möglicherweise nicht erreichen zu können. In dieser Verunsicherung sind sie erst recht gezwungen, sich anzupassen und unterzuordnen. Sie glauben, ihr vermeintliches Unvermögen mit Fleiß und Disziplin ausgleichen zu können.

Geborgenheit soll Frustration ausgleichen

Als Ausgleich für die unerwarteten Frustrationen bieten die Gruppen das Gefühl der Geborgenheit. Die Mitglieder sind vermeintlich alle Alltagssorgen los, müssen keine Verantwortung mehr für ihr Leben tragen und keine Entscheide selbständig fällen. Und sie fühlen sich unendlich erhaben im Bewußtsein, zum inneren Kreis der auserwählten Elite zu gehören, der angeblich die vornehme Aufgabe gestellt ist, die Menschheit auf den erlösenden Heilspfad zu führen.

Die Methoden zur Einbindung der neuen Anhänger sind von Gruppe zu Gruppe recht unterschiedlich und stark auf die Strukturen und Arbeitsweise der jeweiligen Bewegung abgestimmt. Bedingung für die Einbindung ist aber bei allen, daß die neuen Anhänger ihre alte Identität teilweise verdrängt haben und die Sektenidentität Konturen anzunehmen beginnt. Wäre dies noch nicht der Fall, würden die »Neuen« bei der Arbeit und den Ritualen die Widersprüche realisieren und mißtrauisch reagieren. Im Rahmen einer sektiererischen Gruppe können nur jene Personen funktionieren, die das kollektive Bewußtsein und die Kultwerke akzeptiert und übernommen haben.

Für religiöse Gemeinschaften mit vereinnahmender Tendenz ist der Aufbau einer neuen Identität im Sinne der erlösenden Heilslehre das angestrebte Ziel. Wenn Anhänger eine Wesensveränderung durchmachen, wird dies unbesehen als positive Entwicklung gewertet. Selbst psychische Auffälligkeiten werden oft als gesunde Reaktion interpretiert. Die Betroffenen haben keine Ahnung, daß sie Opfer der Indoktrination und Bewußtseinskontrolle geworden sind. Jagt ihnen die Veränderung intuitiv Angst ein, werden sie mit der »einleuchtenden« Erklärung beruhigt, der Prozeß zeige die seelische Genesung an. Die Überwindung von falschen religiösen, spirituellen und ethischen Werten und Gefühlen sei ein schmerzhafter Prozeß, der manchmal unerwartete Reaktionen auslöse, wird ihnen beispielsweise erklärt. Sie seien von selbstzerstörerischen Kräften dominiert gewesen, die sich nicht widerstandslos vertreiben ließen.

Das Sektenkader macht ihnen außerdem weis, sie müßten das selbstgefällige, auf irdische Begierden fixierte Ich überwinden, um sich selbst finden zu können. Dies sei nur mit Hilfe der Gruppe möglich, die den neuen Anhängern natürlich helfe, den schwierigen Weg zu gehen. Sie müßten sich allerdings bedingungslos den erfahrenen Mitgliedern anvertrauen und die Anweisungen des Sektengründers strikt befolgen.

Die meisten Gruppen treiben die Indoktrination in dieser Phase mit moralischen Druckmitteln voran. Sie fordern die Novizen auf, ihr Leben zu ändern, sich für die Gruppe und ihre Ziele zu engagieren und mitzuhelfen, die erlösende Botschaft weiterzutragen. Dabei geht es den Sekten noch nicht in erster Linie darum, die neue Arbeitskraft effizient zu nutzen, sondern die Identifikation mit der Gruppe und ihrer Ideologie zu fördern: Wenn die neuen Mitglieder aktiv werden, Veranstaltungen vorbereiten, Propagandamaterial verpacken, das Zentrum putzen usw., verstärkt sich die Bindung an die Gruppe, und sie verinnerlichen automatisch die Ideen. Es findet nicht nur eine geistige, sondern eine ganzheitliche Auseinandersetzung statt, die den Identifikationsprozeß beschleunigt. Die neuen Anhänger treten aus der Rolle der Beobachter heraus und unterstützen die Gruppe aktiv. Durch die enge Zusammenarbeit mit den neuen Freunden verstärkt sich auch der persönliche Kontakt.

Mission fördert die Identifikation

Besonders effizient wirkt die Indoktrination beim Missionieren. Viele Gruppen binden ihre neuen Anhänger deshalb schon früh in die Werbe- und Expansionstätigkeiten ein. Wer andere Leute von einer Idee oder Heilslehre überzeugen will, muß die Denkkategorien und Ideen des Kultes übernehmen und beginnt sich nach kurzer Zeit mit dem Inhalt seiner Botschaft zu identifizieren.

Um glaubwürdig zu wirken und die besten Argumente zu finden, verinnerlichen die neuen Gruppenmitglieder die Scheinwelt und machen sich zwangsläufig das kollektive Bewußtsein zu eigen. Die Heilstheorie erscheint ihnen von Mal zu Mal vertrauter. Vor allem emotional geführte Streitgespräche mit »uneinsichtigen« Zeitgenossen, in deren Verlauf sie nicht nur die Gruppe verteidigen, sondern sich selbst behaupten müssen, verstärken die sektiererische Prägung. Dabei konditionieren sich die neuen Anhänger selbst. Außerdem erhalten sie durch die Missionstätigkeit zunehmend das Gefühl, viele Aspekte des Heilsprinzips selbst erfahren und erarbeitet zu haben. Sie realisieren nicht, daß sie ihr Bewußtsein weitgehend selbst manipulieren.

Wenn beispielsweise Angehörige starken Widerstand leisten, verstärken sie damit unbewußt die Indoktrination. Sie zwingen die Sektenmitglieder, die Gruppe in Schutz zu nehmen. Dabei immunisieren sie sich weiter gegen Kritik. Je heftiger verbale Auseinandersetzungen verlaufen, desto stärker stellen sich die neuen Kultmitglieder schützend vor die angegriffene Gruppe. Selbst wenn sie einzelnen Aspekten der Heilslehre gegenüber (noch) kritisch eingestellt sind, verteidigen sie diese Punkte in einem Streitgespräch meist vehement.

In der 3. Phase muß das Gruppenkader beim neuen Mitglied die Überzeugung wecken, daß es mit diesem großen Schritt einen entscheidenden Beitrag zur Errettung der Menschheit leistet. Gleichzeitig sei das vollzeitige Engagement für die Gruppe der wirkungsvollste Weg, die eigene Erleuchtung, religiöse Läuterung oder Erlösung zu erlangen. Die Abkehr von der ursprünglichen Welt entpuppt sich bei verschiedenen Kulten als eigentliches Initiationsritual. Für das Gruppenkader ist dieser Schritt die Nagelprobe, die ihm zeigt, ob die Indoktrination bisher die erhoffte Wirkung gezeigt hat. Die Feinarbeit bei der Psychomanipulation kann nun beginnen. Dabei übersehen die neuen Mitglieder, daß sie mit der Zeit emotional verkümmern, ja sogar eine Regression durchlaufen. Denn die Gruppe lebt nicht, sondern sie funktioniert nach starren Dogmen und Verhaltensmustern. Jede Tätigkeit, jeder Gedanke ist zweckgebunden.

In diesen vorwieged nach funktionalen Gesichtspunkten aufgebauten Kollektiven bleiben die Gefühle oft auf der Strecke. Zwar wirken alle Anhänger stets fröhlich und strahlen Glück und Zuversicht aus, doch sind diese Regungen antrainiert und aufgesetzt. Wer auserwählt ist, das Heil auf der Erde zu verbreiten und sich im Besitz der endgültigen Wahrheit fühlt, darf keine schlechte Laune oder Gefühlsschwankungen mehr zeigen. Mit diesem »verordneten« Kodex wird eine uniforme Verhaltensweise und eine künstliche Gruppenatmosphäre gezüchtet.

In den Sekten bleibt kaum Raum für Freundschaften

Tatsächlich entstehen in totalitären Gruppen selten tiefe Freundschaften, obwohl eigentlich alle äußeren Bedingungen dazu optimal wären. Doch alle Anhänger sind derart überfordert und mit der Erreichung des Heilsziels beschäftigt, daß kaum Muße für Freundschaften bleibt. Denn die Führungsgestalt weiß genau, daß starke Gefühle Sprengstoff für seine Gruppe sind. Freundschaften können emotionale Brücken zur verdrängten Identität bauen und das Bedürfnis nach kreativer Muße fördern. Sie zeigen auch menschliche Werte auf, die im Widerspruch zu den Gruppenanforderungen stehen.

Der Hauptgrund, weshalb viele totalitäre Gruppen Freundschaften mit Argwohn beobachten, liegt jedoch tiefer. Es besteht nämlich die Gefahr, daß sich wirkliche Freunde gegenseitig einen Blick in die Seele gewähren und über ihre Erfahrungen mit der Heilslehre und der Gruppe sprechen. Dabei kämen sie mit großer Wahrscheinlichkeit dem grundlegenden Widerspruch ihrer Gruppe auf die Spur, daß nämlich die Sache mit dem Heilsprinzip oder der Erleuchtung nicht funktioniert. Mit Erstaunen würden sie feststellen, daß die Rituale bei beiden nicht die versprochene Wirkung zeigen oder die Kurse nicht die schriftlich formulierten Gewinne vermitteln. Bei einem umfassenden Erfahrungsaustausch könnten sie erleben, daß nicht nur sie sich als Versager fühlen, wie sie bisher glaubten, sondern auch ihr Freund von unterdrückten Zweifeln verfolgt wird. Sie würden die massensuggestiven Methoden und das Indoktrinationssystem allenfalls durchschauen und sich gegenseitig bestätigen. Es bestünde die Gefahr, daß das ganze Sektengebäude wie ein Kartenhaus in sich zusammenstürzt und sie die Gruppe mit ihren »gefährlichen« Erkenntnissen infizieren könnten.

In dieser Phase ist die Kontrolle über das Verhalten ein wichtiges Mittel der Indoktrination. Die Anhänger werden in ein strenges Arbeitsprogramm oder einen lückenlosen Stundenplan eingebunden, so daß keine Zeit für individuelle Bedürfnisse verbleibt.

Sie müssen sich unter dem Druck der Gruppen den kollektiven Anforderungen unterordnen, die Lebensgewohnheiten ändern, ihre ganze Energie den spirituellen Zielen widmen und mithelfen, die hochgesteckten Missionsziele zu erfüllen. Mit einem strafen Regime wird der Gehorsam erzwungen und der individuelle Wille gebrochen. Die Anhänger sollen ein Werkzeug der Gruppe werden, Praktiken, Methoden und Heilsprinzipien ohne Widerspruch verinnerlichen und befolgen.

Das Ziel der Einbindung ist erreicht, wenn sie selbst Arbeiten erledigen oder sich an Ritualen beteiligen, die sie als sinnlos oder gar bedenklich empfinden. Sie wehren sich nicht, weil sie inzwischen dem Kader oder Kultgründer hörig sind und daran glauben, daß diese auf Grund ihrer religiösen oder spirituellen Erfahrung schon einen verborgenen Sinn hinter den unverständlichen Handlungen erkennen. Führt die Verhaltenskontrolle zur Selbstaufgabe, ist der Widerstand definitiv gebrochen. Als emotionalen Ausgleich für das entbehrungsreiche Leben bieten die Sekten eine religiöse Scheinwelt, in der angeblich das absolute Heil winkt.

Gleichzeitig entbinden die totalitären Gruppen ihre Anhänger von den Alltagssorgen und Zukunftsängsten. Ihr Leben ist vorbestimmt und bekommt einen tieferen Sinn. Dank der einfachen Erklärungsmuster und der auf eingängige Glaubenssätze reduzierten Heilstheorie ist die bisher so komplexe Welt plötzlich überschaubar. Alle Probleme lassen sich angeblich leicht lösen. Für viele Mitglieder ist dies gar der schlagende Beweis, daß ihre Gruppe das »wahre« Heilsprinzip gefunden hat. Sie empfinden es als Befreiung, daß all die vielen Alltagssorgen, die sie früher förmlich erdrückt haben, wie weggeblasen sind.

Anhänger totalitärer Gruppen verdrängen die Realität

Mitglieder vereinnahmender Gruppen, die ihr Leben plötzlich »glasklar«, vor sich sehen, sind bereits stark indoktriniert. Sie realisieren nicht, daß sie die Wirklichkeit auf gefährliche Weise zurechtgestutzt und sich dadurch von ihr entfremdet haben. Sie blenden weite Teile der Realität aus und verdrängen sie. Sie sind rund um die Uhr damit beschäftigt, die Anforderungen der Gruppe zu erfüllen und die Rituale auszuüben. Die Überaktivität raubt ihnen den Überblick und erzeugt oft euphorische Reaktionen, die sie in tranceähnliche Zustände versetzen.

Verschiedene Gruppen fördern bewußt den Schlafentzug als Mittel der Verhaltenskontrolle. Kultanhänger, die oft übermüdet sind, verlieren die Energie, nach dem Sinn und den Zusammenhängen zu fragen. Gleichzeitig wird ihre Widerstandkraft zusätzlich gelähmt. Sie erleben die Welt wie durch einen Schleier, als seien sie mit Medikamenten vollgepumpt. Außerdem wirkt die Indoktrination in solchen Phasen besonders gut, zumal sie anfällig für Hypnosetechniken machen. In jedem Fall sind stark übermüdete Sektenanhänger willenlose Instrumente in den Händen des Gruppenkaders. Wird der Schlafentzug zur Gewohnheit, besteht die Gefahr, daß sie den tranceähnlichen Zustand als normales Lebensgefühl empfinden und deshalb stets leicht manipulierbar sind.

Eine ähnliche, wenn auch schwächere Wirkung kann eine einseitige Ernährung erzielen. Einzelne Gruppen verlangen asketische Eßgewohnheiten, die zu Mangelerscheinungen führen. Eine proteinarme oder extrem süße Ernährung kann ebenfalls verschiedene physische und psychische Reaktionen auslösen.

Bei der Einbindung in die Gruppe sind Belohnung und Bestrafung wirksame Mittel der Disziplinierung und Unterordnung. Wer den Erwartungen des Kollektivs entspricht und sich aufopfert, wird mit Lob und Zuwendung überschüttet. Außerdem erhält er Vorzugsbehandlungen und macht rasch Karriere in den straff strukturierten und hierarchischen Gruppen. Unbequeme oder mißtrauische Mitglieder werden mit Verachtung und Ausgrenzung bestraft. Oder man droht ihnen offen damit, sie würden mit ihrem Verhalten das Heilsziel nicht erreichen. Außerdem trichtert ihnen das Kader oft Schuldgefühle ein: Sie seien eine Belastung für die Gruppe und mitverantwortlich für die Mißerfolge. Außerdem würden sie die Missionsziele gefährden, die Ideen untergraben und die Führungsgestalt verraten. Liebe in totalitären Gruppen ist also an Leistung und Unterordnung gebunden und nicht an menschliche Zuneigung. Sie stellt auch nie einen Wert an sich dar.

In dieser Phase der Indoktrination wird speziell auch die Verhaltenskontrolle verfeinert. Ein eindrückliches Beispiel dafür ist das yogische Fliegen der Transzendentalen Meditation (TM). Guru Maharishi Mahesh Yogi, der in Seelisberg über dem Urnersee (Schweiz) einen schloßähnlichen Ashram führt, macht seinen Anhängern allen Ernstes weis, sie könnten fliegen lernen, ohne Hilfsmittel dazu zu benutzen. So hüpfen denn Tag für Tag Hunderte seiner Anhänger, unter ihnen auch Akademiker wie Zahnärzte und Mathematiker, im Lotussitz auf einer Matte herum. Sie sind fest überzeugt, eines Tages auch körperlich abzuheben. Der indische Guru hat ihnen erklärt, sie könnten eines Tages mit den mystischen Energien die Schwerkraft überwinden. Damit sie heute schon fleißig üben, führt die TM regelmäßig Europameisterschaften im yogischen Fliegen durch. Ein klarer Fall von Bewußtseinskontrolle. Letztlich handelt es sich um eine Gehorsamsübung, die die Macht des Gurus über seine Jünger demonstriert.

Die meisten totalitären Kulte versuchen bei der Einbindung, die neuen Anhänger als Vollzeit-Mitglieder zu gewinnen. Können sie sich diesen Schritt (noch) nicht vorstellen, geben sich heute viele Gruppen flexibel und suchen individuelle Lösungen des Engagements. Langfristig verfolgen die Sekten aber bei allen Mitgliedern das Ziel, sie als Arbeitskräfte verfügbar zu machen.

Ein Paradebeispiel für eine vielschichtige Integration und eine entsprechend differenzierte Indoktrination ist Scientology. Die Sekte hat eine Vielzahl von Formen der Anhängerschaft entwickelt. Die Absicht ist klar: Scientology will alle Personen erreichen, die in irgendeiner Form verführbar sind, auch wenn sie sich ein Leben als Scientology-Mitarbeiter nicht erlauben können. Die Sekte will sich die Missionsmöglichkeiten nicht durch einschränkende Bedingungen einengen lassen.

Diesem Umstand trägt auch die Hare Krischna-Bewegung vermehrt Rechnung. Während das Kader vor wenigen Jahren noch stark darauf drängte, die Mitglieder als Nonnen und Mönche in die Tempel zu integrieren, leben in jüngster Zeit Krischna-Anhänger vermehrt in ihrer angestammten Umgebung. Vermutlich reagiert die Bewegung mit dieser Praxis auf den Umstand, daß nicht alle Interessenten fähig oder bereit sind, neben dem radikalen Sprung in die mystische Gegenwelt auch das Leben grundlegend zu ändern. Der Kreis der potentiellen Anhänger vergrößert sich zweifellos, wenn es nicht zur Bedingung gehört, sich als Mönch oder Nonne vollamtlich für die Gruppe zu engagieren.

Phase 4:
Entfremdung von der Umwelt und Isolation

Sekten und Kulte versuchen zwar schon in der 2. und 3. Phase der Indoktrination, die neuen Anhänger von der Umwelt zu entfremden, die Isolation wird aber erst nach der Einbindung in die Gruppe zur eigentlichen Strategie. Bei Vollzeit-Mitgliedern fallen die Einbindung und Entfremdung allerdings zeitlich praktisch zusammen, bei den übrigen Anhängern werden die beiden Phasen gestaffelt vollzogen. Auf jeden Fall legt sich das Kader einen Indoktrinationsplan zurecht, der auf die charakterlichen Besonderheiten und die familiäre, berufliche und persönliche Situation abgestimmt ist.

Die Isolation verfolgt den Zweck, die Mitglieder von sämtlichen unerwünschten Einflüssen der Außenwelt abzuschirmen und sie uneingeschränkt für die Ziele des Kultes verfügbar zu machen. In erster Linie wollen die Gruppen die neuen Mitglieder von ihren Angehörigen und Freunden isolieren, da von den engen Bezugspersonen die größte Gefahr der Gegenbeeinflussung ausgeht. Deshalb verfrachten die besonders radikalen Gruppen die Vollzeitmitglieder ins Ausland. Diese Praxis wenden neben der Vereinigungskirche oft auch die Kinder Gottes (Die Familie) an.

Bei der Entfremdung und Isolation von der Umwelt geht es in erster Linie um die Verstärkung der emotionalen Kontrolle. Das Kappen alle bisherigen Bindungen und das Umwerten der Erinnerungen ist ein starker gefühlsmäßiger Eingriff in die Persönlichkeit, der zu einem radikalen Bruch mit der Vergangenheit führt.

In dieser Phase der Indoktrination werten die Gruppen vor allem die bisherigen Lebenserfahrungen ihren Anhänger ab. Sie hätten sich ziellos vom Schicksal treiben lassen, ohne ihrem Dasein einen höheren Sinn zu verleihen, wird ihnen eingeredet. Schöne Erinnerungen an die Kindheit und Jugend seien das Produkt einer egoistischen Lebensweise. Wertvolle Erlebnisse könnten nur im Rahmen einer religiösen oder spirituellen Betätigung gemacht werden. Deshalb sollten sie sich so rasch als möglich von der Vorstellung befreien, irdische Erfahrungen ohne spirituellen oder religiösen Hintergrund könnten den Menschen bereichern. Verschiedene Sekten tun weltliche Ereignisse unbesehen als Versuchung des Satans ab. Wollen die Anhänger sich nicht dauernd als Sünder empfinden, müssen sie die Erinnerungen an ihr früheres Leben verdrängen. Dabei bleibt ihnen keine andere Wahl, als die Sektenidentität zu verstärken, die die Gruppen parallel zur Entfremdung von der Außenwelt fördern.

Das einfachste und unverdächtigste Mittel der Isolation ist eine starke Arbeitsbelastung. Die Anhänger werden angetrieben, mitzuhelfen, die hohen »Ideale« und Missionsziele so rasch als möglich umzusetzen. Bei apokalyptischen Heilslehren ist es ein Wettlauf gegen den Untergang. Wenn es darum geht, daß Reich Gottes auf Erden vorzubereiten oder den Vormarsch des Bösen zu bremsen, darf keine Zeit vertrödelt werden. Dabei wird die Ideologie zum Mittel der Indoktrinaton: Die Anhänger müssen sich quasi das Weltgewissen auf ihre schmalen Schultern laden und die Verantwortung für die Entwicklung der Menschheit übernehmen. Deshalb ordnen sie angeblich freiwillig alle anderen Bedürfnisse diesem globalen Ziel unter und setzen sich mit sektiererischem Eifer für die Gruppe ein. Ihr Leben dreht sich nur noch um das Studium der Heilslehre, die Rituale und die Arbeit für die Gruppe.

Damit kapseln sich vor allem die Vollzeit-Mitglieder zwangsläufig von der Umwelt ab. Sie realisieren nicht, daß die Sekte mit der Überbelastung und dem moralischen Druck in erster Linie die Isolation von der Umgebung bezweckt und sie sich restlos ausliefern. Mit der Entfremdung wollen die Gruppen ihre Anhänger vor allem auch den Einflüssen der Angehörigen entziehen. Die Isolation bezweckt letztlich die weitere Verankerung der Sektenidentität sowie die Verstärkung der Bewußtseinskontrolle und Abhängigkeit. Außerdem verhindert sie, daß die Eltern ihre Kinder aus der Gruppe lösen können.

Ihr wahres Gesicht zeigen Sekten und Kulte, wenn es darum geht, Mitglieder aus dem Einflußbereich von kritisch gesinnten Lebenspartnern zu ziehen. Die meisten totalitären Gruppen hintertreiben mit subtilen moralischen Druckmitteln »Mischehen«: Gelingt es dem Sektenanhänger nicht, seinen Partner in die Kultbewegung hineinzulocken, ist die Trennung kaum mehr zu verhindern. Nach den Normen und dem religiösen Verständnis der Gruppen ist das Leben mit einem »Ungläubigen« oder »Gottlosen« nicht denkbar. Aber auch der »uneinsichtige« Lebenspartner verkraftet den Psychostreß auf die Dauer kaum. Er erlebt die Wesensveränderung, emotionale Regression, den Realitätsverlust, den Identitätswandel (Konversion) und die Wirkung der Bewußtseinskontrolle auf seinen Lebensgefährten hautnah und ist den unheilvollen Prozessen machtlos ausgeliefert.

Die Erfahrungen zeigen, daß die Trennung in fast allen Fällen lediglich eine Frage der Zeit ist, auch wenn die Beziehung vorher sehr stabil war. Solche Fälle demonstrieren die Macht der totalitären Gruppen über ihre Anhänger, die Hörigkeit der Adepten und die Wirkung der Indoktrination. Und sie zeigen, daß die Sehnsucht nach dem Heil und die Bewußtseinskontrolle häufig stärker sind als die Liebe.

Die Zeugen Jehovas machen keinen Hehl daraus, daß sie Beziehungen mit Andersgläubigen moralisch verwerflich finden und letztlich nicht dulden. In der Ausgabe vom 8. Juni 1994 der Zeitschrift »Erwachet!« erzählt eine 20jährige Zeugin Jehovas von ihrer Liebe zu einem andersgläubigen Mann. Wörtlich schreibt sie: »Meinen Eltern erzählte ich nichts davon, weil ich wußte, daß sie damit nicht einverstanden wären. Als sie es dann herausfanden, waren sie schockiert und fühlten sich verletzt. Sie konnten nicht verstehen, daß ich für einen Mann, der kein Zeuge Jehovas ist, Gefühle entwickeln konnte.« Im Bericht behaupten die Zeugen Jehovas, eine solche Beziehung mißfalle nicht nur Gott, sondern sei eine ernsthafte Bedrohung für das eigene Glück. »Mir wurde jedoch bewußt, daß ich dieser Beziehung ein Ende setzen mußte, wenn ich mein Verhältnis zu Jehova nicht aufs Spiel setzen wollte«, resümierte die Frau.

Der Artikel zitiert dazu den Bibeltext Jakobus 4,4: »Wißt ihr nicht, daß die Freundschaft mit der Welt Feindschaft mit Gott ist? Wer immer daher ein Freund der Welt sein will, stellt sich als ein Feind Gottes dar.« Fazit des Artikels: »Wie Paulus, so kämpfst du womöglich auch mit deinen Gefühlen. Eine Reihe christlicher Jugendlicher hat diesen Kampf jedoch gewonnen und wurde sozusagen »aus dem Feuer gerissen«. Wodurch? Indem sie einer verhängnisvollen Verbindung ein Ende machten, bevor dadurch nicht wiedergutzumachender Schaden angerichtet wurde.«

Lügendetektor als Indoktrinationsinstrument

Scientology hat auch für Mitglieder, die lediglich Kurse besuchen, eine raffinierte Methode entwickelt, um den Einfluß der Angehörigen zu beschneiden und die Isolation voranzutreiben. Praktisch vor jedem Kurs werden die Teilnehmer am Hautwiderstandsmesser, einer Art Lügendetektor angeschlossen und gefragt, ob sie Kontakt zu Personen haben, die kritisch gegenüber Scientology eingestellt sind. Stellt sich dabei heraus, daß sie beispielsweise mit den Eltern über Scientology gestritten haben, wird in der Regel ein Ethik-Verfahren eingeleitet. Die betroffenen Scientologen müssen dem Ethik-Offizier Rechenschaft ablegen und einen Plan zur Handhabung der Eltern, wie es in Scientology heißt, ausarbeiten.

Lassen sich diese nicht »handhaben« und äußern sich weiterhin kritisch oder abfällig über Scientology, können die Angehörigen zu unterdrückerischen Personen und die betroffenen Scientologen zu Ärgernisverursachern erklärt werden. Die Hubbard-Jünger müssen in diesem Fall oft den Kurs unterbrechen, den sie zur Zeit belegen, und einen »Reparaturservice« (Originalton) absolvieren. Sie werden also nicht nur auf dem Marsch über die Brücke zur Freiheit gebremst, sondern müssen zusätzliches Auditing teuer zahlen. Findet keine Einigung mit den Eltern statt, bleibt den Scientologen oft keine andere Wahl, als den Kontakt zu reduzieren oder ganz abzubrechen. Mit dem Ethikverfahren verhindert Scientology also wirksam, daß Angehörige Einfluß auf die Familienmitglieder nehmen können.

Zur Isolation und Verdrängung der Vergangenheit gehört bei verschiedenen fernöstlichen Kulten, daß sie ihren Anhängern beim Initiationsritual einen neuen Namen verpassen. In der Regel wird er von der Führungsgestalt ausgewählt und dem neuen Mitglied direkt übermittelt. Gleichzeitig wird dadurch die mentale Bindung an den Guru verstärkt. Außerdem signalisiert die Namensgebung nach innen, daß der neue Jünger sich definitiv für die Gruppe entschieden hat und in den inneren Kreis aufgenommen worden ist. Diese Praxis wenden unter anderem Hare Krischna, Bhagwan, (Osho), Ananda Marga, Sri Chinmoy sowie ehemalige Therapeuten der Osho-Bewegung an.

Bewußtseinskontrolle durch Sprachmanipulation

Die meisten totalitären Gruppen und Sekten benutzen auch die Sprache als Instrument der Indoktrination. Die Sprache prägt das Bewußtsein der Menschen. Wir definieren und erobern die Welt geistig mit Hilfe der Sprache und drücken mit Begriffen auch unsere Gefühle und Ängste aus. Das Ausdrucksvermögen und eine differenzierte Betrachtungsweise sind oft auch ein Gradmesser für die praktische Intelligenz. Die Sprache spiegelt das Bewußtsein, Sprache und Bewußtsein bedingen sich gegenseitig.

Viele Gruppen mit vereinnahmender Tendenz haben eine Sektensprache entwickelt, mit der sie ihre Heilslehre oder Ideologie definieren oder umschreiben. Sie haben vor allem ein Vokabular für die zentralen Heilsbegriffe geprägt, die sie beliebig mit eigenen Inhalten füllen und definieren können. Diese »Fachbegriffe« entziehen sich einer kritischen Hinterfragung, weil wir sie mit dem »Normalbewußtsein« gedanklich und sprachlich nicht fassen und messen können. Über die Kunstsprache nehmen die totalitären Gruppen direkt Einfluß auf das Bewußtsein ihrer Anhänger, die Sprachmanipulation wird ein Element der vielschichtigen Bewußtseinskontrolle.

Durch die sprachliche Transformation einfacher Denkvorgänge und Sachverhalte suggerieren die Gruppen den Anhängern, auch bewußtseinsmäßig in bisher verborgene spirituelle, mystische oder religiöse Sphären vorzustoßen. Damit wird das vermeintlich Einzigartige und Außergewöhnliche der Heilslehre unterstrichen und der Absolutheitsglaube untermauert. Die Adepten unterliegen dabei dem Irrtum, die Form präge den Inhalt: Sie glauben, durch die neuartige, spektakuläre Beschreibung des Heils oder der mystischen »Erkenntnisse« die Wahrheit erkennen und erobern zu können. In Wirklichkeit wird die Ideologie in inhaltsleere Metaphern verpackt und die metaphysische Komplexität auf einfache Glaubenssätze reduziert. Wer diese Vereinfachung als »die Wahrheit« akzeptiert, muß das Bewußtsein entsprechend verengen. Beispielhaft ist diesbezüglich die Familie (Kinder Gottes), die die Erlösungstheorie mit Vorliebe in kindliche Comic-Geschichten verpackt und auf kitschigen Bildchen festhält.

Das Aufpfropfen einer Kunstsprache, deren Inhalte nicht definiert oder zumindest verschwommen sind, wirbelt teilweise die alten und neuen Kategorien des Denkens durcheinander. Die Kultanhänger werden dadurch weiter verunsichert und sind gezwungen, ins Sprachbewußtsein der totalitären Gruppen zu flüchten. Sie verlieren das Instrumentarium, das Gedankengut der Gruppe kritisch zu reflektieren. Ihnen bleibt keine andere Wahl, als die mit Kunstwörtern und unbekannten Denkansätzen gespickte Heilslehre zu übernehmen. Durch die Sprachmanipulation wird die Indoktrinationspalette verbreitert, und die neuen Anhänger sind den Gruppen noch stärker ausgeliefert.

Die Kunstsprache arbeitet einerseits mit eigenen Wortschöpfungen, redefiniert andererseits bekannte Begriffe und weist ihnen eine neue Bedeutung zu. Viele esoterische Gruppen operieren beispielsweise mit Ausdrücken, die sich phantastisch anhören, sich aber bei genauem Hinsehen einer erkenntnistheoretischen Analyse entziehen. Jeder füllt die dehnbaren Begriffe mit eigenen Inhalten, die von den individuellen mystischen Erlebnissen geprägt sind. Das rein abstrakte, durch sprachliche Turnübungen geförderte Vordringen in vermeintlich neue metaphysische Dimensionen suggeriert den begeisterten Esoterik-Fans, dem Geheimwissen auf der Spur zu sein. Diesem Trugschluß erliegen vor allem auch die Mitglieder sektiererischer Kulte, deren Heilstheorien und Ideen auf fernöstlichen Weltanschauungen basieren.

Eigenes Wörterbuch mit fast achthundert Seiten

Das umfassendste Sprachsystem hat Scientology-Gründer Hubbard entwickelt. Das scientologische Wörterbuch umfaßt fast 800 Seiten. Die neuen Wortschöpfungen beschränken sich zwar auf die zentralen Begriffe der Heilslehre und der scientologischen »Enzyklopädie«, zum Mittel der Sprachmanipulation gehören aber auch die Neudefinitionen alltäglicher Ausdrücke. Damit fördert die Sekte nicht nur die bewußtseinsmäßige Verwirrung, mit dem Kultslang verstärkt sie bei ihren Anhängern auch das Gruppengefühl: Scientologen glauben in romantischer Verklärung, einer eingeschworenen Bewegung und einer geistigen Elite anzugehören, die zu den privilegierten Trägern des verborgenen Wissens gehören.

Bei totalitären Gruppen, die einen ausgeprägten Kultslang oder eine Kunstsprache pflegen, ist die Gefahr groß, daß die Sprachmanipulaton die Isolation von der Umwelt begünstigt. Tatsächlich entstehen in den zentralen Lebensbereichen Kommunikationsprobleme, die die Entfremdung von der Außenwelt fördern und die Freude am Kontakt beeinträchtigen. Angehörige stellen schon nach kurzer Zeit fest, daß die Sprache immer mehr zur Barriere wird. Während die Gruppenanhänger stolz auf ihr »Geheimwissen« sind und sich mit Vorliebe der Sektenausdrücke bedienen, empfinden die Eltern die Kunstsprache als hörbaren Ausdruck der Indoktrination. So ist es wohl kaum ein Zufall, daß das Einstiegsseminar bei Scientology ein Kommunikationskurs ist. Bei vielen Gruppen wird die Sprache zur mentalen Grenze zwischen Innenwelt und Außenwelt.

In Scientology ist beispielsweise vom Thetan, den Aberrationen, den Overts, Squirrel, vom ARC-Bruch, den schwebenden Nadeln, von SP (suppressiv persons) und PTS (potential trouble source), vom R-Faktor, den Dynamiken, den Comm-Linien, den TR-Übungen, der reaktiven Bank, dem Dianetik-Auditing, Withhold, Entheta, MEST-Universum usw. die Rede. Durch das Redefinieren werden bestehende Begriffe mit scientologischen Inhalten gefüllt. Somit wird die Sprachverwirrung verstärkt, und es entstehen zwei Bewußtseinsebenen, die die innere Zerrissenheit fördern. Die Sprachmanipulation wird zur Funktion der Indoktrination und begünstigt die Bewußtseinsspaltung.

Zwei Beispiele von scientologischen Neudefinitionen sollen den Sprachmechanismus verdeutlichen. Der Begriff »reduzieren« bekommt im Hubbard-Reich eine völlig neue Bedeutung: »Ein Engramm durch Durchleben und Wiedererzählen von somatischer Störung oder Emotion befreien«. Und unter einem »Analysator« verstehen Scientologen folgendes: »Der analytische Verstand, d.h. der bewußte, wahrnehmende Teil des Geistes.«

Hubbard war sich durchaus bewußt, daß das Bewußtsein mit Hilfe der Sprache manipuliert werden kann. Was er unter »redefinieren« versteht, offenbarte er in einem Rundschreiben vom 5. Oktober 1971: »Wird die Redefinition oft genug wiederholt, kann die öffentliche Meinung dadurch geändert werden, daß die Bedeutung eines Wortes geändert wird. »Psychiatrie« und »Psychiater« ist leicht redefiniert in der Bedeutung »ein anti-sozialer Feind des Volkes«. Dadurch werden die verrückten und tötenden Psychiater von der Liste der bevorzugten Berufe verschwinden. Dies ist ein guter Gebrauch von dieser Technik, denn für ein Jahrhundert haben die Psychiater einen für alle Zeiten geltenden Rekord der Unmenschlichkeit an Menschen aufgestellt. Die Redefinition von Wörtern wird dadurch bewirkt, daß andere Gefühle und Symbole mit ihnen verbunden werden, als diejenigen, die man erwartet (...) Der Weg, ein Wort zu redefinieren, besteht darin, die neue Definition so oft wie irgend möglich zu wiederholen.«

Die Sektensprache fördert aber auch die Identifikation mit der totalitären Bewegung, indem das Gruppengefühl und das kollektive Bewußtsein verstärkt werden. Die Sprachmanipulation trägt außerdem wesentlich dazu bei, die Sektenidentität als Gegenmodell zum bisherigen Bewußtsein zu fördern. Durch das permanente Nachbeten der oft einfachen Kernaussagen der Heilslehre entwickeln die Gruppenanhänger einen uniformen Sprachgebrauch. Das Bewußtsein reduziert sich in metaphysischen oder religiösen Fragen auf die eingängige Kultdoktrin. In manchen Gruppen läßt sich nicht nur eine kollektive Ausdrucksart beobachten, sondern auch eine uniforme Sprechweise.

Phase 5:
Festigung der Heilslehre

Nach der erfolgreichen Einbindung in die Gruppe und der Entfremdung von der Umwelt ist die Indoktrination nicht etwa abgeschlossen, sondern wird unvermindert intensiv fortgesetzt. Überraschenderweise sind ihr selbst die Kaderleute permanent unterworfen. In der Phase 5 der Indoktrination geht es darum, die Abhängigkeitsmechanismen zu verfeinern, die Bewußtseinskontrolle zu vervollständigen und die Sektenidentität zu verstärken.

Der sektiererische Eifer, den die Kultgründer selbst von ergebenen Jüngern fordern, dient letztlich dazu, die Ideologie tiefer im Bewußtsein zu verankern. Die endlose Wiederholung der Rituale und die permanente Unterordnung sollen verhindern, daß sich die ursprüngliche Identität wieder in der Seele einzunisten beginnt. Denn die jahrelange Überforderung in den Gruppen laugt die Anhänger allmählich aus, und der wachsende Widerspruch zwischen den angestrebten Zielen und den erreichten Resultaten nährt die Zweifel. Außerdem weckt die Abstumpfung zwangsläufig das Bedürfnis nach Erholung. Den Führungsfiguren entgeht nicht, daß gerade die erfahrenen Anhänger und das Kader solchen Prozessen ausgesetzt sind. Die Kultgründer sind deshalb von der Angst getrieben, ihre Kaderleute könnten eines Tages die Scheinwelt durchschauen, ihnen die Maske vom Gesicht reißen und eine Palastrevolution auslösen.

Das einzige Rezept dagegen ist die permanente Indoktrination aller Mitglieder. Dabei übersehen sie in ihrer Verblendung gern, daß sie den Bogen überspannen und bei vielen Anhängern einen Psychostreß bewirken. Labile Personen entwickeln in dieser Situation gar psychische Auffälligkeiten oder psychosomatische Krankheiten.

Ursprüngliche Identität läßt sich nicht auslöschen

Mit ihren psychischen Manipulationsmethoden gelingt es den totalitären Gruppen zwar, die Gedanken, Gefühle und das Verhalten ihrer Anhänger stark zu beeinflussen und letztlich zu kontrollieren, doch schaffen sie es nicht, mit der Indoktrination das Bewußtsein auszuradieren. Die Identität einer Person vermögen Sekten also nicht zu löschen, sondern lediglich zu überlagern. Deshalb sind sie gezwungen, ihre Mitglieder permanent in ihrem Einflußbereich zu behalten. Denn hier bekommen sie es mit tiefenpsychologischen Phänomenen wie Charakter, Mentalität, Erziehung und kultureller Prägung zu tun, die stark in einer Persönlichkeit verwurzelt sind. Diese Werte lassen sich zwar in die hinterste Ecke des Bewußtseins drängen, sie können aber nicht zum Verschwinden gebracht werden.

Auch langjährige Anhänger kämpfen immer wieder gegen innere Warnsignale an. Erinnerungen an die Kindheit, Jugend, Familie, die erste Verliebtheit, erlebnisreiche Ferien usw. sind kaum zerstörbare geistige Brücken zur verdrängten Identität oder zur abgewerteten Vergangenheit. Mit der permanenten Indoktrination sorgen die Sekten dafür, daß ihre Anhänger diese Brücken in einem kritischen Moment nicht als Fluchtweg benützen.

Deshalb versuchen totalitäre Gruppen auch konsequent, alle

Erlebnisse aus früheren Zeiten abzuwerten und als sündig oder spirituell sinnlos zu interpretieren. Mit dieser Umwertung aller bisherigen Werte wollen die Gruppen die emotionale Verbindung zur Vergangenheit unterbinden, in der langfristig die größte Sprengkraft steckt. Das Indoktrinationsziel ist erreicht, wenn sich die Gruppenmitglieder nur noch mit Scham an die Familie, die Kindheit oder die Jugendzeit erinnern. Deshalb sind sie gezwungen, auch die beglückenden Erinnerungen umzuinterpretieren. Viele Mitglieder entwickeln beim Gedanken an frühere Zeiten ein schlechtes Gewissen.

Nach einem allfälligen Ausstieg ist es ein hartes Stück therapeutische Arbeit, die Relationen wieder zurechtzurücken und den zugeschütteten Realitätssinn freizulegen. Gruppenanhänger, welche die Umwertung verinnerlicht und somit die Sektenidentität angenommen haben, sind für die Angehörigen kaum mehr erreichbar. Der Kontakt reduziert sich auf unverbindliche Begegnungen. Die Eltern sind dann in ihren Augen ein Teil des vermeintlich gottlosen, unmoralischen oder feindlichen Systems. Außerdem werden sie dafür verantwortlich gemacht, daß sie das Gruppenmitglied nicht richtig erzogen und nicht auf den religiösen Heilspfad geführt haben. Im Lauf der Jahre weicht sich diese extreme Haltung meist etwas auf, ein Rest an Mißtrauen bleibt jedoch bestehen. Außerdem empfinden die Gruppenanhänger die Außenwelt ganz allgemein als bedrohlich.

Würde es den Gruppen gelingen, das Bewußtsein ihrer Anhänger definitiv zu überschreiben, wären alle Betroffenen ihr Leben lang an die Sekten gekettet. Die Erfahrung zeigt allerdings, daß gelegentlich auch langjährige Anhänger abspringen. Schafft ein Gruppenmitglied den Ausstieg, dringen die verdrängten Erfahrungen, Werte und Lebensvorstellungen schrittweise wieder an die Oberfläche. Der innere Kampf der beiden Realitäten ist allerdings ein schmerzhafter Prozeß, der häufig zu psychischen Problemen führt.

Die Vertiefung und Festigung der Indoktrination erweist sich für verschiedene Gruppen aber als selbstgebaute Falle. Die geistige Zermürbung führt nicht selten zu einem beträchtlichen Leistungsabfall. Die davon betroffenen Anhänger haben nicht mehr genug Energie, die Mauern der Scheinwelt aufrecht zu halten. Statt den Opfern der Bewußtseinskontrolle etwas mehr Luft zum Atmen zu geben, ziehen die Kaderleute häufig einen fatalen Fehlschluß. Sie glauben, die Indoktrination habe ihre Wirkung verloren, weshalb sie die Anforderungen erhöhen und die Beeinflussung verstärken. Dabei treiben sie die Mitglieder an den Rand der Verzweiflung, die dann aus einer Art Überlebenstrieb heraus den Ausstieg schaffen. Es entsteht eine ähnliche Dynamik wie bei Drogenabhängigen, die die Droge ausgehöhlt hat: Sie sind derart psychisch und physisch zerstört, daß ihnen die Kraft fehlt, sich weiterhin in der Drogenszene zu behaupten. In dieser Existenzkrise ist der Entzug nicht selten erfolgreich.

Die Informationskontrolle unterbindet die Nabelschnur zur Außenwelt

Zur Isolation von der Umwelt gehört auch die Informationskontrolle. Um die Vollzeit-Mitglieder endgültig von der angestammten Umgebung abzunabeln und von der Umwelt zu entfremden, beschneiden verschiedene Sekten den Medienkonsum oder verbieten ihn gänzlich. Die geistige Auseinandersetzung der Anhänger beschränkt sich somit zwangsläufig auf die Gruppe und ihre Ideologie oder Heilslehre. Somit fördern die totalitären Gruppen gezielt die Einengung des Bewußtseins ihrer Mitglieder.

Verschiedene Gruppen kontrollieren auch den Telefon- und Briefwechsel nach außen. Schreiben ihre Mitglieder den Angehörigen, werden die Briefe zensiert. Das gleiche gilt für die eingehende Post. Auch Telefongespräche werden mitgehört. Notfalls greift der Aufpasser direkt ein. Einerseits wollen die totalitären Gruppen damit die Beziehung ihrer Mitglieder zu den Angehörigen überprüfen, andererseits können sie verhindern, daß die Anhänger in einer Krisensituation ein Notsignal aussenden oder heikle interne Informationen nach außen tragen.

Merkmale totalitärer Gruppen

Vereinnahmende Gruppen können anhand sektiererischer Merkmale erkannt und bewertet werden. Dabei handelt es sich um charakteristische Eigenschaften, die Indikatoren für die Indoktrination sein können. Die Gefährlichkeit einer Gruppe läßt sich an der Anzahl der zutreffenden Merkmale und deren Ausprägung ablesen.

- **Guru / Messias / Prophet / Gründer**

Um dieses mögliche Sektenmerkmal und den Grad der Vereinnahmung abschätzen zu können, müssen folgende Fragen gestellt werden: Ist die Führungsfigur dominant und als absolute religiöse oder spirituelle Autorität anerkannt? Messen ihr die Anhänger paranormale oder »göttliche« Fähigkeiten zu? Wird der Gründer in starkem Maß verehrt oder als Heilsbringer betrachtet?

- **Heilstheorie mit Absolutheitsanspruch / rettendes Prinzip**

Fragen: Wird den Anhängern die absolute spirituelle oder religiöse Erlösung versprochen? Glauben die Anhänger, daß ihre Heilstheorie die einzig gültige »Wahrheit« ist?

- **Elitebewußtsein**

Fragen: Sind die Anhänger überzeugt, daß sie zu einer auserwählten Elite gehören, die der Menschheit das Heil bringen kann? Glauben sie, im Auftrag einer höheren Macht oder im Namen einer Ideologie die Menschen befreien zu müssen?

- **Gruppendruck / Kontrolle der Mitglieder**

Fragen: Übt die Gruppe einen starken Druck auf die Mitglieder aus? Werden die Anhänger mit moralischen Druckmitteln oder durch Arbeitsüberlastung diszipliniert? Findet eine Verhaltenskontrolle statt?

- **Isolation von der Umwelt**

Fragen: Ändern die Gruppenmitglieder ihre Lebensweise? Geben sie lieb gewordene Gewohnheiten auf? Reduziert sich der Kontakt zu den Angehörigen, Freunden und Bekannten? Vernachlässigen sie die Hobbies oder treten sie aus den Vereinen aus? Bleibt ihnen neben der Arbeit in der Gruppe kaum mehr Freizeit?

- **Missionsauftrag / Expansion**

Fragen: Beteiligen sich die Gruppenanhänger an der Missionstätigkeit? Verteilen sie Broschüren oder verkaufen Bücher der Bewegung? Laden sie Bekannte und Verwandte an Vorträge oder Missionsveranstaltungen der Gruppe ein? Besuchen sie Freunde nur, um ihnen von den »phantastischen« Erlebnissen in der Bewegung zu erzählen und sie damit neugierig zu machen?

- **Machtanspruch**

Fragen: Läßt sich aus der Ideologie oder Heilslehre ein ausgeprägter Machtanspruch ableiten, der über die religiösen Zielsetzungen hinausgeht? Beansprucht die Gruppe eine deutliche Führerrolle? Ist das religiöse Ziel indirekt an weltliche Ansprüche gekoppelt?

- **Geld/wirtschaftliche Macht**

Fragen: Wie reich ist die Gruppe? Werden die Anhänger gedrängt, Spenden zu zahlen? Ist die Vermittlung des Heils an Kosten gebunden? Werden die Mitglieder zum Betteln oder Eintreiben von Spenden aufgefordert? Müssen sie beim Eintritt ihr Vermögen abliefern?

- **Sektensprache/Kunstbegriffe**

Fragen: Verwenden die Anhänger eine Art Sektensprache? Benützen sie unbekannte Begriffe, mit der sie die Heilstheorie erklären? Läßt sich das »Geheimwissen« angeblich nur mit bestimmten Kunstwörtern erklären, welche die Gründer geprägt haben?

- **Überreaktion bei Kritik/Prozeßfreudigkeit**

Fragen: Reagieren die Gruppe oder ihre Mitglieder auffällig heftig auf Kritik? Starten sie Kampagnen gegen Selbsthilfegruppen oder Medien, die Aufklärungsarbeit betreiben? Versucht der Kult, die Kritiker mit diffamierenden oder ehrverletzenden Äußerungen zu stigmatisieren? Wehrt er sich nicht mit Sachargumenten, sondern geht statt dessen zum Angriff über? Ist die Schwelle, Kritiker vor den Richter zu ziehen, niedrig?

- **Diskrepanz zwischen Innen- und Außenansichten**

Fragen: Hat die Gruppe ein Selbstverständnis, das in krassem Widerspruch zum Erscheinungsbild steht, das die Gruppe nach außen vermittelt? Fühlen sich die Anhänger von der Außenwelt falsch verstanden?

- **Feindbilder / vermeintliche Bedrohung / Verfolgungswahn**

Fragen: Fühlt sich die Gruppe von den Sektenkennern, Behörden, Journalisten usw. ausgegrenzt, unfair behandelt oder bedroht? Glaubt sie an eine koordinierte Kampagne gegnerischer Kreise? Wertet sie selbst sanfte Kritik als frontalen Angriff? Entwickeln die Anhänger Verfolgungsängste?

- **Unterorganisationen mit Tarncharakter**

Fragen: Hat die Gruppe Unterorganisationen gegründet, die in der Öffentlichkeit kaum bekannt sind? Führt sie Veranstaltungen unter dem Namen der Unterorganisation durch? Versteckt sich die Bewegung in heiklen Situationen hinter einer solchen Tarnorganisation? Benutzt sie auf den Missionsfeldzügen einen Tarnnamen?

Gefangen in der Sekte oder: Weshalb der Ausstieg so schwer ist

Driftet ein Familienmitglied in eine vereinnahmende oder sektiererische Gruppe ab, packt Angehörige, die sich der Kraft der Indoktrination bewußt sind, oft die schiere Verzweiflung. Die Vorstellung, daß ihr Kind oder Lebenspartner in die Fänge einer fanatischen Glaubensgemeinschaft oder extremen politischen Gruppe geraten ist und zum Werkzeug einer Ideologie oder Heilslehre gemacht werden soll, ist für sie ein Schicksalsschlag. Mit der Zeit lernen zwar die meisten zu akzeptieren, daß die Tochter oder der Sohn religiöse Extremideen vertritt, zurück bleibt jedoch der Schmerz über die radikale Depersonalisation und Entfremdung. »Seit mein Sohn in dieser Sekte ist, kenne ich ihn nicht mehr«, lautet der Standardsatz, mit dem Eltern die Situation häufig zusammenfassen.

Die Erfahrungen zeigen, daß besonders ergebene Anhänger manchmal schon nach einem Jahr sämtliche Indoktrinationsphasen durchlaufen haben und zum willfährigen Instrument der Gruppe mutiert sind. Die Entfremdung und Wesensveränderung ist oft schon nach wenigen Wochen spürbar. Dies bedeutet für die Angehörigen, daß ihr Einfluß nach kurzer Zeit schwindet. Erleben sie die rasche Persönlichkeitsveränderung, kommen sie zu einem klaren Schluß: Auch ohne die Wirkung der Indoktrination im Detail zu kennen, steht für sie einwandfrei fest, daß die totalitäre Gruppe ihre Tochter oder ihren Sohn psychisch manipuliert und ruiniert. Daraus leiten sie die Legitimation ab, mit aller Kraft zu intervenieren, zumal sie überzeugt sind, daß das Sektenmitglied das Urteilsvermögen in dieser Beziehung eingebüßt hat. Die Angehörigen entwickeln in ihrem Kummer oft eine Wut, manchmal einen Haß auf die Gruppe.

Wut ist zweifelsfrei eine nützliche Reaktion, um den ersten Schmerz auszudrücken und der Ohnmacht eine Kraft entgegenzusetzen. Wenn es darum geht, in der Auseinandersetzung mit vereinnahmenden Gruppen Kriseninterventionen zu planen und konkret zu handeln, sind heftige Gefühlsausbrüche hingegen ein schlechter Ratgeber. Eltern, die in ihrer Ohnmacht emotional heftig reagieren, spielen den Gruppen in die Hände. Sie verstärken die Fronten und treiben die Familienmitglieder erst recht in die Arme der Sekte. Je radikaler die elterliche Kritik an der Gruppe ausfällt, desto heftiger setzen sich die Gruppenmitglieder zur Wehr. Sie versuchen mit allen Mitteln, die Angehörigen zu überzeugen, daß ihre Bewegung keine Sekte ist und sich in aufopfernder Weise für das Wohl der Menschheit einsetzt.

Frontale Konfrontation nützt den Sekten

Bei einer frontalen Konfrontation verstärken die Eltern die Indoktrinationsbemühungen der Kulte. Sie fördern ungewollt die Identifikation mit der Sekte. Das Verhältnis zu den Angehörigen wird dabei weiter belastet, und eine offene Begegnung ist kaum mehr möglich. Besuche werden zum Alptraum. Besonders verhängnisvoll ist dabei, daß die Angehörigen in diesem Fall die Chance verspielen, Einfluß auf das betroffene Familienmitglied auszuüben und ihm zu helfen, den Weg aus dem persönlichkeitszerstörenden Labyrinth zu finden.

Dies bedeutet nicht, daß die Angehörigen aus ihrer Seele eine Mördergrube machen und ihre Meinung verstecken sollen. Sie müssen nur versuchen, ihre Gefühle zu kontrollieren und in bestimmten Situationen taktisch zu handeln. Hilfreich kann dabei die Vorstellung sein, daß die Tochter oder der Sohn von der Gruppe manipuliert worden ist und einer Bewußtseinskontrolle unterliegt. Angehörige sollten versuchen, die Reaktionen des Gruppenmitgliedes nicht persönlich zu nehmen, sondern hinter seinen Argumenten die Gruppe als Einflüsterer zu erkennen. In der Tat sind Kultanhänger fremdbestimmt und nicht mehr fähig, ihr Verhalten zu kontrollieren.

Durchschauen die Angehörigen diese Mechanismen nicht, verlieren sie im Laufe ihrer manchmal jahrelangen Bemühungen, den Betroffenen die Augen zu öffnen und sie zum Ausstieg zu bewegen, oft den letzten Funken Hoffnung. Sie stecken Mißerfolg um Mißerfolg ein und gelangen – oft aus Selbstschutz – zur bitteren Überzeugung, im Kampf gegen die Indoktrination der Sekten chancenlos zu sein. Kritische Argumente gegen die Gruppe, entlarvende Dokumente und offensichtliche Widersprüche scheinen die Sektenopfer nicht zu erreichen, ja an einer unsichtbaren Mauer abzuprallen. Die Angesprochenen erwecken den Eindruck, intellektuell verkümmert, emotional retardiert und deshalb immun gegen menschliche Regungen zu sein.

Eltern, die sich an das aufreibende Abenteuer wagen, ihren Sohn oder ihre Tochter aus den Fängen einer totalitären Gruppe zu befreien, müssen sich dieser Ausnahmesituation stets bewußt sein. Der sogenannte gesunde Menschenverstand oder spontane Reaktionen erweisen sich meist als kontraproduktiv, weil die Besonderheit einer Indoktrination auch besondere Strategien erfordert. Eine realistische Einschätzung der Lage ist wichtig, um nicht falsche Hoffnungen aufzubauen und sich Illusionen hinzugeben. Es soll nicht verheimlicht werden, daß es ein schwieriges Unterfangen ist, mit den beschränkten Einflußmöglichkeiten von außen die Indoktrination zu durchbrechen.

Trotzdem sollten Angehörige auch dann nicht den Kampf aufgeben, wenn sie den Eindruck erhalten, kaum etwas bewirken zu können. Denn Sektenanhänger sind daran gewöhnt, alles zu verdrängen, was nicht in ihr verengtes Bewußtsein und die Ideologie paßt. Deshalb reagieren sie auch gegenüber den eigenen Familienmitgliedern gefühlskalt. Viele Eltern verwenden die Metapher vom Roboter, um die Situation zu umschreiben. Tatsächlich haben die Gruppenmitglieder gelernt, Erinnerungen, Sehnsüchte, Zuneigungen, Ängste usw. radikal zu unterdrücken.

Der Sohn oder die Tochter erscheinen deshalb oft abgestumpft und unnahbar, was den Kontakt erschwert und den Schmerz verstärkt.

Um den Gruppenmitgliedern zu helfen, sich aus den Fingern einer totalitären Bewegung zu befreien, müssen Angehörige das Sektensystem kennen und sich über die Folgen der Indoktrination bewußt sein. Die vermutlich wichtigste Voraussetzung ist das Einfühlungsvermögen. Eltern sollten versuchen, sich in das Gruppenmitglied hineinzuversetzen und gefühlsmäßig die Sektenkarriere der Tochter oder des Sohnes nachempfinden zu lernen. Sie müssen sich bewußt werden, was die Sektenopfer an der Gruppe fasziniert, wo die Wurzeln ihrer Sehnsüchte liegen und weshalb sie anfällig für eine radikale Heilslehre sind. Zwar lassen sich häufig auch ausgeglichene und selbstsichere Menschen von den raffinierten Missionsmethoden totalitärer Gruppen ködern, doch viele Kultanhänger geraten nicht ganz zufällig in eine vereinnahmende Bewegung, bringen also eigene Persönlichkeitsanteile mit, die das Engagement begünstigen.

Anhand der Persönlichkeitsentwicklung, der Erziehung, der familiären Situation, der Lebensumstände zur Zeit des Einstiegs usw. sollten die Angehörigen analysieren, weshalb ihre Kinder oder der Lebenspartner in die Fänge einer sektiererischen Glaubensgemeinschaft geraten sind. Allenfalls müssen sie akzeptieren lernen, daß sie selbst Anteil an der ungünstigen Entwicklung haben und mitverantwortlich für den Eintritt ihrer Tochter oder ihres Sohnes in eine totalitäre Gruppe sind. Meist begünstigen übertriebene Autoritätsgläubigkeit, Sinnkrisen, Liebeskummer, Versagen in der Ausbildung und im Beruf, schwaches Selbstwertgefühl usw. die Flucht in eine Sekte.

Schuldgefühle nützen nur den Sekten

Solche Einsichten können schmerzhaft sein und Unsicherheiten und Selbstvorwürfe auslösen. Selbsterkenntnis ist wichtig, um optimal reagieren zu können, doch dürfen sich Angehörige auf keinen Fall von Schuldgefühlen lähmen lassen. In solchen Situationen muß man sich auch auf die Selbstverantwortung der Betroffenen berufen und versuchen, Distanz zu schaffen. Selbstvorwürfe nützen vor allen den totelitären Gruppen, die die Unsicherheiten der Angehörigen dazu brauchen, die Indoktrinationswirkung zu verstärken. Die Frage nach der Motivation kann auch helfen, eine allfällige Wut abzubauen. Es zeigt sich nämlich, daß sich viele Novizen aus einem moralischen Anspruch heraus einer vereinnahmenden Gruppe angeschlossen haben. Tatsächlich lassen sich viele auf der Suche nach einem alternativen Lebenssinn von der Gruppe blenden und ködern. Oder sie wollen aus dem eindimensionalen Lebensmuster, das sich an egoistischen und materiellen Zielen orientiert, ausbrechen und sich für eine bessere Welt engagieren. Oft begünstigen idealistische Ideen und die Ohnmacht über die indifferente Gesellschaft den Einstieg in eine Gruppe. Der Lebensentwurf ihrer Eltern und der meisten Erwachsenen erscheint ihnen schal und ohne Perspektive. Sie möchten mithelfen, das Elend zu verringen. Deshalb kriechen oft besonders sensible junge Leute den Sekten auf den Leim. Die totalitären Gruppen mit ihrer auf eingängige Heilsprinzipien reduzierten Ideologie füllen das Sinnvakuum perfekt aus.

Angehörige sollten sich auch bewußt sein, daß meist nur sie langfristig die Kraft aufbringen, den Kontakt mit Anhängern totalitärer Gruppen aufrechtzuhalten. Sie müssen mit der Energie haushälterisch umgehen, sonst kann der Psychostreß für alle Beteiligten ins Unermeßliche wachsen. Kappen sie die Beziehung, stürzt oft die letzte Brücke zur Außenwelt ein, denn der Kontakt zu den Freunden und Bekannten wird ohnehin abgebrochen oder stark reduziert. Die Angehörigen sollten deshalb versuchen, den engsten Freundeskreis in die Krisenintervention einzubeziehen.

Es ist ein schmerzhafter Prozeß, die richtige Mischung von Abgrenzung und Engagement zu finden. Aus Angst, sich aufzureiben und die gefühlskalten Reaktionen der Kinder nicht mehr zu ertragen, müssen Angehörige manchmal unter großem Leidensdruck eine emotionale Distanz schaffen. Viele Betroffene werden deshalb Mitglied einer Elterngruppe oder Bürgerinitiative und nehmen gelegentlich die Hilfe einer therapeutisch geschulten Fachperson in Anspruch.

Angehörige sind stets von dem Wunsch beseelt, die Sektenanhänger so rasch als möglich aus den Fängen der Gruppe zu befreien. Deshalb ist es für sie schwer verständlich, daß Geduld oft die beste Tugend sein soll. Denn Prognosen über einen allfälligen Ausstieg sind schlicht nicht möglich. Sicher gilt, daß bei langjährigen Mitgliedern die Chancen von Jahr zu Jahr sinken, doch finden gelegentlich auch Anhänger den Weg zurück, bei denen die Angehörigen die Hoffnung längst aufgegeben haben. Es gibt allerdings eine Ausnahme: Bewegt sich ein Familienmitglied erst seit wenigen Tagen oder Wochen in einer totalitären Gruppe, ist jeder Tag kostbar und eine rasche Intervention unabdingbar. (Was in diesem Fall zu tun ist, wird später beschrieben).

Totalitäre Gruppen erliegen dem Irrtum, sie könnten die Identität ihrer Anhänger auslöschen. Das Unbewußte läßt sich zwar überdecken, es akzeptiert die Scheinwelt und Lebenslüge aber nicht restlos. Deshalb müssen Sekten die Indoktrination als Teil der Heilstheorie und der Gruppenrituale in das totalitäre System einbauen. Um die Möglichkeiten abschätzen zu können, müssen Angehörige das Indoktrinationssystem kennen. In der ersten Phase, also bei der Anwerbung, sind Novizen lediglich einem sanften Druck ausgesetzt. Sie sind erfüllt von den angeblichen Heilserfahrungen, die die Suggestion ausgelöst hat. Die Aussichten auf einen raschen Ausstieg sind noch gut.

In der zweiten Phase (Einführung in die Lehre) genießen die neuen Anhänger ebenfalls noch eine gewisse Schonzeit. Sie sollen sich in die geistige und religiöse Welt der Gruppe vortasten und sich an den beglückenden Ritualen erfreuen. Es ist bereits ein schwieriges Unterfangen, der Euphorie eine wirkungsvolle Kraft entgegenzusetzen. In der dritten Phase (Einbindung in die Gruppe) werden die neuen Kultmitglieder am ehesten von Zweifeln gepackt. Nach den emotionalen Höhenflügen und der Verwöhnung durch die Gruppenanhänger erhöhen die Sekten und Kulte nun die Anforderungen. Die neuen Mitglieder erhalten einen ersten Einblick in die Innenansichten der Bewegung, und der

Sektenalltag entpuppt sich als weit weniger spektakulär, als die übertriebenen Versprechungen hoffen ließen. Vermehrt manifestieren sich Ungereimtheiten und Widersprüche, die die Zweifel verstärken. Konflikte innerhalb der Gruppe, Spannungen mit einzelnen Mitgliedern und Sanktionen bei Fehlverhalten fördern die leise Befürchtung, die Erwartungen könnten sich nicht in der erhofften Form erfüllen. Das neu gewonnene Selbstwertgefühl beginnt abzubröckeln. Die meisten Gruppenanhänger ergreifen in der Verunsicherung die Flucht nach vorn. Weil die Indoktrination bereits Wirkung zeigt, sind die Aussichten auf eine Befreiung erheblich gesunken. Allerdings liegt in den verdrängten Zweifeln eine kleine Chance, die Sektenmitglieder für ein Befreiungsgespräch zu motivieren.

Die meisten Gruppenmitglieder haben die ersten drei Indoktrinationsphasen bereits nach wenigen Monaten durchlaufen und sind so sehr in die Sektenwelt verstrickt, daß sie sich kaum aus eigener Kraft lösen können. Außerdem sind sie darauf konditioniert, die aufkommenden Zweifel an der Heilstheorie und den Gruppenritualen auf sich zu beziehen. Die euphorische Gruppenatmosphäre verleitet sie zu dem Trugschluß, alle anderen würden zielsicher und glücklich auf dem Heilspfad der göttlichen Vorsehung oder der Erleuchtung wandern. Oder sie befürchten, nicht zu den Auserwählten zu gehören oder vom Teufel besessen zu sein. Hinzu kommt die Angst vor der Gruppe oder der Rache Gottes. Denn die meisten Kulte trichtern ihren Anhängern ein, Aussteiger würden zwangsläufig von persönlichen Krisen geschüttelt oder ihnen stoße ein Unglück zu. Niemand könne die Gruppe ungestraft verlassen, denn der Ausstieg sei ein Verrat an der Bewegung und am Gründer.

Ausstieg ist ein existentieller Spagat

Eltern müssen erkennen, daß ein Ausstieg nicht nur aus der religiösen oder mystischen Zwangsvorstellung heraus ein großer Kraftakt ist, sondern auch ein existenzieller Spagat. Er ist mit der Überwindung der Drogensucht vergleichbar. Die Mitglieder totalitärer Gruppierungen haben im Laufe der Monate und Jahre nicht nur weltanschaulich, geistig und spirituell die Wurzeln abgeschnitten, sondern sich auch radikal von ihrer Umgebung abgekapselt und weitgehend entfremdet. Viele haben nach heftigen Auseinandersetzungen den Kontakt zur Familie abgebrochen oder ihn auf gelegentliche Höflichkeitsbesuche reduziert, eventuell den Lebenspartner verlassen, Freundschaften aufgegeben, die Lebensgewohnheiten radikal geändert, Hobbies an den Nagel gehängt, die Ausbildung abgebrochen, die Arbeitsstelle gekündigt und die Lebensumstände umgekrempelt. Damit haben sie den Weg zurück zugeschüttet.

Angehörige sollten sich bewußt sein, daß der Ausstieg extrem schmerzhaft ist. Schaffen ihn Kultanhänger, verlieren sie den letzten Rest an Selbstwertgefühl. Sie müssen nämlich vor »Gott und der Welt« ihren fundamentalen Irrtum eingestehen und die bittere Erkenntnis aushalten, selbstgerecht Familienangehörige und Verwandte verdammt und ihnen Schmerzen zugefügt zu haben. Der Gesichtsverlust ist groß, und die psychische Belastung nimmt dramatisch zu. Ex-Mitglieder fallen in ein schwarzes Loch und erleben eine weitere Lebenskrise. Als erwachsene Personen stehen sie vor der Aufgabe, sich neu in jener Welt einzurichten, vor der sie geflohen sind und die sie oft jahrelang als Inbegriff der Dekadenz verachtet haben. Sie müssen noch einmal eine Existenz aufbauen und sich einen neuen Lebenssinn und Lebensinhalt erschaffen.

Ohne fremde Hilfe ist dies ein kaum lösbares Unterfangen. Dabei sind die Betroffenen mindestens in der Startphase auf diejenigen angewiesen, die sie jahrelang an den Rand der Verzweiflung getrieben haben.

Entfremdung ist schon nach kurzer Zeit spürbar

Hat ein Gruppenmitglied die ersten vier Indoktrinationsphasen durchlaufen, müssen sich Eltern und Ehepartner mit der Vorstellung auseinandersetzen, daß ihr Familienmitglied den Weg zurück vielleicht erst nach vielen Jahren oder vielleicht nie mehr finden wird. Die Suchtprägung ist in den meisten Fällen so stark, daß sich die Krisenintervention äußerst schwierig gestaltet. Tatsächlich gibt es Anhänger totalitärer Gruppen, die es nicht schaffen, die Zweifel als kreative Kraft zu nutzen und sich Rechenschaft über ihr Leben und die Heilslehre der Gruppe abzulegen. Manche von ihnen spüren intuitiv, daß die Energie nicht ausreichen könnte, den langen Ablösungsprozeß durchzustehen. Um die Ängste und Zweifel zu verdrängen, sind sie erst recht gezwungen, das Heil in der Gruppenideologie zu suchen und voll auf die Bewegung zu setzen. Der Rückzug in den Schoß der totalitären Gruppe erscheint ihnen als das kleinere Übel. Sich in der überschaubaren Scheinwelt einzurichten, ist für viele einfacher, als in die dämonisierte, komplexe Realität zurückzukehren. Somit entpuppt sich die Überwindung der Zweifel als eine wirksame Selbstindoktrination, die von der Gruppe initiiert und laufend verstärkt wird.

Die meisten größeren Kulte und Sekten haben Mitglieder in ihren Reihen, die sich seit Jahrzehnten mit der Gruppe identifizieren und ihr das Leben widmen. So kann beispielsweise Scientology auf eine stattliche Zahl von Jüngern blicken, die dem Kult seit der Expansion nach Europa angehören, also seit zwanzig und mehr Jahren. Die Mitglieder von dogmatischen evangelikalen oder charismatischen Bewegungen oder Zeugen Jehovas, Urchristen, Neuapostolen usw. verbringen oft ihr ganzes Leben im Rahmen ihrer Glaubensgemeinschaft. Aber auch bei den älteren unter den neureligiösen Gruppen wie Hare Krischna, Vereinigungskirche und Kinder Gottes trifft man vor allem auf Kadermitglieder, die seit Jahrzehnten im Bann der Bewegung leben.

Bei den Scientologen der ersten Stunde läßt sich immer wieder beobachten, daß diese in Zeiten finanzieller Engpässe keine Kurse mehr besuchen, einem Beruf außerhalb der Gruppe nachgehen und zeitweise eine gewisse Distanz zur Organisation, nicht aber zur Ideologie gewinnen. In dieser Phase kann sich der Kontakt zu den Angehörigen entspannen. Man muß dabei berücksichtigen, daß es sich meist um Personen handelt, die 40 Jahre und älter sind und die sich gegen die Forderungen der jungen Vollzeit-Mitarbeiter teilweise durchzusetzen vermögen. Die ideologische

Fixierung bleibt normalerweise auch in dieser Phase virulent. Gewisse Interventionsmöglichkeiten sind besonders in dieser Zeit zwar gegeben, doch können sich die langjährigen Mitglieder ein Leben ohne die geistigen Krücken oft nicht mehr vorstellen.

Taktik der kleinen Schritte

Viele Angehörige realisieren in ihrer Verzweiflung und aus Furcht vor weiteren Rückschlägen nicht, daß sie auch auf langjährige Gruppenanhänger einen gewissen Einfluß ausüben können. In dieser Situation ist eine differenzierte, langfristige Strategie der subtilen Anti-Indoktrination gefragt. Erforderlich ist eine Taktik der kleinen, unspektakulären Schritte, die von den Gruppenanhängern schwer durchschaut und deshalb nicht unterlaufen werden kann. Der Versuch, emotionale Bindungen aufzubauen, ist erfahrungsgemäß weit nützlicher als das krampfhafte Bemühen, die Widersprüche der Bewegung aufzuzeigen.

Indem Angehörige in den Gruppenanhängern Erinnerungen aus früheren Zeiten wecken, öffnen sie, mindestens vorübergehend, die gewaltsam verstopften Gefühlskanäle. Dieses Mittel sollte allerdings nur dosiert eingesetzt werden. Erkennt der Sohn oder die Tochter solche Anspielungen als taktisches Mittel zur Aufweichung der Bewußtseinskontrolle, tritt bald eine Immunisierung ein. Werden die Absichten nicht durchschaut, können die Erinnerungen den Sektenpanzer am ehesten knacken und unmerklich wieder einen Platz im Seelenleben einnehmen.

Eine ähnliche Wirkung können auch Erlebnisberichte von Familienangehörigen über abenteuerliche Reisen, sportliche Großtaten, Partys, Konzertbesuche oder andere Aktivitäten erzielen, die das Sektenmitglied früher besonders liebte. Entdecken die Eltern bei ihm eine leichte Neugierde oder ein Funkeln in den Augen, sollten sie den Erlebnisbericht mit einer entsprechenden Einladung verbinden. Schlagen die Gruppenanhänger das Angebot aus, weil es ihnen das Sektengewissen verbietet, haben die Angehörigen eine gute Möglichkeit, um in ruhigem Ton über die starke Wesensveränderung und die Fremdbestimmung durch die

Gruppe zu sprechen. Gleichzeitig kann das Sektenmitglied ermuntert werden, sich wieder einmal eine Abwechslung zu gönnen, sich selbst etwas zuliebe zu tun und dabei Energie zu tanken, um den Belastungen der Gruppe besser gewachsen zu sein.

Nimmt das Gruppenmitglied die Einladung an, bricht es mindestens für kurze Zeit mental aus dem Bann der Indoktrination aus und realisiert möglicherweise, daß ein wesentlicher Teil des Lebens an ihm vorbeizieht. Es nimmt auf der emotionalen Ebene Kontakt zur ursprünglichen Identität auf und spürt, daß die verteufelte Welt durchaus Wärme auszustrahlen vermag und nicht alle außenstehenden Menschen die seelenlosen Monster sind, als die sie die Gruppe gern hinstellt. Beglückende Erlebnisse im Rahmen der Familie oder des ehemaligen Freundeskreises können die Sehnsucht nach einem vermehrten Kontakt mit der Außenwelt mindestens vorübergehend wecken. Außerdem wird die Bindung zu den Angehörigen verstärkt. Läßt sich der Gruppenanhänger gar zu einem gemeinsamen Urlaub überreden, verbessern sich die Chancen, den Teufelskreis der Indoktrination zu durchbrechen.

Schlagen die Gruppenmitglieder solche Angebote aus, hüten sie sich meist krampfhaft, Gemütsregungen erkennen zu lassen. Sie haben gelernt, sich gegen solche Versuchungen zu immunisieren. Es gehört zum Indoktrinationssystem, daß Sektenanhänger lernen, gefühlsmäßige Verbindungen zur Außenwelt und zur Vergangenheit abzuwürgen. Die meisten totalitären Gruppen haben mit den bereits erwähnten Gedankenstopp-Übungen Techniken entwickelt, um solche Erinnerungen und Sehnsüchte radikal zu unterbinden. Anhänger christlicher Sekten zum Beispiel beginnen reflexartig, in Gedanken zu beten, im Geist in Zungen zu reden oder Gott zu bitten, die Versuchung abzuwenden oder ihnen Kraft zu geben, ihr zu widerstehen. Mitglieder fernöstlicher Sekten leiern ihr Mantra vor sich hin oder beginnen lautlos zu »chanten«. Das Praktizieren dieser Rituale läßt die Sektenmitglieder teilnahmslos oder gar abwesend erscheinen, weshalb schlecht informierte Eltern oder Angehörige irrtümlicherweise glauben, ihre Bemühungen seien zwecklos.

Verbot ist auch bei Minderjährigen nicht immer sinnvoll

Bei minderjährigen Familienmitgliedern können die Eltern der Tochter oder dem Sohn verbieten, bei einer totalitären Gruppe mitzumachen, an den Ritualen teilzunehmen oder beispielsweise als Vollzeitmitarbeiter in einem Scientology-Zentrum zu arbeiten. Bei Jugendlichen unter 16 oder 17 Jahren kann ein rigoroses Verbot das Problem rasch lösen. Allerdings müssen die Eltern bedenken, daß der Jugendliche allenfalls hinter ihrem Rücken den Kontakt weiter pflegen wird. Solche Maßnahmen müssen auf die Persönlichkeit der Betroffenen abgestellt werden.

Bei jungen Leuten zwischen 18 und 20 Jahren ist es meistens nicht ratsam, den Kontaktabbruch Kraft der elterlichen Gewalt durchsetzen zu wollen. Es besteht die Gefahr, daß die Betroffenen heimlich den Kontakt zu den Gruppen suchen und die Rituale im Versteckten vollziehen. Dadurch verspielen die Angehörigen jede Chance, die Entwicklung mitverfolgen und Einfluß nehmen zu können. Vielmehr sollten sie mit einem Befreiungsgespräch versuchen, ihre Kinder zum freiwilligen Ausstieg zu bewegen. (Das Befreiungsgespräch wird später thematisiert.)

Angehörige müssen parallel dazu aktiv ein soziales Netz knüpfen, das die jungen Gruppenmitglieder auffangen kann. Wichtig ist, daß die Bekannten die Situation kennen und über die Gruppe aufgeklärt sind. Dies ist auch zum Schutz der einbezogenen Personen nötig, denn es besteht die Gefahr, daß das junge Gruppenmitglied seine Freunde in den Kult oder die Sekte hineinzuziehen versucht.

Der Ausstieg: Wie man ihn fördern, unterstützen, planen kann – und was man sicher nicht tun sollte

In diesem Kapitel sollen die konkreten Strategien und Handlungsmöglichkeiten im Umgang mit vereinnahmenden Gruppen und ihren Anhängern erläutert werden. Doch vorerst geht es um die Frage: Wie erkenne ich, ob mein Kind oder der Lebenspartner in Kontakt mit einer totalitären Gruppe steht? Es gibt natürlich keine Checklisten. Eltern können auch bei einer guten Vertrauensbasis nicht davon ausgehen, daß der Sohn oder die Tochter sie sofort einweiht. Denn viele Gruppen schärfen ihren frisch angeworbenen Anhängern ein, die Angehörigen erst nach einer Art Probezeit zu informieren. Das Gruppenkader will damit sicherstellen, daß es die Einführung in die Heilslehre und die ersten Indoktrinationsbemühungen ungestört vornehmen kann.

In der Regel stellen Angehörige deutliche Verhaltensänderungen fest. Anhänger vereinnahmender Gruppen besuchen regelmäßig das Zentrum, die Messe oder den Tempel und lesen vorwiegend Bücher der Gruppe oder der Führungsgestalt. Manchmal werden Novizen regelmäßig von den neuen Freunden abgeholt oder angerufen. Die Mitglieder einzelner Gruppen erledigen die Alltagspflichten ungewohnt pflichtbewußt oder ändern beispielsweise die Eßgewohnheiten. Meistens vernachlässigen sie den bisherigen Freundeskreis oder gehen nicht mehr in die Diskothek oder ins Kino. Oft vertreten sie neue Ideen und ungewohnte Meinungen, brauchen spezielle Ausdrücke oder kleiden sich anders ein.

Sektenanhänger vernachlässigen in der Regel ihre bisherigen Hobbys, treten aus den Vereinen aus und kapseln sich mehr und mehr ab. Haben sich junge Leute einem fernöstlichen Kult oder einer esoterischen Gruppe angeschlossen, richten sie unter Umständen einen kleinen Altar mit dem Bild des spirituellen Meisters oder der mystischen Gottheiten ein, meditieren täglich oder praktizieren unbekannte Rituale. Da solche Übungen auch in harmlosen Esoterik-Workshops gelehrt werden, müssen Angehörige die Hintergründe der Rituale genau abklären, bevor sie sich Sorgen machen oder Maßnahmen ergreifen.

Solche Auffälligkeiten oder die Änderung der Lebensgewohnheiten können natürlich auch andere Ursachen haben. Engagiert sich beispielsweise der Sohn aber tatsächlich in einer vereinnahmenden Gruppe, erwartet er geradezu eine Reaktion der Eltern. Mit großer Wahrscheinlichkeit hat er sich bereits eine von der Gruppe empfohlene Strategie zurechtgelegt, um sie zu besänftigen. Da die Antworten meist recht plausibel ausfallen, geben sich viele Angehörige zufrieden. Es ist zwar fatal, hinter jeder kleinen Verhaltensänderung einen Sekteneinfluß zu vermuten, es kann aber auch verhängnisvoll sein, Auffälligkeiten zu ignorieren oder sich mit schönfärberischen Erklärungen zufrieden zu geben.

Problem wird aus Unkenntnis oft unterschätzt

Pflegen Eltern einen losen Kontakt zu ihren erwachsenen Kindern oder leben diese nicht am gleichen Ort, erfahren sie oft erst nach Monaten oder Jahren, daß sich der Sohn oder die Tochter in einer totalitären Gruppe engagiert. Außerdem verschweigen die meisten Gruppenanhänger ihre Mitgliedschaft bewußt, weil sie befürchten, daß ihre Eltern mit Angst oder Panik reagieren könnten. Manchmal nehmen Familienangehörige die Sache aus Unkenntnis auf die leichte Schulter und glauben, daß ihr Kind oder der Lebenspartner den Irrtum bald selbst feststellen und der Sekte wieder den Rücken kehren werde. Sie unterschätzen die totalitären Gruppen und die Wirkung der Indoktrination und verpassen unter Umständen die Möglichkeit, rechtzeitig einzugreifen.

Oft entdecken Bekannte als erste die Mitgliedschaft einer Person in einer Gruppe, wagen jedoch nicht, zu intervenieren. Sie haben Hemmungen, sich in die Privatsphäre einzumischen. Spüren sie, daß sie mit Argumenten nichts ausrichten können, meiden sie das Thema. Da sich die meisten Gruppenmitglieder ohnehin bald von ihrer Umgebng abkapseln, verflachen die Kontakte rasch. Deshalb sollten Freunde in jedem Fall die Familienangehörigen informieren und sicherstellen, daß sich diese der Tragweite einer Sektenkarriere bewußt werden und zu handeln beginnen.

Die richtigen Fragen zur richtigen Zeit

Schöpfen Angehörige den Verdacht, ihr Kind oder der Lebenspartner engagiere sich in einer totalitären Gruppe, sollten sie einen kühlen Kopf bewahren. Grundsätzlich sind präzise Fragen im Umgang mit Sektenmitgliedern weit effizienter als Vorwürfe und verbale Angriffe. Sobald Gruppenanhänger über Details Auskunft geben müssen, können sie sich schlecht hinter ausweichenden Floskeln verschanzen. Sind ihnen die Fragen unangenehm und geben sie ausweichende Antworten, sind dies Indizien, daß eine vereinnahmende Gruppe am Werk sein könnte.

Mit harmlos wirkenden Fragen läßt sich manchmal das Eis brechen. Angehörige können sich beispielsweise erkundigen, wo sich das Zentrum befindet, wie es heißt, wie groß es ist und wie oft darin Versammlungen abgehalten werden. Fragen nach dem Zentrumsleiter, den Aktivitäten oder Ritualen, der Anzahl Personen, den Vertrauensleuten, den religiösen Ideen usw. erleichtern einen unverkrampften Einstieg ins Thema. Verläuft das Gespräch ruhig, können die Eltern auf die Gefühle und Erwartungen des Novizen zu sprechen kommen und ihn am Schluß über seine Heilserwartungen befragen. In der Regel lassen sich aus den Antworten Ideen für neue Fragen ableiten.

Bei der Beantwortung einfacher Fragen kommen oft auch unerwartete Denkprozesse in Gang. Fühlen sich die Gruppenanhänger aber durch bohrende Fragen oder Vorwürfe in die Enge gedrängt, flüchten sie sich meist in stereotype Ausreden. Es sei eben nicht möglich, Außenstehenden die Heilslehre zu erklären. Man müsse sich intensiv damit auseinandersetzen und eigene Erfahrungen machen, um die Kraft, die dahinter stecke, zu erleben. Flüchten sich Kultanhänger in solche Erklärungsversuche, gibt es eine relativ einfache Antwort: Ein religiöses Heilsprinzip, das den Anspruch auf die Wahrheit erhebe, müsse doch allen Menschen erklärt werden können und dürfe nicht das Privileg von Gebildeten sein. Sachliche Diskussionen über Dogmen und Rituale zeigen immer Widersprüche auf, die beim Gruppenmitglied Zweifel nähren können.

Gruppenmitglieder, die solche Ungereimtheiten intuitiv spüren, empfinden die Beantwortung noch so einfacher Fragen als eine Tortur. Einerseits wissen sie genau, daß sie keine Sekteninternas weitergeben sollten, andererseits geht ihnen dabei auf, daß sie relativ wenig über die Gruppe wissen. Merken die Eltern das Unbehagen, können sie die Tochter oder den Sohn mit dem Argument darauf aufmerksam machen, daß Antworten auf solche Fragen eigentlich eine Selbstverständlichkeit sein sollten. Das Gruppenmitglied realisiert möglicherweise die Geheimniskrämerei, die ihre Sekte betreibt.

Außerdem verlieren die sektiererischen Ideen einen beträchtlichen Teil des vermeintlichen Glanzes, wenn Gruppenanhänger ihre Heilslehre und Rituale erklären müssen. Dabei realisieren die neuen Mitglieder nicht selten, daß ihre Sektenwelt bei einer nüchternen Betrachtung weniger spektakulär wirkt als im Rahmen der Gruppe, die mit den Ritualen, der Heilserwartung und der Massensuggestion die Gruppenatmosphäre beeinflußt. Sensiblen Personen fällt beim Erzählen vielleicht auch die Sektensprache auf, ohne die sich die Heilstheorie kaum erklären läßt. Solche Beobachtungen sollten die Angehörigen in sachlicher Weise thematisieren.

In einem weiteren Schritt können die Angehörigen einflechten, das neue Mitglied solle doch in Zukunft seine Gruppe ein bißchen besser beobachten und wie im Freundeskreis auch sofort Fragen stellen, wenn ihm etwas auffalle oder unverständlich erscheine. (Einschränkend muß hier erwähnt werden, daß solche Fragen bei langjährigen, bereits indoktrinierten Gruppenanhängern nicht mehr die gleiche Wirkung erzielen. Denn diese haben die Sektenidentität verinnerlicht und längst gelernt, wortreich geschickte Antworten zu geben und mit ausweichenden Argumenten heikle Situationen zu überspielen.)

In den ersten Wochen bestehen große Erfolgsaussichten

Entdecken Angehörige, daß ein Familienmitglied erst seit ein paar Wochen Kontakt zu einer totalitären Gruppe pflegt, sollten sie sofort handeln. In dieser Situation ist jeder Tag kostbar. Die Erfahrungen zeigen nämlich, daß Betroffene zu Beginn der Phase I (Anwerbung) relativ leicht aus der Gruppe gelöst werden können, weil die Indoktrination erst nach einer gewissen Zeit zu wirken beginnt. Bei Scientology beispielsweise beträgt die »Karenzzeit« meist nur rund zwei Monate, das heißt, die Chancen für eine rasche Befreiung aus den Sektenfängen sind in dieser Zeitspanne groß, schwinden nachher aber rasch.

Der erste Schritt der Intervention betrifft die Informationsbeschaffung. Die Angehörigen müssen den Überblick über die Heilslehre, die Lebensweise und Beeinflussungsmethoden gewinnen. Quellen sind Bücher, Zeitungsartikel, Erfahrungsberichte Ehemaliger und Angehöriger sowie Videobänder von Fernsehsendungen. Gleichzeitig sollten die Eltern Kontakt zu Sektenberatungsstellen und Selbsthilfegruppen aufnehmen, die sie über die Interventionsmöglichkeiten aufklären und in Kontakt mit ehemaligen Mitgliedern der fraglichen Gruppe bringen können. Ziel dieser Aktion ist es, sich in das Gruppenmitglied einzufühlen und innerhalb von wenigen Tagen ein Befreiungsgespräch, also eine Aussprache zwischen ihm, Ehemaligen und allenfalls einem Sektenspezialist, zu organisieren. Dabei handelt es sich um einen Interventionsversuch auf der Basis der Freiwilligkeit.

Weshalb nicht einfach eine Aussprache mit einem Experten? Ehemalige Gruppenmitglieder wirken auf Kultanhänger glaubwürdiger als Sektenspezialisten, weil sie die Gruppen aus der Innenansicht heraus kennen, ihre eigenen schmerzlichen Erlebnisse und Erfahrungen erzählen können und die Widersprüche zwischen den Heilserwartungen und der Gruppenrealität selbst erlebt haben. Außerdem können sie den Novizen, die in den ersten Wochen nur die auf Hochglanz polierte Fassade kennengelernt haben, einen Einblick in die inneren Strukturen und die unrealistische Heilslehre der Gruppe vermitteln und sich optimal in ihre Sehnsüchte und Hoffnungen einfühlen. Ehemalige finden einen besseren Zugang zu den meist skeptisch reagierenden Novizen und wirken auf diese neutraler als Angehörige und Fachleute. Kommt hinzu, daß verschiedene Gruppen die neuen Mitglieder schon in den ersten Wochen vor den Sektenspezialisten warnen und ihnen mit Horrorgeschichten von einem gewaltsamen Kidnapping Angst einjagen. Im weitern sind ehemalige Anhänger der lebendige Beweis für einen erfolgreichen Ausstieg. Sie können das Märchen entlarven, daß Aussteiger der Bannstrahl Gottes oder die rächende Hand des vermeintlich über mediale oder okkulte Energien verfügenden Sektenführers treffen soll.

Eltern oder Ehepartner sollten sich mindestens in der ersten Runde nicht am Gespräch beteiligen und sich auch nicht im Raum aufhalten. Hingegen erweist es sich als sinnvoll, wenn eine Schwester oder ein Bruder als Vertrauensperson des Novizen anwesend ist. Zur Bedingung gehört allerdings, daß die beteiligten Geschwister über die Gefährlichkeit von totalitären Gruppen informiert sind und sich an der Vorbereitung des Interventionsversuchs beteiligt haben. Sie dürfen sich anwaltschaftlich für die Novizen einsetzen und ihnen auf der emotionalen Ebene Vertrauen einflößen. Bei der Beurteilung der Gruppe und ihrer Indoktrinationsmethoden müssen sie aber einen klaren Standpunkt vertreten und diesen in kritischen Momenten kundtun.

Sektenkenner sollten sich anfänglich zurückhalten

Sicherheitshalber sollte ein Sektenkenner in einem Nebenraum warten und sich erst im zweiten Teil des Gesprächs als Fachperson einbringen. Er kann mit Fakten und Erfahrungsberichten auf der rationalen Ebene das Fundament verstärken, das die ehemaligen Kultmitglieder auf der emotionalen gelegt haben. Allerdings sollte der Spezialist sofort einbezogen werden, wenn das Befreiungsgespräch in einer Sackgasse festgefahren ist. Mit entlarvendem Dokumentationsmaterial über die Gruppe kann er die mißtrauische Haltung des Novizen aufbrechen und das Gespräch vielleicht wieder in Gang bringen. Gelingt es dem Sektenkenner, den Kultgründer, Guru oder »Propheten« zu demaskieren und die wahren Absichten offenzulegen, werden die neuen Anhänger zusätzlich verunsichert. Man kann ihnen auch deutlich machen, daß sie sich blenden ließen und hinters Licht geführt wurden. Dabei geht es darum, die durch die Verehrung des Gründers oder »Messias« geprägte Abhängigkeit von der religiösen oder spirituellen Autorität abzubauen. Hilfreich können auch Gerichtsurteile und geheime Führungsanweisungen der Führungsgestalten sein, aus denen ihre selbstgefälligen Machtmotive und weltliche Ansprüche hervorgehen.

Normalerweise sperren sich die Novizen nicht gegen ein Befreiungsgespräch. Wichtig ist, daß die Angehörigen die Gruppe nicht abwerten und nur im Notfall etwas Druck ausüben. Die Anhänger sollten mit dem Argument zu einer Aussprache motiviert werden, sie seien es sich schuldig, die Gruppe von allen Seiten zu beleuchten und auch Informationen von der Gegenseite anzuhören. Die Angst vor solchen Treffen können Eltern ihren Kindern mit dem Hinweis nehmen, sie seien frei, nachher wieder in der Gruppe mitzumachen. Die Angehörigen gehen mit diesem Versprechen kein Risiko ein. Verläuft das Befreiungsgespräch erfolgreich, meiden die Betroffenen die Gruppe sofort. Lassen sie sich nicht von den Machenschaften der Sekte überzeugen, kehren sie ohnehin direkt in die Glaubensgemeinschaft zurück.

Willigt ein Mitglied in ein Befreiungsgespräch ein, müssen die Eltern ihm das Versprechen abnehmen, die Gruppe über das bevorstehende Meeting nicht zu informieren. Sie würde sonst alle Hebel in Bewegung setzen, um das neue Mitglied zu beeinflussen. Eine beliebte Masche dabei ist, die Anhänger mit Horrorgeschichten über eine Entführung mit anschließender Deprogrammierung einzuschüchtern und ihnen Angst vor dem Treffen einzuflößen. Oder die Kaderleute bestehen darauf, an der Aussprache teilzunehmen. Solche Forderungen dürfen auf keinen Fall akzeptiert werden, weil sonst ein offenes Gespräch nicht mehr möglich wäre.

Finden Befreiungsgespräche in einer ruhigen, vertrauensvollen Atmosphäre statt, sind die Erfolgsaussichten gut. Schildern Ehemalige den wahren Sektenalltag und die Manipulationsmethoden, überfällt die meisten Novizen ein Gefühl der Beklemmung. Sie realisieren, daß sie mit falschen Informationen und unrealistischen Versprechungen geködert worden sind. Und sie spüren, daß sie die eigenen Zweifel verdrängt haben. Brechen die Novizen den Kontakt zur Gruppe ab, sollen sie selbst die Verantwortung übernehmen und mit einem eingeschriebenen Brief ihren sofortigen Austritt bekanntgeben.

Günstigen Zeitpunkt für ein Befreiungsgespräch abwarten

Bei langjährigen Gruppenanhängern besteht das Hauptproblem darin, sie überhaupt für ein Befreiungsgespräch zu gewinnen. Deshalb müssen Angehörige einen günstigen Zeitpunkt abwarten, um den Vorschlag zu machen. Leben die Sektenanhänger in einem Gruppenzentrum im Ausland, sind die Beerdigung einer nahen Verwandten, die Krankheit des Großvaters, die Hochzeit einer Schwester oder ein Familienfest geeignete Ereignisse. Manchmal können die Angehörigen ein wenig nachhelfen und selbst eine günstige Situation schaffen. Leben die Gruppenanhänger in der näheren Umgebung, sollten die Angehörigen den richtigen Moment abwarten. Ein Unfall, ein Mißerfolg oder eine Phase der Selbstzweifel können die Erfolgsaussichten verbessern.

Die Angehörigen dürfen aber auf keinen Fall den Begriff des »Befreiungsgesprächs« verwenden, sondern müssen von einer Aussprache oder einem Erfahrungsaustausch sprechen. Bevor sie den Vorschlag dazu unterbreiten, sollten sie alle Vorkehrungen bereits getroffen haben. Willigt das Familienmitglied ein, muß das Treffen so rasch als möglich stattfinden. Denn es wird in der Regel schon bald von Gewissensbissen geplagt und von Zweifeln gepackt. Angehörige müssen auch damit rechnen, daß es sein Versprechen wieder zurücknimmt oder entgegen der Abmachung doch das Gruppenkader informiert.

Lehnt das Gruppenmitglied den Vorschlag für ein Befreiungsgespräch ab, zeigt aber eine innere Zerrissenheit, können Angehörige an die Gefühle appellieren. Sie müssen sich aber hüten, allzu offensichtlich moralischen Druck auszuüben. Dies können sie verhindern, indem sie ihre Gefühle möglichst authentisch zum Ausdruck bringen. Sie sollten auch kein Mitleid erwecken und keine abwertenden Äußerungen über die Gruppe machen. Je glaubwürdiger die Eltern oder Lebenspartner wirken, desto größer ist ihre Wirkung.

Ist das Mißtrauen gegenüber den Angehörigen besonders groß, muß das Befreiungsgespräch von langer Hand vorbereitet werden. Fehlt das Vertrauen zu den Angehörigen, sind Interventionen zwecklos. Um das Mißtrauen abzubauen, sollte der Kontakt so oft als möglich gesucht werden. Eltern müssen das Sektenmitglied häufig einladen. Hat sich die Beziehung entspannt, sollte der Kontakt mit ehemaligen Gruppenanhängern angestrebt werden. Dabei können die Geschwister des Betroffenen eingespannt werden, indem sie die Aussteiger als ihre Freunde in die Familie einführen. Diese sollten versuchen, eine Beziehung zum Kultanhänger aufzubauen, ohne ihre Erfahrungen mit der Gruppe offenzulegen. Erst wenn sich ein Vertrauensverhältnis entwikkelt hat, kann das Gespräch vorsichtig auf die Sekte gelenkt werden. Die Ex-Mitglieder sollten Interesse an den persönlichen Erfahrungen des Gruppenanhängers zeigen und mit unverfänglichen Fragen eine Diskussion anregen. Noch besser sind Begegnungen mit den Ex-Mitgliedern außerhalb der elterlichen Wohnung. Ihre eigenen Erfahrungen mit den Gruppen dürfen sie aber erst einbringen, wenn freundschaftliche Gefühle spürbar sind.

Die Sekte darf nicht informiert werden

Muß eine Interventionsbemühung oder ein Befreiungsgespräch erfolglos abgebrochen werden, sollten die Angehörigen an den Freiheitsdrang und das Autonomiestreben des Gruppenmitglieds appellieren. Dabei hat sich folgendes Argument als hilfreich erwiesen: Um sich selbst zu beweisen, daß es nicht von der Gruppe abhängig und fremdbestimmt ist, soll das Mitglied für ein paar Wochen den Kontakt zum Kult abbrechen und sich selbst prüfen. Diese Klausur werde zeigen, ob die Gruppe den Wunsch ihrer Anhänger respektiere und ihnen einen Rest an Entscheidungsfreiheit zubillige. Läßt die Bewegung das Mitglied in der abgemachten Zeitspanne nicht in Ruhe, liefert sie den Beweis für das prophezeite intolerante Verhalten. Nimmt der Anhänger auch nur für ein paar Tage Distanz von der Sekte, kann er sich innerlich ein wenig lösen. Am Ende der Klausur sollten die Angehörigen erneut versuchen, das Gruppenmitglied für ein Befreiungsgespräch zu motivieren.

Solche Abstinenztests sollten auch langjährigen Gruppenanhängern vorgeschlagen werden, die bereits stark indoktriniert worden sind. Die Eltern oder Lebenspartner dürfen sich davon keine Wunder erwarten, doch hilft allein schon die Diskussion darüber, die Abhängigkeit aufzuzeigen und die Zweifel zu verstärken. Gehen die Gruppenanhänger nicht darauf ein, müssen sie sich mit der Frage auseinandersetzen, weshalb sie den Versuch nicht wagen. Dabei spüren sie, daß sie fremdbestimmt sind und sich scheuen, dem Kader einen entsprechenden Vorschlag zu unterbreiten. Vielleicht realisieren sie bei dieser Gelegenheit auch, daß sie keine Entscheide mehr eigenständig fällen und ihr ganzes Leben auf die Gruppe ausgerichtet haben. Sie wissen natürlich genau, daß ihre Glaubensgemeinschaft den Wunsch nach einer Klausur als Mißtrauen werten und an der Loyalität des Mitgliedes zweifeln würde. Viele spüren, daß bei ihnen nur schon der Gedanke an einen kurzfristigen Kontaktabbruch Angst auslöst.

Mit der Zeit sinken die Erfolgsaussichten

Um keine falschen Hoffnungen zu wecken, muß klar festgehalten werden, daß die Erfolgsaussichten von Befreiungsgesprächen nur bei Novizen hoch einzuschätzen sind. Bei langjährigen Sektenanhängern sind die Chancen ungleich schlechter. Erfahrungsgemäß läßt sich nur eine Minderheit von ihnen auf ein Befreiungsgespräch ein. Da viele Gruppen die Kontaktmöglichkeiten gezielt behindern oder reduzieren, sind die Einflußmöglichkeiten der Angehörigen beschränkt. Bei vielen totalitären Bewegungen ist außerdem die Verhaltenskontrolle derart ausgeprägt, daß ein solcher Interventionsversuch nicht hinter dem Rücken der Gruppe durchgeführt werden kann.

Ein weiteres Handicap besteht darin, daß stark indoktrinierte Sektenanhänger die meisten Aussteiger und Kultspezialisten kennen, weshalb diese für die Aufgabe nicht in Frage kommen. Selbst wenn es Angehörigen gelingt, diese Hürden zu nehmen, müssen sie eine realistische Einschätzung vornehmen. Auch ein mehrstündiges Gespräch reicht selten, um die Bewußtseinskontrolle zu knacken. Im Rahmen eines mehrtägigen Befreiungsgesprächs sind die Erfolgsaussichten hingegen recht groß.

Müssen sich die Angehörigen auf eine langfristige Strategie einrichten, sollten sie emotionsgeladene Auseinandersetzungen über die Indoktrinationsmethoden oder die Heilslehre ihrer Gruppe erst recht meiden. Eine weitere Strategie, die Bewußtseinskontrolle aufzuzeigen und aufzuweichen, besteht darin, den Sohn oder die Tochter in ein Gespräch über eine andere totalitäre Bewegung zu verwickeln. Anlaß dazu kann ein Zeitungsartikel oder eine Fernsehsendung sein. Bei regelmäßigem Kontakt kann vielleicht ein Buch über die fremde Gruppe Anlaß für Diskussionen geben. Dabei geht es darum, die Abhängigkeitsmechanismen und die Heilslehre einer andern Sekte zu thematisieren. Allerdings müssen die Angehörigen sich hüten, ihre Absicht offenzulegen.

Eine solche Auseinandersetzung soll die Sektenmitglieder für die Indoktrinationsmethoden in totalitären Gruppen sensibilisieren. Obwohl sie der Bewußtseinskontrolle wegen gegenüber dem eigenen Kult »betriebsblind« sind, vermögen sie beim Studium einer andern Bewegung die wahren Absichten und Hintergründe relativ leicht zu erkennen. In der Tat werten vereinnahmende Gruppen die »Konkurrenz-Bewegungen« häufig als »Sekten«. Die Analyse einer fremden Glaubensgemeinschaft wirkt nicht bedrohlich, weshalb das Abstraktionsvermögen gefördert wird. Mit der Zeit entdecken sensible Gruppenanhänger

Parallelen zu ihrem eigenen Kult, ihr Bewußtsein für sektiererische Merkmale wird geschärft. Das Studium einer andern Bewegung kann wie ein Spiegel für die eigene Gruppe wirken. Diese Aufklärungsmethode läßt sich auch bei mehrtägigen Befreiungsgesprächen anwenden.

Langjährige Gruppenmitglieder, die sich völlig uneinsichtig zeigen, sollten nicht mit allen Mitteln zu einem Befreiungsgespräch gedrängt werden. Solche Versuche wirken sich im Normalfall kontraproduktiv aus. Bittet beispielsweise eine verzweifelte Mutter ihre Tochter unter Tränen, an einem Gespräch mit Außenstehenden teilzunehmen, verhärten sich die Fronten in der Regel noch mehr.

Kommt hinzu, daß eingeschworene Gruppenanhänger das Kader über jedes Gespräch und jeden Konflikt mit den Angehörigen informieren, weshalb ein unbelastets Befreiungsgespräch ohnehin nicht mehr möglich ist. Den betroffenen Sektenanhängern wird eingetrichtert, bei der Auseinandersetzung mit Familienmitgliedern handle es sich um eine Prüfung oder Versuchung des Teufels, der sie unbedingt widerstehen müßten. Aus Angst bauen sie eine starke geistige Abwehrhaltung gegenüber den Eltern auf und sind so blockiert, daß die Argumente sie nicht erreichen. Im Wissen darum, der Gruppe hinterher Rechenschaft über das Gespräch ablegen zu müssen, immunisieren sie sich mit Gedankenstopp-Übungen.

Damit bringen sie die Eltern zur Verzweiflung, und häufig enden solche Treffen im totalen Zerwürfnis. Die Angehörigen erleben dabei die wahre Sektenidentität des Sohnes oder der Tochter und sind hinterher überzeugt, daß die Indoktrination noch viel traumatischer wirkt, als sie bisher angenommen hatten. Das gefühlskalte, roboterhafte Verhalten raubt ihnen die Hoffnung vollends, gegen die Psychomanipulation der Gruppe etwas ausrichten zu können. Zeigen jahrelange Interventionsbemühungen nicht die erhoffte Wirkung, müssen sich Angehörige mit dem Gedanken auseinandersetzen, daß ihr Sohn oder ihre Tochter den Weg zurück möglicherweise erst in vielen Jahren oder nie mehr findet. Es wäre falsch, das Leben in einer Sekte als wertlos zu betrachten.

Verhaltenskodex hilft den Kontakt fördern

Um den Kontakt auch in einer vermeintlich hoffnungslosen Lage aufrecht zu halten, sollte ein Verhaltenskodex vereinbart werden. Die Parteien können sich beispielsweise darauf einigen, für eine bestimmte Zeit die Gruppe aus dem Spiel zu lassen. Engagieren sich Angehörige in einer Selbsthilfeorganisation oder bekämpfen sie die Gruppe in der Öffentlichkeit, zum Beispiel via Medien, stürzen sie die Gruppenmitglieder in einen beträchtlichen Konflikt. Um sich der Gruppe gegenüber zu rehabilitieren, bleibt diesen manchmal keine andere Wahl, als die Beziehung ganz abzubrechen.

Manche Eltern weigern sich trotzdem, ihre Kritik zu verbergen und sich ihr Verhalten von den totalitären Gruppen aufzwingen zu lassen. Auch auf die Gefahr hin, daß ihre Tochter oder ihr Sohn zusätzlich Sanktionen zu gewärtigen hat, bleiben sie sich treu und zeigen ihrem Temperament entsprechend, was sie von der Gruppe halten, die ihr Kind in die Abhängigkeit gezogen hat.

Anfänglich sollten Eltern jedoch zurückhaltend reagieren, um sich keine Interventionsmöglichkeit zu verbauen und Erfahrungen im Umgang mit der Gruppe sammeln zu können. Entwickelt sich die Beziehung für sie trotzdem unbefriedigend, können sie immer noch eine härtere Gangart einschlagen und die Konfrontation wählen. In einzelnen Fällen kann dies sogar nützlich sein. Mit der offenen Opposition der Angehörigen wird das betroffene Mitglied von der Bewegung stigmatisiert und gemaßregelt. Dadurch verstärkt sich der innere Zwiespalt, die Gruppe zweifelt an der Gesinnung des Mitglieds, und der Psychostreß, der bei vielen Anhängern das entscheidende Moment für den Ausstieg bildet, nimmt zu.

Die kompromißlose Strategie ist aber nur Leuten zu empfehlen, die einen allfälligen Kontaktabbruch verkraften. Es wäre jedoch fatal, die harte Konfrontation aus taktischen Überlegungen heraus zu suchen. Denn sie wirkt nur dann glaubwürdig, wenn sie aus Überzeugung geschieht. Die Angehörigen müssen sich in diesem Fall Rechenschaft darüber ablegen, ob ihre Tochter oder ihr Sohn die zusätzliche Belastung aushält. Bei jungen Kultmitgliedern sollte die Taktik der direkten Auseinandersetzung aber grundsätzlich nicht angewendet werden.

Scientology quetscht seine Anhänger mit einem Lügendetektor aus

Um Eltern, die Widerstand leisten, zu disziplinieren oder einzuschüchtern, hat Scientology ein raffiniertes Sanktionsmodell entwickelt. Vor einem Kurs werden die Anhänger normalerweise bezüglich Gesinnung und Einfluß der Angehörigen auf Herz und Nieren geprüft. Als »todsicheres« Hilfsmittel setzt das Kader das sogenannte Hubbard-Elektrometer ein, von dem der Sektengründer behauptet, es sei der Rolls Royce unter den Meßgeräten. Den Scientologen wird weisgemacht, das E-Meter messe »geistige Ladung«, also quasi seelische Regungen, und sei als Therapieinstrument sowie für die scientologische Beichte äußerst nützlich. In Wahrheit handelt es sich um einen Hautwiderstandsmesser, der wie ein Lügendetektor funktioniert. Regelmäßig werden die Kursabsolventen gefragt, ob sie Kontakt zu antagonistisch eingestellten Personen pflegen. Hat ein Hubbard-Anhänger beispielsweise mit den Eltern über Scientology gestritten oder eine heftige Diskussion geführt, muß er alle Angaben darüber preisgeben. Gibt er ausweichende Antworten, wird die gleiche Frage unzählige Male verhörartig gestellt. Versucht er, auch nur ein Detail zu verheimlichen, wird er vom E-Meter gnadenlos überführt und muß allenfalls ein Ethikverfahren über sich ergehen lassen.

Wer im Einflußbereich kritisch eingestellter Personen steht, wird sofort zum »Fall« und hat eine Reihe von Sanktionen zu gewärtigen. Stuft der Ethik-Officer das angebliche Vergehen als schwerwiegend ein, muß der Scientologe in der Regel den angefangenen Kurs abbrechen. Dies bedeutet, daß er auf der »Brücke zur Freiheit« steckenbleibt. Außerdem hat er einen »Reparaturservice« über sich ergehen zu lassen. Dieser »Service« ist kostenpflichtig, weshalb er sich für bereits verschuldete Mitglieder in doppelter Hinsicht als schmerzhaft erweist. Im nächsten Schritt muß der entlarvte Scientologe schriftlich einen Plan festlegen, wie er die Eltern »handhaben« will. Diese Aktion bezweckt, daß die Angehörigen Scientology in Zukunft nicht mehr angreifen.

Ergibt das Ethik-Verfahren, daß der betroffene Scientologe tatsächlich im Einflußbereich einer »suppressive person«, einer unterdrückerischen Person, steht, wird er zum PTS, zum »potential trouble source«, zum Ärgernis-Verursacher, erklärt. Dabei durchläuft er ein entwürdigendes scientology-internes »Gerichtsverfahren«. Der Betroffene kann in den Zustand des »Verrats« oder der »Nichtexistenz« versetzt werden. Das Urteil wird manchmal am schwarzen Brett des Scientology-Zentrums aufgehängt. Somit wird das Mitglied ausgegrenzt und grundlos bestraft.

Haben die übrigen Scientologen Kenntnis von »unethischen« Vorfällen, verfassen sie sogenannte Wissensberichte über den »Fehlbaren« und denunzieren ihn beim Kader. Bis er alle Bedingungen erfüllt und Wiedergutmachung geleistet hat, können Monate vergehen. Schafft er es nicht, seine Angehörigen zu handhaben, bleibt ihm unter Umständen keine andere Wahl, als den Kontakt abzubrechen. Um dies zu verhindern und ihr Kind aus dem selbstzerstörerischen Zwiespalt zu befreien, lenken viele Eltern ein und verhalten sich in Zukunft zurückhaltender.

Subtile Politik im Umgang mit Angehörigen

Hare Krischna, die Vereinigungskirche (Moonies) und die Kinder Gottes (die Familie) haben in den letzten Jahren einen neuen Weg im Umgang mit den Eltern eingeschlagen. Früher reduzierten die Mitglieder dieser Gruppen den Kontakt zu ihren Angehörigen auf ein Minimum. Außerdem wurden neue Anhänger oft ins Ausland versetzt. Seit ein paar Jahren praktizieren diese Bewegungen eine sanftere Politik, verbunden mit einer vorsichtigen Öffnung nach außen. Ob sie das Verhalten aus Überzeugung geändert haben oder um die Kritik zu unterlaufen, ist schwer zu beurteilen. Tatsache ist jedenfalls, daß Eltern, die nicht auf Konfrontationskurs gehen, heute vermehrt Kontakt mit ihren Kindern pflegen können. Hare Krischna führt sogar Besuchstage für Angehörige durch, die zu einem indischen Tempelfest mit Musik und einem vegetarischen Essen eingeladen werden.

Viele Eltern von Hare Krischna-Anhängern sind zwar froh über diese Öffnung, der Umgang bleibt aber häufig verkrampft. Denn die absolute Heilslehre, die Hingabe an den Guru und die enge Gruppenbindung wirken wie eine unsichtbare Wand zwischen kritisch eingestellten Angehörigen und den Kultmitgliedern. Um den mühsam aufgebauten Kontakt nicht wieder zu gefährden, akzeptieren viele Eltern die von den Gruppen bestimmten Spielregeln und verzichten auf weitere Auseinandersetzungen. Sie wollen nicht in den Verdacht geraten, nach wie vor starke Vorbehalte gegenüber Hare Krischna zu empfinden und nehmen mit Beklemmung an den Besuchstagen im Tempel teil. Besonders schmerzlich ist für sie, die Tochter oder den Sohn beim Ausüben der Rituale zu beobachten. Die Hare Krischna-Anhänger wiegen sich jedoch in der Überzeugung, ein gutes Einvernehmen mit den Angehörigen gefunden zu haben. Sie realisieren das unfreiwillige Doppelspiel mancher Eltern nicht oder ignorieren es.

Gruppen kämpfen um ihre Anhänger

Führt ein Befreiungsgespräch zum Ausstieg oder springt ein Gruppenmitglied aus eigener Kraft ab – auch diese Hoffnung müssen Angehörige nie ganz aufgeben –, sollte es der Bewegung seinen Austritt unmißverständlich bekanntmachen. Mit dem formellen Austritt ist das Problem aber selten restlos gelöst, denn die Gruppe nimmt die Hiobsbotschaft in aller Regel nicht kampflos hin. Viele totalitäre Organisationen versuchen in dieser Situation, den Kontakt durch die Hintertüre wieder aufzunehmen und das abtrünnige Schaf mit allen Mitteln zur Herde zurückzuführen. Es wird telefonisch kontaktiert, am Arbeitsplatz abgefangen oder mit Briefen verunsichert und aufgefordert, zu einem klärenden Gespräch ins Zentrum zu kommen.

Dabei appellieren die Gruppenanhänger gern an das Ehrgefühl. Der oder die Austretende sei es sich und der Gruppe schuldig, in einer Aussprache die Motive des Austritts darzulegen. Nur so könne die Bewegung mögliche eigene Fehler erkennen und ihr Verhalten ändern. Fühlen sich die Abtrünnigen verpflichtet, sich der Auseinandersetzung zu stellen, ist die Gefahr des Rückfalls groß. Denn das Kader wird alle Register ziehen, um die Aussteiger zu verunsichern und mit subtilen moralischen Druckmitteln zur Umkehr zu bewegen. Bringt die sanfte Tour keinen Erfolg, scheut sich die Gruppe nicht, Horrorszenarien zu entwickeln und den Betroffenen Angst einzujagen.

Da es für Abtrünnige schwer ist, gegen die geballte Überzeugungskraft und die rhetorische Dampfwalze des Kaders anzukommen, dürfen sich die Aussteiger auf keinen Fall auf das Experiment einlassen. Angehörige müssen deshalb ihren Kindern oder Lebenspartnern einschärfen, jeden persönlichen Kontakt mit Gruppenanhängern zu vermeiden, sich nicht auf Diskussionen einzulassen – auch nicht am Telefon – und sich schon gar nicht ins Zentrum zu begeben. Es sollten Maßnahmen getroffen werden, die unerwünschte Begegnungen verunmöglichen. Die einfachste Lösung: Für ein paar Wochen verreisen.

Gelingt es der Sekte, die Interventionsstrategie der Angehörigen zu durchkreuzen oder ein Befreiungsgespräch zu verhindern, müssen sie sich auf einen Gegenschlag der Gruppe gefaßt machen. Zur Verblüffung vieler Eltern reagiert diese aber vorerst oft recht sanft und sucht lediglich das Gespräch. Das Kader hofft, die Angehörigen von den Ideen und wohltätigen Aktionen der Gruppe überzeugen und die Diskussionen in eine Missionsaktion umzufunktionieren zu können. Und zwar nach dem Motto, daß die Anwerbung die beste Verteidigungsstrategie sei.

Das Kader oder die Gruppenmitglieder werfen den Eltern, Geschwistern und Freunden vor, sie würden sich als Experten aufspielen, obwohl sie keine Ahnung von der Bewegung hätten. All ihre Informationen stammten aus zweiter Hand und seien durch die sensationslüsternen Medien verzerrt oder verfälscht worden. Weiter behaupten die Sektenanhänger, sie könnten in jedem einzelnen Fall beweisen, daß die Anschuldigungen und

Verdächtigungen haltlos seien. Die Kritiker würden die Vorwürfe konstruieren, Darstellungen oder Geschehnisse aus dem Zusammenhang reißen oder maßlos aufbauschen. Die Angehörigen werden aufgefordert, sich selbst ein Bild zu machen, ins Sektenzentrum zu kommen, an Ritualen oder Kursen teilzunehmen und sekteneigene Broschüren oder Bücher zu lesen.

Die Scientologen beispielsweise zeigen den Besuchern gern das Zentrum, führen ihren Videofilm vor und bieten ihnen einen kostenlosen Persönlichkeitstest an. Zeigen sich die Eltern interessiert, wird versucht, ihnen einen Kommunikationskurs schmackhaft zu machen. Nur über eigene Erfahrungen sei es möglich, Scientology würdigen und beurteilen zu können, wird ihnen weisgemacht. Ist der Besuch kritischer Angehöriger angesagt, nimmt sich ihrer oft die Zentrumsleitung an. Diese gibt sich sehr verständnisvoll und ausgesucht höflich. Außerdem geht sie auf die Sorgen und Ängste der Eltern ein und nimmt häufig die Vermittlerrolle ein.

Smalltalk statt Streitgespräch

Zur Verblüffung der Angehörigen entwickelt sich nicht das erwartete Streitgespräch mit sturen Sektenmitgliedern, sondern eine recht harmlose Diskussion über die Arbeit und das angeblich wohltätige Engagement der Gruppe. Den Eltern wird eine Kurzversion der Heilslehre präsentiert, die durchaus vernünftige Ideen enthält. Dabei achten die Gruppenvertreter sorgsam darauf, die Angehörigen zu besänftigen und keine Angriffsfläche zu bieten. Dem Kader gelingt es mit solchen Scheingefechten, die Besucher restlos zu verwirren und zu verunsichern. Während des Gesprächs glauben viele, sich tatsächlich ein falsches Bild von der totalitären Gruppe gemacht zu haben und Opfer einer übertriebenen Aufklärungskampagne geworden zu sein. Alle Vorwürfe lösen sich im Gespräch mit dem friedfertig wirkenden Kader in Luft auf, seine Argumente sind schlagend, die Wut auf die Gruppe prallt an den freundlichen Gesichtern ab, findet kein Ziel.

Mit dieser Taktik setzen viele Gruppen die Angehörigen ihrer

Anhänger schachmatt. Durchschauen die überrumpelten Eltern hinterher das inszenierte Spiel, befällt sie Ohnmacht, und ein schaler Nachgeschmack macht sich bemerkbar. Realisieren sie, daß sie der Gruppe auf den Leim gekrochen sind, haben sie am eigenen Leib die raffinierten Methoden erlebt, denen ihre Kinder ausgesetzt sind.

Sind der Sohn bzw. die Tochter beim Gespräch im Sektenzentrum anwesend, fühlen sie sich als die großen Sieger. Sie sind überzeugt, daß ihre Eltern den Irrtum nun einsehen und den Widerstand aufgeben werden. Somit erweist sich die Aktion für die neuen Gruppenmitglieder sogar als Mittel der Indoktrination: Für die Novizen ist dies der Beweis, daß das Sektenkader glaubwürdig ist, weil es die Vorwürfe der Eltern Punkt für Punkt entkräften konnte und diese nun von den guten Absichten und der wichtigen Mission der Gruppe überzeugt sein müssen. Realisieren die Angehörigen die raffinierte Taktik im nachhinein und reagieren zornig, laufen sie Gefahr, die Glaubwürdigkeit gegenüber der Tochter oder dem Sohn vollends zu verlieren. Die Novizen werfen ihnen dann vor, ungerecht zu sein. Nun hat das Sektenkader das Ziel auf der ganzen Linie erreicht.

Eltern können den totalitären Gruppen selten das Wasser reichen

Tatsächlich stehen Angehörige im Streitgespräch mit Sektenvertretern in der Regel auf verlorenem Posten. Die oft unverbindlich wirkende Plauderei kann bestenfalls mit Insiderfakten oder verbalen Frontalangriffen durchbrochen werden. Nur wer die Sekte in all ihren Facetten kennt und viel Erfahrung im Umgang mit ihr hat, vermag das Kader aus der Reserve zu locken. Angehörigen, die sich erst seit kurzer Zeit mit der Gruppe auseinandersetzen, wird dies aber nicht gelingen. Und erfahrene Eltern laufen Gefahr, daß die Sitzung im Streit abgebrochen wird und sich die Fronten noch mehr verhärten. Sie sind nun um eine Illusion ärmer und verlieren weiter an Hoffnung. Außerdem werden sie sofort als potentielle Feinde der Gruppe eingestuft und bringen damit den Sohn oder die Tochter in eine noch schwierigere Lage. Diese werden als Unsicherheitsfaktor taxiert und müssen oft mit zusätzlichen Gehorsamsritualen ihre Linientreue unter Beweis stellen.

Das Kader wird nun noch gezielter einen Keil zwischen das Gruppenmitglied und seine Familie treiben. Die Eltern müssen außerdem befürchten, daß sich die Beziehung nach einem erfolglosen Gespräch weiter abkühlt und der Kontakt noch schwieriger wird. Dadurch schwinden die Möglichkeiten, Einfluß zu nehmen. Angehörige sollten sich nicht der Taktik des Gruppenkaders unterwerfen, sondern das Gesetz des Handelns in den eigenen Händen behalten. Sie müssen unakzeptable Vorschläge zurückweisen oder an kaum erfüllbare Bedingungen knüpfen. Weil die Spieße bei Gesprächen mit dem Sektenkader ungleich lang sind, müssen sich Angehörige einen solchen Schritt gut überlegen. In den meisten Fällen ist es ratsam, Begegnungen mit ihm zu umgehen.

Glauben Eltern, einer Auseinandersetzung nicht mehr ausweichen zu können, sollten sie einen engagierten Sektenspezialisten mitnehmen, der wie bei einer rechtlichen Auseinandersetzung die Eltern fachlich beraten und auch anwaltschaftlich vertreten kann. (»Neutrale« Experten, die sich nicht zu exponieren wagen, sind nicht empfehlenswert. Sie würden es nicht schaffen, die Sektenvertreter mit Argumenten in die Enge zu treiben.) Normalerweise verweigern totalitäre Gruppen das Gespräch im Beisein von Spezialisten. In diesem Fall haben die Eltern ein wichtiges Argument auf ihrer Seite. Sie können dem betroffenen Sohn oder der Tochter aufzeigen, daß die Gruppe Angst vor der Auseinandersetzung mit wirklichen Kennern der Szene hat. Auf jeden Fall sollte vermieden werden, daß bei einem Gespräch zwischen den Angehörigen und erfahrenen Gruppenmitgliedern der betroffene Sohn bzw. die Tochter anwesend sind. Es sei denn, ein Sektenspezialist ist zugelassen und vermag das inszenierte Spiel des Gruppenkaders zu durchbrechen und zu entlarven.

Sekten operieren im Streitgespräch gern mit Gutachten und Gerichtsurteilen, die vermeintlich dokumentieren, daß ihre Gruppe in verschiedenen Ländern als Religion oder Kirche anerkannt ist. Es lohnt sich, eine Kopie zu verlangen, den Text genau zu lesen und die Zusammenhänge zu recherchieren. Dabei wird sich meist weisen, daß die totalitären Bewegungen das Urteil falsch interpretieren. Wer den Widerspruch aufdeckt, hat in der Auseinandersetzung mit Gruppenmitgliedern einen wichtigen Punktsieg errungen. Viele Gruppen präsentieren auch Untersuchungen von angeblich hochdotierten Professoren, die den totalitären Gruppen beste Noten erteilen. Dabei handelt es sich meist um Personen, die in enger Verbindung mit der Gruppe stehen und nicht aus einer neutralen Warte urteilen.

Ausstieg aus eigener Kraft

Wenn alle Versuche fehlschlagen, Sektenanhänger aus der Gruppe zu lösen, müssen Angehörige eine innere Distanz schaffen. Um nicht selbst zu zerbrechen, sollten sie sich auf die Rolle der Beobachter zurückziehen und neue Energie tanken. Spüren sie irgendwann im Verhalten oder in der Entwicklung des Sohnes oder der Tochter eine Veränderung, können sie auf Grund ihrer breiten Erfahrung schnell reagieren. Und sie dürfen sich einen kleinen Rest an Hoffnung bewahren, denn gelegentlich finden Gruppenmitglieder nach zehn oder zwanzig Jahren aus eigener Kraft einen Ausweg. Für diesen Fall ist es wichtig, daß der Kontakt nicht ganz abgebrochen worden und ein Minimum an Vertrauen vorhanden ist. Denn ohne familiäres Auffangnetz ist der Ausstieg kaum verkraftbar.

Manche Ex-Mitglieder finden trotz Unterstützung nicht genügend Halt in der Außenwelt und müssen vorübergehend in eine psychiatrische Klinik eingewiesen werden. Ein Therapiezentrum für sektengeschädigte Personen wäre dringend nötig. Andere halten die Entzugssymptome nicht aus und flüchten in eine neue, meist etwas gemäßigtere Gruppe. Dabei gelingt es ihnen auf Grund ihrer Erfahrungen, eine gewisse Distanz zur Gruppe zu wahren und die Indoktrination zu filtern. Solche Aussteiger schaffen den Emanzipationsprozeß oft nur, indem sie einen eigentlichen Sektentourismus betreiben und in mehreren Gruppen

Kurzkarrieren machen. Dieses Hüpfen von Gruppe zu Gruppe ist zwar ein Spiel mit dem Feuer, doch für manche der einzige Weg, sich der Außenwelt anzunähern und das Sektentrauma zu verarbeiten.

Der Ausstieg geschieht meist in Raten. Viele Ex-Scientologen lösen sich von der Gruppe, weil sie die psychische und körperliche Belastung nicht mehr aushalten. Sie glauben aber weiterhin an die Heilslehre von Hubbard. Häufig praktizieren sie die Rituale auch nach dem Ausstieg noch eine Zeitlang. Sie können die schmerzlichen Erkenntnisse, von einer totalitären Gruppe indoktriniert und ausgebeutet worden zu sein, nicht verkraften. Aus Selbstschutz lassen sie nur soviel an Einsicht zu, wie sie psychisch zu verkraften imstande sind.

Noch schwieriger ist der Ablösungsprozeß für Anhänger, die in einer totalitären Gruppe geboren und darin aufgewachsen sind. Sie kennen nur die Sektenrealität und den Gruppenalltag. Die Außenwelt stellt sich ihnen als Phantom dar, das sich ihrem Erfahrungshorizont entzieht. Sie wird ihnen oft als Tummelfeld von seelenlosen Monstern dargestellt. Allerdings übt die unbekannte und verbotene Außenwelt häufig eine starke Faszination auf solche Mitglieder aus. Die Neugierde hilft vielen, der Bewegung später den Rücken zu kehren. Für sie beginnt das Leben noch einmal von vorn, sie müssen sich behutsam in die neue Welt vortasten, sie von Grund auf neu erobern: Was in der Gruppe Gültigkeit hatte, gilt nun plötzlich nicht mehr. Moral, Weltanschauung, religiöse Vorstellungen, Beziehungen zu Menschen, Arbeitswelt usw. sind für sie komplett neue Erfahrungsfelder. In vielen Lebensbereichen stehen sie bewußtseinsmäßig auf der Stufe von Jugendlichen.

Keinen Erbvorbezug leisten und kein Geld spenden

Angehörige von Sektenanhängern sollten darauf achten, ein paar grundlegende Verhaltensregeln einzuhalten. Gruppenmitglieder versuchen oft im Auftrag des Kultes, von den Eltern Unterstützungsbeiträge zu erhalten. Manchmal wollen Angehörige mit freiwilligen finanziellen Zuschüssen dem Sohn oder der Tochter das Leben in der Gruppe erleichtern. Den vereinnahmenden Bewegungen und ihren Anhängern sollte aber grundsätzlich kein Geld übergeben werden. Denn die Spendenbeiträge landen in der Sektenkasse und werden unter Umständen dafür verwendet, neue Mitglieder zu ködern. Es ist sinnvoller, allenfalls Naturalien wie Eßwaren, Einrichtungsgegenstände, Kleider, persönliche Geschenke usw. direkt dem Gruppenanhänger zukommen zu lassen. Allzu großzügig sollten Angehörige allerdings nicht sein, denn Entbehrungen und Psychostreß können die Ausstiegswünsche verstärken.

Eltern können hingegen abklären, ob ihre Tochter oder der Sohn ausreichend versichert ist. Allenfalls sollten sie eine Haftpflicht-, Unfall- oder Krankenversicherung finanzieren. Werden Gruppenmitglieder ernsthaft krank und brauchen eine intensive, kostenträchtige Pflege, werden sie von den Sekten oft fallengelassen oder ausgestoßen. Kommen Gruppenmitglieder familiären Pflichten nicht nach, können die Eltern eine Enterbung in Betracht ziehen. Damit stellen sie sicher, daß ihr Vermögen nach dem Tod nicht in die Hände der vereinnahmenden Gruppe fällt. Wer einen solchen Schritt ins Auge faßt, sollte sich bei Fachleuten über einen korrekten Weg erkundigen. Manche Kulte und Bewegungen drängen ihre Anhänger, von den Eltern einen Erbvorbezug einzufordern. Es gibt durchaus rechtliche Möglichkeiten, solche Begehren abzublocken, doch sollte sicherheitshalber fachlicher Rat eingeholt werden.

Sind die Forderungen der Gruppenanhänger relativ bescheiden und leicht erfüllbar, können sie als Mittel zur Intervention benutzt werden. Dabei müssen Angehörige die Erfüllung des Wunsches an Bedingungen knüpfen und Gegenforderungen stellen. Denkbar wäre zum Beispiel ein Kontaktabbruch auf Zeit, die Teilnahme an einem Befreiungsgespräch oder einem Familienfest.

Angehörige verstehen in aller Regel nicht, weshalb sie nicht mit rechtlichen Mitteln gegen die totalitären Gruppen vorgehen können. Wenn sie die persönlichkeitszerstörenden Auswirkungen der Indoktrination erleben, beginnen sie oft am Rechtsstaat zu zweifeln. Sie können es kaum fassen, daß die Sekten die entwürdigenden Psychomanipulationen quasi mit dem Segen von Polizei und Justiz vornehmen dürfen. Tatsächlich gibt es kaum juristische Möglichkeiten, um die Praktiken der vereinnahmenden Bewegungen einzuschränken oder die Kultmitglieder ihrem Einfluß zu entziehen. Sekten nutzen die Glaubens-, Gewissens-, Kultus- und Vereinsfreiheit geschickt für ihre Zwecke aus.

Theoretisch ließe sich ein Gesetzesparagraph finden, um totalitäre Gruppen wegen ihrer Indoktrinationsmethoden einklagen zu können. In der Praxis erweist es sich jedoch als aussichtslos, psychische Manipulationen nachzuweisen. Diese sind nicht meß- oder qualifizierbar, und Zeugen sind schon gar nicht beizubringen. Die betroffenen Mitglieder erklären nämlich jedem Polizist oder Richter lächelnd ins Gesicht, sie seien freiwillig in der Gruppe und rundum glücklich. Von unerwünschter Beeinflussung könne keine Rede sein, vielmehr fühlten sie sich so frei wie noch nie. Die Hoffnung auf eine Anzeige oder Klage müssen Angehörige begraben. Und Offizialdelikte, die die Behörden von Amtes wegen verfolgen müssen, lassen sich Sekten selten zu schulden kommen. Sie sind im Umgang mit Gesetzen und Behörden viel zu erfahren und reizen den Spielraum geschickt aus.

Nach dem Austritt aus der Gruppe sind die Möglichkeiten einer Klage besser, weil das Ex-Mitglied als Zeuge oder Kläger auftreten kann. Die Verarbeitung des Sektentraumas und die Resozialisation erfordern aber die ganze Energie, weshalb das Interesse an einem Prozeß schwindet. Außerdem ist den meisten Aussteigern in den ersten Monaten die Belastung eines Gerichtsverfahrens nicht zuzumuten. Ein Verhör oder die Konfrontation mit der Gruppe könnte den Abnabelungsprozeß gefährden. Haben sich die Ex-Mitglieder psychisch stabilisiert, wollen sie in aller Regel die alten Wunden nicht mehr aufreißen.

Das Deprogrammieren birgt mehrfache Gefahren

Eltern, die auch nach jahrelangen Interventionsbemühungen nicht vom Fleck kommen, spielen in Gedanken häufig den radikalsten und wohl letzten Weg durch: Den Sohn oder die Tochter zu deprogrammieren. Dies bedeutet in vielen Fällen die gewaltsame Befreiung aus dem Sektennetz. Der Wunsch ist verständlich, die Umsetzung aber gefährlich. Die Entführung von volljährigen Personen ist Freiheitsberaubung und somit ein schweres Delikt, das von Amtes wegen verfolgt wird. Moralische Skrupel gegenüber der Gruppe haben Eltern, die sich zur illegalen Aktion entschließen, normalerweise nicht. Sie stellen sich auf den Standpunkt, lediglich ein Unrecht zu korrigieren, das die totalitären Gruppen mit der Indoktrination und der Bewußtseinskontrolle begangen haben. Extrem schmerzlich ist hingegen die Vorstellung, das eigene Kind quasi zu entführen und vorübergehend einzusperren. Die Eltern begleitet auch stets die Angst, die Aktion könnte scheitern. Diese Gefahr besteht sowohl beim Entführen als auch beim erzwungenen Befreiungsgespräch. Mißlingt das Deprogrammieren, haben die Angehörigen definitiv verspielt und machen sich erst recht Gewissensbisse. Außerdem müssen sie damit rechnen, zu einer bedingten Gefängnisstrafe verurteilt zu werden.

Eltern, die keinen anderen Ausweg sehen, müssen sich sehr gut beraten lassen und die gefährliche Aktion von langer Hand vorbereiten. Da das Deprogrammieren vor allem bei Sektenanhängern angewendet wird, die in ausländischen Zentren leben, ist die Aktion äußerst aufwendig und schwierig durchzuführen. Manchmal entschließen sich Eltern dazu, weil der Vater oder die Mutter psychisch am Problem zerbricht.

Die schmerzliche Erfahrung eines gescheiterten Deprogrammierens machten beispielsweise Eltern eines Hare Krischna-

Mönchs im Frühling 1989. Sie engagierten einen auf Befreiungsgespräche spezialisierten Engländer, der bei den Moonies gelebt hatte und von seinen Eltern befreit worden war. Die Entführung klappte, doch die von Hare Krischna alarmierte Polizei fand das Versteck und setzte die Mutter, den Sektenspezialisten und seine Helfer in Untersuchungshaft. Beim Prozeß im November 1990 saßen unter anderem die Mutter und die Schwester des Mönchs auf der Anklagebank, als Zeuge der Anklage trat der Sohn resp. Bruder auf. Die Angeklagten wurden wegen Freiheitsberaubung zu einer mehrmonatigen bedingten Gefängnisstrafe verurteilt.

Es besteht kein Zweifel darüber, daß Eltern, die ein Deprogramming erfolgreich durchgeführt haben, überglücklich sind. Das gleiche trifft für die befreiten Ex-Mitglieder zu. Häufig engagieren sie sich anschließend gegen die Sekte und helfen mit, die Öffentlichkeit aufzuklären.

Sektenkinder sind lebenslang geprägt

Eines der traurigsten Kapitel des Sektenwesens betrifft Kinder, die in Kulte und totalitäre Gruppen hineingeboren werden. Auf Grund des Schicksals wachsen sie in einem doktrinären System auf, eine Wahl gibt es für sie nicht. Sie sind hundertprozentige Opfer, auch wenn sie später selbst zu »Tätern« werden und bei der Anwerbung neuer Mitglieder im Namen der Sekte andere in die Abhängigkeit ziehen. Dieses relativ neue Phänomen sorgt immer mehr für sozialpolitische Spannungen: Immer mehr Sektenkinder der zweiten Generation, deren Eltern Mitglieder der neureligiösen Kulte sind, die in der 70er Jahren in Europa Fuß gefaßt haben, werden erwachsen. Tatsächlich sind beispielsweise die Familie (Kinder Gottes), Scientology, Ananda Marga, Hare Krischna, Transzendentale Meditation (TM) usw. immer stärker mit dem Problem der wachsenden Kinderschar konfrontiert. Das Gebären von eigenen Kindern ist zwar in vielen Gruppen als einfachste Form der Expansion durchaus erwünscht, doch manche Kulte scheinen die Schwierigkeiten unterschätzt zu haben, die die Betreuung des Nachwuchses mit sich bringt. Diese Aufgabe kostet Zeit, Geld und Energie.

Das Hauptproblem liegt dain, daß die Mitglieder, die in eine Gruppe hineingeboren wurden, in einem geschlossenen sozialen System aufwachsen, das für sie die »reine« Form des Zusammenlebens in einer religiös oder spirituell unantastbaren Gemeinschaft verkörpert. Die komplexe Realität schrumpft auf eine simple Heilslehre, die ihnen als die unumstößliche Wahrheit präsentiert wird. Sie nehmen die Welt ausschließlich aus der engen Perspektive einer dogmatischen und isolierten Gruppe wahr. Durch die verzerrte, einseitige Wahrnehmung bleibt ihr Bewußtsein in verschiedenen Lebensbereichen auf einem infantilen Niveau stehen. Ihre Identität wird durch die Gruppenideologie und die sektiererische Bewegung geprägt. In ihrem Weltbild existieren nur eine gute Innenwelt und eine böse, als Bedrohung empfundene Außenwelt, die falschen Götzen huldigt. Ihre Welt besteht aus Feindbildern, und sie laufen Gefahr, soziale oder psychische Auffälligkeiten zu entwickeln. Die von den meisten totalitären Gruppen kultivierten Verfolgungsängste wachsen sich vor allem bei Mitgliedern der zweiten Generation oft zu Wahnideen aus. Sie leben in einer Bewußtseinsfalle, ihre Erziehung ist eine einzige Indoktrination.

Eine besonders perfide Form der Bewußtseinskontrolle wenden jene Sekten an, die den Eltern die Kinder schon im Babyalter entziehen und sie in speziellen Kindergemeinschaften aufziehen. (Aus rechtlichen Überlegungen heraus sollen hier keine Namen genannt werden. Die Beweisführung vor Gericht bei einem allfälligen Prozeß in der Frage der Kindsentziehung wäre aus naheliegenden Gründen äußerst schwierig. Außerdem sind ehemalige Sektenanhänger, die den Sachverhalt bestätigen könnten, aus Angst vor Repressionen selten bereit, entsprechende Aussagen zu machen).

Die von den Kultgründern angeordnete Maßnahme wird den betroffenen Eltern als spirituelle Notwendigkeit zum Wohl ihres Kindes schmackhaft gemacht. Dieses soll in einer »reinen« Umgebung aufwachsen und von speziell geschulten Sektenanhängern erzogen werden, frei von den zerstörerischen Einflüssen der barbarischen oder gottlosen Außenwelt. Die Kaderleute der totalitären Gruppierungen treiben den Zynismus endgültig auf die Spitze, wenn sie den Eltern den Trennungsschmerz als eine der größten Prüfungen im Leben eines Anhängers preisen. Dieser pseudoreligiöse Akt dokumentiert die extreme Abhängigkeit der Sektenmitglieder. Die Fixierung auf die Gruppe und den Kultgründer sind stärker als die Mutterliebe. Die tiefenpsychologische Manipulation dominiert das Unterbewußte derart, daß Eltern ihre Gefühle scheinbar problemlos unterdrücken können und keine Schuldgefühle ihren Kindern gegenüber empfinden. Die Sektenanhänger werden gezwungen, aus ihrer Seele eine Mördergrube zu machen. In der Abgeschiedenheit der Sektenwelt spielen sich persönliche Dramen ab, vor denen die Öffentlichkeit und die Behörden in der Regel die Augen verschließen.

Trennung von den Eltern soll emotionale Bindung unterbrechen

Die Trennung der Kinder dient vor allem dem Zweck, die emotionale Bindung zu den Eltern zu verhindern. Familiäre Gefühle können für eine Sekte gefährlich werden, weil sie Geborgenheit außerhalb der Glaubensgemeinschaft und irdisches Glück vermitteln. Außerdem wären die Eltern durch die Erziehung ihrer Kinder absorbiert und könnten ihre Zeit und Energie nicht mehr vollumfänglich der Gruppe widmen. Die Betreuung in Kinderkolonien ist die rationellste und effizienteste Weise, Kinder nach der Gruppendoktrin zu erziehen und in die Scheinwelt einzuführen. Sekten und Kulte weisen solche Vorwürfe natürlich entrüstet von sich und verteidigen die Trennung als von Gott oder vom Sektengründer geforderten religiösen Akt zum Wohl der Kinder. In Wirklichkeit ist die Maßnahme der einfachste Weg zur umfassenden Indoktrination. Darüber täuscht auch der Umstand nicht hinweg, daß in einzelnen Gruppen die Kinder in durchaus menschenwürdiger Umgebung aufwachsen.

Die seelisch ohnehin verarmten Kinder sind der sektiererischen Psychomanipulation wehrlos ausgesetzt. Ihr Weltbild verkümmert zu einer ideologisch zurechtgestutzten Scheinrealität mit fragwürdigen ethischen und moralischen Normen. Diese Kinder wachsen in der totalen Isolation auf.

Bei den Kindern Gottes gibt es normalerweise keine Zeitungen, und Radio- oder Fernsehsendungen waren früher tabu und werden heute sehr selektiv ausgewählt. Hingegen hat die Gruppe eigene Videos für Kinder und Jugendliche produziert. Oft läuft stundenlang der Kassettenrecorder mit den Botschaften des Sektengründers David Berg oder den kitschigen Stücken und Liedern der eigenen Musikgruppe. Über den akustischen Hintergrundteppich dringt die Heilslehre gehirnwäscheartig ins Unterbewußte.

Die totalitären Gruppen entziehen ihre Kinder jeder sozialen Kontrolle. Da sie auch nicht die öffentlichen Schule besuchen, sind sie in der engen Gegenwelt gefangen. Die Außenwelt hat auch keine Möglichkeit, allfällige Kindsmißhandlungen wahrzunehmen und korrigierend einzugreifen. Die einzige Instanz wären allenfalls die Großeltern, die jedoch ferngehalten werden und keinen Einfluß ausüben können. Wenn beispielsweise Großeltern eine Kolonie der Kinder Gottes ausgemacht haben und die Behörden drängen, die Kinder einzuschulen, taucht die Gemeinschaft häufig unter.

In Jonestown wurden fast dreihundert Kinder umgebracht

Die Tragödie von Jonestown, Guayana, im Jahre 1978 hat mit aller Deutlichkeit gezeigt, daß die Kinder bis in den Tod hinein in der Volkstempler-Sekte gefangen waren. Fast ein Drittel der Opfer des Sektendramas waren unschuldige Kinder. Oder direkter formuliert: Fast 300 Kinder wurden auf Befehl des Kultgründers im Sektenwahn umgebracht, teilweise von ihren eigenen Eltern. (Ein Teil von ihnen waren Adoptivkinder. Die von Jones propagierte Adoption war ein Mittel zur raschen Expansion.) Augenzeugen berichteten, daß in Jonestown die Kinder schon vor dem Massenmord auf brutalste Weise gefoltert worden waren, um sie zu züchtigen.

Auch das Drama der David-Sekte des Sektenführers Koresh in Waco, Mexiko, lief am 19. April 1993 nach dem gleichen Muster ab. Die Gruppe zog die Kinder im Sinne der Sippenhaftung bis zum bitteren Ende in die gewaltsamen Auseinandersetzungen mit den Behörden ein. Der Sektenführer setzte seine apokalyptische Prophezeiung selbstzerstörerisch gegen sich und seine 85 Anhänger um und zwang auch die 17 Kinder unter zehn Jahren in den Massenselbstmord durch Verbrennung. Die Sektentragödie ist ein Ausdruck der extremen Verblendung des David Koresh und ein untrüglicher Hinweis für die bedingungslose Unterwerfung der Anhänger unter die Autorität eines psychisch gestörten Menschen.

Viele Scientology-Zentren haben die Kinderbetreuung zentral organisiert und führen eigene Kinderkrippen und Schulen unter der Bezeichnung »Ziel«, Zentrum für individuelles und effektives Lernen. Ein Teil des Scientology-Nachwuchses wächst also vom Säuglingsalter an in ideologisch »reinen« Erziehungsstätten auf. Nutznießer ist auf der ganzen Linie die Organisation: Die Kinder werden nach scientologischen Prinzipien erzogen, und die Eltern sind nicht durch die Betreuung absorbiert, können also weiterhin das volle Arbeitspensum – bis zu 70 Stunden pro Woche – für Scientology leisten. Sie zahlen allerdings einen hohen Preis, denn Scientology raubt ihnen die Möglichkeit, eine intensive Beziehung zu ihren Kindern aufzubauen. Diese schmerzliche Tatsache erkennen sie oft erst, wenn ihre Kinder psychische Auffälligkeiten zeigen oder sich disziplinarische Schwierigkeiten zeigen. So liefern die Scientology-Eltern ihren Nachwuchs im Laufe des Morgens im Hort ab und holen ihn meist spät in der Nacht, manchmal erst nach Mitternacht, wieder ab. Wie ehemalige Scientology-Anhänger berichten, herrschen in einzelnen Kinderkrippen desolate Zustände.

Manche Eltern schicken ihre Kinder von Deutschland oder der Schweiz aus in eine Scientology-Schule nach England oder in die USA, wo die scientologische Elite von morgen ausgebildet wird. Solche Scientologen genießen ein hohes Ansehen innerhalb der Sekte. Dafür nehmen sie in Kauf, daß sich die Kinder möglicherweise vollends von ihnen entfremden. Sie stufen die ideologietreue Erziehung und Bildung höher ein als die Beziehung zu ihnen und das Aufwachsen in einer Familie.

Wie praktisch alle Gruppen mit vereinnahmender Tendenz bezieht auch Scientology die Kinder in die Gruppenrituale und ins Sektenleben mit ein. Selbst das Auditing, die laut Professor Hans Kind gehirnwäscheartige »Therapie«, wird den Kindern appliziert. Zur Verfügung steht ein speziell entwickeltes Kinder-Auditing, das bei jungen Klienten natürlich als besonders wirksames Mittel zur Indoktrination funktioniert, weil es ungefiltert ins Unbewußte dringt und eine rasche Bewußtseinskontrolle bewirkt.

Verschiedene Gruppen mißbrauchen die Kinder auch zu Missionszwecken. Die Familie (Kinder Gottes) beispielsweise spannt den Nachwuchs für die Betteltouren ein. Mit unterwürfigen Gesten und demütigen Blicken versuchen sie, die Passanten und Geschäftsbesitzer in Spenderlaune zu versetzen. Dabei erleben sie einen Zwiespalt: Ihr manchmal einziger Kontakt zur »bösen« Außenwelt besteht darin, sich wegen des schnöden Mammons bei den vermeintlich gottlosen Leuten anzubiedern.

Trauriges Gehorsamsritual für Kinder

Die Entwicklung der Kinder wurde bis vor wenigen Jahren durch ein trauriges Gehorsamsritual zusätzlich beeinträchtigt. Getreu den Anleitungen ihres Sektengründers David Berg beteiligten sich offensichtlich auch kleine Kinder an den Sexpraktiken der Erwachsenen. In Kapitel 58 des Briefes »My little fish« weist der Sektengründer seine Jünger an, Kindern beizubringen, daß sexuelle Aktivitäten und Gefühle nichts anderes als eine Körperfunktion wie zum Beispiel das Essen seien. Als Deborah Berg, eine Tochter des Kultgründers, aus der Sekte flüchtete und von den Sexualpraktiken berichtete, gab David Berg die Anweisung, sie in Zukunft zu unterlassen.

Einen eigenartigen Bezug zu Kindern hatte auch Friedrich Liebling, der Gründer der Psychogruppe Zürcher Schule, dessen Anhänger heute teilweise im Verein zur Förderung der Psychologischen Menschenkenntnis (VPM) aktiv sind. Mit dem Hinweis, ein fremdes Paar könne die Erziehungsideale besser umsetzen als die emotional stark betroffenen Eltern, riet er Anhängern mit Erziehungsproblemen, ihre Kinder anderen Paaren aus der Zürcher Schule in Obhut zu geben. Friedrich Liebling stellte sogar die Behauptung auf, Kinder würden die Mütter vom Engagement in der Zürcher Schule ablenken. Er sagte: »Viele Frauen, die ein Kind haben, können hier nicht mehr teilnehmen. (...) Sie sind verhindert, sich weiterzubilden.« Daß viele der psychologisch geschulten Akademiker den Rat »zum Wohl des Kindes« befolgten, verdeutlicht die starke sektiererische Tendenz dieser Psychogruppe. Der Glaube an die Wirksamkeit dieser ideologischen Lehrmeinung war für viele Eltern so stark, daß sie den Trennungsschmerz auf sich nahmen und die Beziehung zu ihren Kindern aufs Spiel setzten.

In den Themenbereich Sekten und Kinder gehört auch die unheimliche Praxis von Hunderten von Zürcher Schülern, sich vasektomieren zu lassen. Tatsächlich haben sich selbst minderjährige junge Männer im Alter von 18 und 19 Jahren in einer Art Initiationsritual operativ die Samenleiter durchtrennen lassen. Sie interpretierten den Hinweis von Friedrich Liebling, die Vasektomie sei ein wirksames Mittel zur Empfängnisverhütung, als versteckte Aufforderung. Verstärkt hat ihre Überzeugung ein Zitat von Friedrich Liebling, das in der eigenen Zeitschrift »Psychologische Menschenkenntnis« veröffentlicht wurde: »Der junge Mann, der sich vasektomieren läßt, will einen Beitrag leisten zum allgemeinen Wohl der Menschheit.«

»Sündige Welt« macht neugierig

Trotz der Bewußtseinskontrolle springen Sektenanhänger, die in einem Kult aufgewachsen sind, als Erwachsene häufiger ab, als man auf Grund der umfassenden Indoktrination erwarten würde. (Dies trifft vor allem auf die klassischen Sekten mit biblischem Hintergrund zu, in zunehmendem Maß aber auch auf die neureligiösen Kulte). Der Grund: Heilslehre und Leben in der Sekte sind für sie Alltag, die »normale« Realität. Die Faszination ist wesentlich geringer als bei Leuten, die aus der angestammten Welt in eine totalitäre Gruppe geflüchtet sind. Die Sünde ist reizvoller als die versprochene Unsterblichkeit. Die Neugier auf die böse Umwelt wird bereits in der Pubertät sehr groß. Die Versuchung, an der verbotenen Frucht der materialistischen, konsumorientierten Außenwelt zu naschen, ist für viele groß. Die dogmatische Heilslehre und die puritanische Lebensweise fördern die Sehnsucht nach Alternativerfahrungen. Allerdings schaffen meist nur die temperamentvollen Charaktere, sich zu lösen.

Sekten versuchen mit allen Mitteln zu verhindern, daß Mitglieder der zweiten Generation abspringen. Denn die in den Augen der Gruppen »reinen Wesen«, die vermeintlich im Geist der Wahrheit aufgewachsen sind, dürfen eigentlich gar nie den Wunsch verspüren, der Gruppe den Rücken zu kehren. Geschieht das »Unmögliche« trotzdem, gerät die Gruppe in arge Gewissensnot und das Kader in einen Argumentationsnotstand. Mit ihrer Abkehr dokumentieren die Abtrünnigen, daß die Heilslehre möglicherweise doch nicht auf einem unfehlbaren Prinzip beruht. Handelt es sich um eine auf Jesus ausgerichtete Sekte, bleibt den Mitgliedern unfaßbar, daß Gott diesen teuflischen Akt ihres »reinen« Mitglieds zuläßt.

Die meisten Gruppen reagieren in dieser für sie ungemütlichen Situation mit Schuldzuweisungen oder Verdrängung. Die Schuld trifft die Eltern oder die Leiter der Kindergruppe, die zu wenig gottesfürchtig gehandelt oder die Gruppenrituale oder die Heilslehre falsch angewendet haben. Häufig breitet das Kader den Mantel des Schweigens über die Abtrünnigen und signalisiert der Gruppe, daß die Auseinandersetzung über den peinlichen Vorfall tabu ist. Da die Mitglieder bestens trainiert sind, Widersprüche auszublenden und die Realität selektiv wahrzunehmen, kehrt bald wieder der Alltag ein.

Auch wenn die Versuchung, von der totalitären Gruppe abzuspringen, für manche Mitglieder der zweiten Generation trotz der jahrelangen Isolation groß ist, erweist sich die Loslösung als unvorstellbar schwieriger Akt. Sind die Opfer gar in einem abgeschotteten Sektenzentrum aufgewachsen, kommt der Ausstieg praktisch einer Landung auf einem fremden Planeten gleich. Sie müssen von Grund auf lernen, sich in der unbekannten Umgebung zu orientieren und zu bewegen. Einer Umgebung, die für sie bisher der Inbegriff des Bösen und Gefährlichen war. Sie kennen weder die Mentalität noch die Lebensweise und haben kein Geld, keinen Beruf, keine Wohnung und keine Freunde. Können sie sich nicht auf Großeltern oder andere Verwandte stützen, haben sie kaum eine Chance.

Es besteht die Gefahr, daß sich das Problem mit den Sektenanhängern der zweiten Generation in den kommenden Jahren zu einem ernsthaften sozialen Problem auswächst. Denn allmählich werden die Mitglieder von neureligiösen Kulten, die in die Gruppen hineingeboren worden sind, erwachsen. Viele von ihnen haben in noch größerer Isolation gelebt als die Betroffenen von klassischen Sekten. Falls sie den Ausstieg schaffen sollten, sind sie auf die Hilfe von Fürsorgeeinrichtungen angewiesen. Möglicherweise werden die Erfahrungen dereinst zeigen, daß eigens für sie Rehabilitationszentren eingerichtet werden müssen, wo sie von der Bewußtseinskontrolle befreit und auf ein eigenständiges Leben vorbereitet werden können.

Traumatische Sektenerlebnisse wirken selbstzerstörerisch

Das tragische Beispiel eines Scientologen zeigt, daß die Indoktrination traumatische Prägungen verursachen und psychische Extremreaktionen auslösen kann. Die Tiefenwirkung der Psychomanipulation ist geeignet, selbstzerstörerische Persönlichkeitsveränderungen herbeizuführen.

Hauptperson des Sektenschicksals aus dem Jahr 1992 ist der damals 34jährige B., der in klassischer Weise über ein Inserat mit dem Titel »Sie nutzen nur zehn Prozent Ihres geistigen Potentials« stolperte. Das darin angepriesene Buch der »Dianetik-Beratung« kannte er nicht, und er hatte keine Ahnung, daß Scientology ihn mit dem angeblich von Albert Einstein stammenden Satz köderte. Erwartungsvoll bestellte er im Sommer 1989 das Dianetik-Buch, das ihm einen Intelligenzzuwachs versprach. Er erhielt nicht nur das Buch vom Scientology-Zentrum, sondern auch mehrere Telefonanrufe. Eine freundliche Scientologin überredete ihn, ins Zentrum zu kommen und den Persönlichkeitstest auszufüllen.

Der fröhliche, etwas leichtgläubige Mann ließ sich von der Testauswerterin einschüchtern. Sie zeichnete ein Horrorszenario über seine Persönlichkeitsstruktur und jagte ihm Angst ein. Lediglich in zwei von zehn Testpunkten kletterte seine Kurve in den positiven Bereich. In drei Aspekten zeigte die Auswertung die tiefstmöglichen Ergebnisse. In seiner Panik über das verheerende Resultat unterschrieb er den ersten Kursvertrag und startete die erste Lektion am gleichen Tag.

Um dem angeblich drohenden psychischen Unheil zu entgehen, »studierte« B. viermal pro Woche. Auf Anraten der Scientologen verheimlichte er der Mutter, bei der er regelmäßig zum Nachtessen eingeladen war, daß er Kurse im Scientology-Zentrum besuchte. Nach dem Kommunikationskurs buchte er für 3400 Franken (ohne Saunagebühr und Medikamente) den Purification-Rundown, die Sauna-Schwitzkur. Obwohl er bei der täglich bis zu vierstündigen Sauna stets unter höllischen Kopfschmerzen litt, mußte er auf Geheiß seiner Beraterin die mehrwöchige Kur fortführen.

Anschließend verschrieb ihm der Registrar, der Chefverkäufer, Auditingstunden, die eigentliche Scientology-Therapie, bei der die umstrittene Befragungstechnik angewendet wird. Für 37,5 Stunden sollte er – nach Abzug von 30 Prozent Rabatt – 14700 Franken in die Scientology-Kasse zahlen. Er wurde massiv bearbeitet und unterschrieb widerwillig einen Scientology-Check über 50 000 Franken. Er hinterlegte seine Lebensversicherung bei der Bank und erhielt vorerst ein Darlehen von 20000 Franken.

Das Auditing brachte nicht die erhofften und versprochenen Gewinne, weshalb er noch mehr an seinen Fähigkeiten zu zweifeln begann. In dieser Gemütsverfassung konnte er dem Registrar, der ihm den nächsten Vertrag unter die Nase hielt, keinen Widerstand leisten, und er unterschrieb den nächsten Kurs, den »Hubbard Qualified Scientologist«.

Seelische Not als positive Entwicklung interpretiert

Bald kam der Mann nicht mehr klar mit sich. Ängste verfolgten ihn, er hatte seine Gefühle nicht mehr unter Kontrolle. Unangemeldet ging er ins Scientology-Zentrum und sagte, wie er später in sein Notizbuch schrieb, dem Fallüberwacher: »Was habt ihr mit mir gemacht? Etwas stimmt nicht mehr mit mir.« Dieser erkannte die seelische Not des verzweifelten Scientology-Mitgliedes nicht und entgegnete: »Was hast du denn? Jetzt bist du der richtige B., du bist endlich aus dir herausgekommen.«

Die Fehleinschätzung des Scientology-Mitarbeiters ist ebenso bezeichnend wie fatal. Die durch die Indoktrination verursachte Wesensveränderung interpretierte er zwangsläufig als Durchbruch in der Persönlichkeitsentwicklung. Für einen Scientologen ist es schlicht undenkbar, daß die Hubbard-Kurse negative Effekte bewirken können. Da die Auditoren ideologisch verblendet und selbst indoktriniert sind, interpretieren sie jede psychische Veränderung zwangsläufig als Ausdruck einer seelischen oder eben thetanischen Genesung. Der absolute Glaube an die Funktionstüchtigkeit der Hubbard-Technologie führt dazu, daß das Auditing allen Preclears, also den zu Klärenden, uniform appliziert wird. Deshalb konnten die Scientologen gar nicht realisieren, daß B. in eine psychische Krise stürzte. Selbst wenn ein Auditor einfühlsam gewesen wäre und bemerkt hätte, daß sein Klient seelisch zu leiden begann, hätte er keine Möglichkeit gehabt, ihm wirklich zu helfen: Das starre Therapiekonzept gibt den Kursleitern keinen Spielraum für eine individuelle Betreuung. Die Technologie muß standardgemäß angewendet werden, wie es in der Hubbard-Terminologie heißt, selbst wenn ein Klient offensichtlich schnurgerade auf eine Psychose zusteuert.

B. durchlitt extreme Stimmungsschwankungen, wie sie typisch sein können für Leute, die psychische Auffälligkeiten zeigen. Wahrnehmungsverschiebungen und Gefühle extremer Angst lösten sich mit euphorischen Erlebnissen ab. »Was ich da erlebte, kann ich fast nicht beschreiben«, vertraute er später seinem Notizbuch an. »Ich lag auf dem Bett und wollte mir ein Leid antun. Ich dachte an das Sturmgewehr, das neben dem Schrank stand, und die Munition im Militärrucksack. Ich mußte alle Kräfte sammeln, um mich beherrschen zu können.« Wenige Tage danach fiel er erneut in ein schwarzes Loch und flüchtete zur Mutter. Er klagte über starke Kopfschmerzen und legte sich auf das Sofa. »Plötzlich bekam er Krämpfe am ganzen Körper. Er krümmte und wälzte sich«, schilderte die Mutter den Vorfall. »Für mich ist es Zeit, ich muß gehen,« sagte er ihr. Dabei verdrehte er die Augen und fiel, von Krämpfen geschüttelt, vom Sofa.

Der Notarzt bestellte ein Krankenauto, B. wehrte sich mit allen Kräften gegen die Einlieferung in die psychiatrische Klinik. »Im Dianetik-Zentrum haben sie gesagt, in der Klinik würde ich Elektroschocks bekommen«, erklärte er. B. erholte sich relativ rasch und konnte nach zwei Wochen die Klinik verlassen. Er beschloß den Austritt aus Scientology und schrieb ins Tagebuch: »Mich habt ihr nicht mehr in eurer Gewalt.«

Doch damit hatte er sich über- und Scientology unterschätzt. Die Mitarbeiter ließen ihn nicht in Ruhe, riefen häufig an und schickten ihm Briefe. B. wurde zunehmend von Verfolgungsängsten bedrängt, die sich immer tiefer in seine Seele fraßen. »Ich gehe nicht mehr hinaus, die Scientologen lauern mir auf«, vertraute er später dem Notizbuch an. Und in einem Brief ans Dianetik-Zentrum schrieb er: »Falls Sie nicht augenblicklich mit dem psychischen Druck aufhören, werde ich diese Angelegenheit dem Rechtsanwalt übergeben.«

Die Scientologen ließen jedoch nicht locker. Anonyme Post, die er den Scientologen zuschrieb, fuhr ihm in die Knochen. Sie enthielt das Horrorbild eines dämonischen Geistheilers, der über einen gefesselten Patienten gebeugt war und ein schwarzmagisches Ritual zelebrierte. Darüber stand handschriftlich: »Wir holen Dich!« Kopfweh, Schlafstörungen und Selbstmordgedanken folgten in immer kürzeren Abständen, B. flüchtete mehrmals freiwillig in die psychiatrische Klinik oder mußte notfallmäßig eingeliefert werden.

Verzweiflungstat am Rand des Abgrunds

Eines Tages rief B. seine Mutter an. Seine Stimme verriet ihr, daß er sich dem Abgrund entlang bewegte. Sie beschwor ihren Sohn, sofort zu ihr zu kommen. Als er ausblieb, schaute sie draußen nach. Blutüberströmt kam er ihr aus dem Wald entgegen. Mit einem gebrochenen Sprunggelenk, einem gebrochenen Ellenbogen, einem Muskelriß am Arm und drei gestauchten Lendenwirbeln war er in einer Art Trance einen Kilometer weit marschiert. B. war mit übersetzter Geschwindigkeit in ein Brückengeländer gerast. Bremsspuren fand die Polizei nicht. Zwei Ärzte der psychiatrischen Klinik diagnostizierten in einem Gutachten eine schizophrene Psychose, hervorgerufen durch den Druck einer religiösen Gemeinschaft. B.'s Zurechnungsfähigkeit sei zum Zeitpunkt des Unfalls vollständig aufgehoben gewesen. Im Krankenhaus verriet er einem Arzt, die Scientologen hätten ihn in den

Unfall getrieben. Er starrte unaufhörlich zur Decke, verschwieg die höllischen Schmerzen und sagte eines Tages zur Mutter: »Die Scientologen haben mich, sie sind an mir dran.«

Als sich B.'s Schwester weigerte, den Scientologen den Aufenthaltsort ihres Bruders bekanntzugeben, drohten sie mit der Polizei. B. hatte während drei Monaten vergeblich versucht, seine Kursgelder zurückzufordern. Nach der Entlassung aus dem Krankenhaus schaltete er einen Anwalt ein und wollte das Dianetik-Zentrum wegen psychischer Schädigung einklagen und Schadenersatz fordern. Der Anwalt beauftragte Professor Hans Kind, den ehemaligen Direktor der Psychiatrischen Poliklinik an der Universität Zürich und Spezialist für Kultfragen, ein Gutachten über B. zu verfassen. Der Psychiater kam nach längeren Untersuchungen zu dem Schluß, die Erlebnisse im Rahmen von Scientology müßten als Auslöser für seine Psychose angesehen werden. Sein Befund: »Ein Knick in der Lebenslinie war aber früher nie zu beobachten. Zu einer »Entgleisung« kam es erst im letzten Herbst, als der Patient in die Fänge der Scientology Church geraten war.« Kind machte eine akute schizophrene Psychose, Depersonalisations- und Derealisierungserlebnisse aus. Der Patient habe sich von den Scientologen manipuliert gefühlt und sei von Suizidgedanken bedrängt worden. »Er steigerte sich so weit in diese Todesangst hinein, daß es zu hyperventilationstetanischen Krämpfen kam, welche den Anlaß zur ersten Hospitalisierung gaben«, schrieb der Gutachter.

Laut Kind war der Kontakt mit dem Gedankengut und der Praxis von Scientology der auslösende Faktor der schizophrenen Psychose. Einen ungünstigen Einfluß hatte auch die unqualifizierte Aussage der Testauswerterin, »indem seine Minderwertigkeitsgefühle bis zu Suizidabsichten verstärkt wurden«, schrieb der Psychiatrie-Professor und ergänzte: »Nur ein völlig unbekümmerter Mensch, dem elementare Kenntnisse des menschlichen Seelenlebens abgehen, kann so reagieren.« Kind wies auf ein früheres Gutachten hin, in dem er festgehalten hatte, daß die scientologische Behandlung für labile und selbstunsichere Menschen eine Gefahr bedeute, weil sie zu Depressionen und psychotischen Zusammenbrüchen führen könne.

Nach dem Unfall vegetierte B. teilnahmslos dahin. Die Schwester erinnerte sich nicht, ihn jemals wieder lachen gesehen zu haben. Eines Morgens fand die Mutter einen Brief auf dem Küchentisch. Für ihn habe das Leben keinen Sinn mehr, las sie. »Wahrscheinlich denken die Leute, ich sei ein Feigling, daß ich einfach Abschied nehme, aber ich will den andern nicht mehr zur Last fallen«, endete der Brief. Die Schwester und der Bruder von B. suchten die Umgebung ab und entdeckten bei einer Brücke sein Auto. Sie wagten es nicht, in die Tiefe zu schauen und fuhren zur Polizei. Die schlimmste Befürchtung wurde zur Gewißheit: »Die Brücke zur Freiheit« ist für B. zur Brücke in den Tod geworden.

Professor Kind wertete die Erfahrungen der Klinikärzte aus und ergänzte sein Gutachten: »Er fühlte sich von Scientologen durch halluzinierte Stimmen manipuliert, ja zum Suizid gedrängt.« In der Klinik hatte B. erklärt, die Stimmen würden ihm eingeben, von der Brücke zu springen. Deshalb sei es fast zwingend, daß der Selbstmord unter dem Einfluß des psychotischen Erlebens geschehen sei, meinte Kind und schrieb wörtlich: »Insofern besteht ein deutlicher Zusammenhang zwischen dem Kontakt mit Scientology, der Psychose und dem Suizid.«

Moonies umgarnen Schweizerin in San Francisco

Die junge Schweizer Studentin D. wartet in San Francisco an einer Haltestelle auf den nächsten Bus. Nach einem dreimonatigen Sprachaufenthalt in den USA will sie noch ein paar Tage ausspannen und die Stadt erkunden. Ein fröhliches junges Paar spricht D. an und verwickelt sie in ein angeregtes Gespräch. »Ich komme auch aus der Schweiz«, erzählt der junge Mann und stellt ihr seine Kollegin vor, die aus Hawaii stammt. »Wir engagieren uns in einer internationalen Studentenorganisation und lassen heute Abend ein kleines Fest steigen. Du bist herzlich eingeladen, mit uns zu essen, zu singen und zu diskutieren.« Die übliche Masche der Moonies eben. Doch dies ahnt D. nicht.

Nach einem interessanten und lustigen Abend fährt D. mit einer Gruppe dieser jungen Leute in ein abgelegenes Camp. Die Pfadfinderromantik mit den kleinen Blockhütten gefällt ihr sofort. Eine Woche Ferien mit Studenten aus aller Welt für nur rund 150 Franken – das verspricht einen schönen Abschluß des Amerika-Aufenthaltes. Daß die 150 Franken dereinst Kosten von über 100 000 Franken nach sich ziehen und aus der Woche Jahre werden sollten, konnte D. nicht ahnen.

D. bewegte sich bald in der Geisterwelt der Moonschen Heilslehre. Auf den Wochenkurs folgen Exerzitien, in denen D. die »Göttlichen Prinzipien« einige Monate lang studiert. Sie ist überzeugt, daß ihr Leben nur dann einen Sinn hat, wenn sie ihrem neuen Messias hilft, die göttliche Mission auf Erden zu verwirklichen. Später wird sie in ein Fundraising-Team integriert, reist in einer Gruppe mit einem Kleinbus durch die Staaten und verkauft Krimskrams. Ihr Tagesziel setzt D. auf 150 Dollar an. Sie ist bis zu 20 Stunden auf den Beinen, um den Passanten diesen Betrag abzubetteln und andere Tätigkeiten zu erledigen. Das Motto: »Wir geben den Leuten die Möglichkeit, Gott zu dienen.« D. jedenfalls dient ihm bis zur Erschöpfung und Selbstaufgabe. »Wenn ich die 150 Dollar nicht zusammenbrachte, verzichtete ich gelegentlich als Sühne auf das Nachtessen«, erzählt D.

Beim Fundraising blieb Menstruation aus

Um Geld zu sparen, schläft die Gottestruppe im Freien oder zusammengepfercht im Bus. D. hat keine warmen Kleider und friert manchmal erbärmlich. »Was ihr heute auf die übelste Art erleidet, wird in der künftigen Geschichte Amerikas und der ganzen Welt wie eine Sonne scheinen. Je mehr ihr heute leidet, desto mehr werdet ihr in Zukunft scheinen«, liest D. in einer Fundraising-Broschüre und hält sich streng daran. »Ich lebte wie in Trance. Die Übermüdung, die Mangelerscheinungen und die Belastung mergelten mich aus. Selbst die Menstruation blieb aus«, faßt D. ihre Erfahrungen zusammen.

Den Eltern erzählt D. anfänglich, sie verbringe noch ein paar Wochen in einer Studentenorganisation und komme etwas später heim. In einem Brief an einen Studienfreund deutet sie ihre religiöse Metamorphose an. Er informiert die Eltern, die sich bei einer Sektenberatungsstelle erkundigen. Der Befund: D. ist in die Fänge der Vereinigungskirche geraten.

Wenige Tage später sitzen der Bruder von D., ihr Studienkollege und eine Sektenspezialistin im Flugzeug nach San Francisco. Im Camp will niemand wissen, wo D. sich befindet. Als die drei sich nicht abwimmeln lassen, taucht D. nach vier Tagen unerwartet auf. Sie will aber nur mit dem Bruder sprechen und ist nicht bereit, das Zentrum zu verlassen. Im Beisein einer Aufpasserin – einer Schweizerin – findet im Hauptquartier in Berkeley eine dreistündige Aussprache statt. Der Bruder muß sich Moon-Videos anschauen, und das Gespräch plätschert dahin. Als er über die Ängste der Eltern spricht, bricht D. in Tränen aus. Sie vereinbaren ein weiteres Treffen für den kommenden Tag.

»Meine Betreuer sagten nach dem Gespräch, ich sei sehr aufgewühlt. Es sei wohl besser, den Bruder nicht mehr zu treffen«, erzählt D. Sie ruft ihn am gleichen Abend an und annuliert den Termin, weil er sie ohnehin nicht verstehen könne. Er legt den letzten Köder aus und meldet sein Interesse an einem Zweitageskurs im Camp an. Überraschenderweise wird sein Vorschlag akzeptiert.

Doch bald befällt ihn die Angst, der Indoktrination nicht gewachsen zu sein und selbst in den Sektenstrudel zu geraten. Deshalb meldet er sich wieder ab. Alle Bemühungen, die Schwester ein zweites Mal zu treffen, scheitern.

Frustriert treten die drei die Heimreise an. D. hingegen gelobt jeden Sonntagmorgen um fünf Uhr: »Als eine wahre Tochter will ich dem Vorbild unseres Vaters folgen und mutig das Lager der Feinde angreifen, bis ich sie völlig gerichtet habe mit den Waffen, mit denen Er im Verlauf der Geschichte den Feind, Satan, besiegt hat durch das Säen von Schweiß für die Erde, Tränen für die Menschen und Blut für den Himmel. (...) Ich werde unter Einsatz meines Lebens kämpfen. Ich bin verpflichtet, meine Pflicht und meine Mission zu erfüllen. Das gelobe ich und schwöre ich.«

Erdbeben verhindert Befreiung

Nun engagieren die Eltern einen Spezialisten für Befreiungsgespräche, der sich bereit erklärt, D. zu entführen. Er beobachtet sie und erkundet ihren Tagesablauf. Am Tag der geplanten Entführung erschüttert ein schweres Erdbeben San Francisco, die teure Aktion muß abgebrochen werden.

Etwa zwei Monate später fliegt der Bruder von D. erneut nach Kalifornien. Seine Schwester bleibt verschollen, alle Bemühungen, sie zu sehen, scheitern. Während zwei Jahren hat ihre Familie keine Ahnung, wo sich D. aufhält. Die gelegentlichen Briefe tragen alle den Stempel von Berkeley, dem Hauptzentrum der Vereinigungskirche in San Francisco, obwohl sie nicht dort tätig ist.

Ein Jahr nach dem Eintritt in die Vereinigungskirche darf D. nach Paris fliegen und an einem Weltmeeting der Moonschen Studentenorganisation CARP teilnehmen. Der Bruder erfährt von dem Treffen und fährt in die französische Hauptstadt. Die Moonies befürchten ein erneutes Kidnapping, weshalb sie D. tarnen. Sie erhält einen neuen Namen, färbt sich die Haare und trägt eine Sonnenbrille.

Als sie ihren Bruder entdeckt, rennt sie davon und bleibt verschwunden.

Ein Jahr später erhalten die Eltern indirekt ein neues Lebenszeichen von D. Sie soll als Zeugin in einem Prozeß auftreten, den die Vereinigungskirche gegen eine Sektenkritikerin und eine Journalistin in Genf angestrengt hat. Ihre Eltern hätten auf der Gegenseite aussagen müssen, werden dann aber doch nicht befragt. Das Treffen im Gerichtssaal findet nicht statt. D. wohnt in Zürich bei Thomas Schrämli, dem Regionalleiter der Vereinigungskirche, weil sie einen neuen Paß braucht, den ihr die Eltern besorgen müssen.

Professor Georg Schmid, Pfarrer in Greifensee und Co-Präsident der ökumenischen Arbeitsgruppe »Neue religiöse Bewegungen in der Schweiz«, versucht zwischen D.s Eltern und den Moonies zu vermitteln. Ein Treffen bei ihm wird zum Fiasko. D. hat ein maskenhaftes Gesicht aufgesetzt und wiederholt stets, sie sei freiwillig bei den Moonies, erzählt die Mutter. Sie ist erschüttert. Ihre Tochter habe sich stark verändert und wie versteinert gewirkt. Pfarrer Schmid legt den Eltern einen Vertrag vor. Mit ihrer Unterschrift sollen sie bezeugen, daß sie D. nicht deprogrammieren und zur vereinbarten Zeit wieder den Moonies übergeben werden. »Das ist Menschenhandel«, denkt der Vater innerlich bebend und verweigert die Unterschrift. Die Mutter befürchtet, das Treffen zu Hause könnte in letzter Minute scheitern. Deshalb stimmt sie zu und unterschreibt.

Ein paar Tage später steht D. unangemeldet vor der Tür und verlangt den Paß. Der Bruder und seine Freundin laden sie zu einer Ausfahrt mit dem neuen Auto ein. Die Freundin schlägt vor, zum Ferienhaus von D.'s Eltern zu fahren, ihre Mutter habe die Lesebrille vergessen. Im Ferienhaus kommen ihr ein ehemaliges Mitglied der Vereinigungskirche und ein Sektenspezialist entgegen. Für eine Flucht ist es zu spät, Türen und Fenster sind gesichert. D. wehrt sich mit allen Mitteln. Alle gefährlichen Gegenstände sind aus den Wohnräumen geschafft worden, damit sie sich nicht verletzen kann.

Die Fluchtwege sind abgeschnitten

Die Moonies werden auf solche Situationen vorbereitet. Besteht die Gefahr einer Deprogrammierung, wird intern diskutiert, wie sie sich dagegen wehren können. Früher kannten die meisten den »todsicheren« Trick mit der Arterie: Wird die Ader am Arm aufgeschnitten, landen sie im Spital und können die Polizei und ihre Glaubensbrüder alarmieren. Die Indoktrination hat gewirkt, D. hat panische Angst vor den Deprogrammierern, die für sie den Satan darstellen.

Als D. nicht wie vereinbart um 22 Uhr bei Thomas Schrämli eintrifft, ruft dieser Pfarrer Schmid an. Dieser verlangt von D.'s Vater die sofortige Freilassung der Tochter. Wenig später klingelt es an der Haustüre. Polizeibeamte fragen nach D. Sie sei an einem Fest, erzählt der Vater.

D. weigert sich standhaft und mit allen Tricks, dem Spezialisten für Befreiungsgespräche zuzuhören. Nach zwei Tagen lassen ihre mentalen Kräfte etwas nach und sie beschließt, die Taktik zu ändern. Sie gibt sich offen und täuscht eine Wirkung des Befreiungsgesprächs vor. Was sie dabei übersieht: Sie beginnt mitzudenken, gibt Antworten, die ihre Gesprächspartner gern hören möchten und bestätigt angebliche Widersprüche und Beeinflussungsmethoden der Moonies.

»Ich war plötzlich verwirrt, fühlte mich müde und leer«, erzählt D. Sie weiß nicht mehr, was sie denken soll und will am liebsten fliehen. Aber wohin? Nach vier Tagen verspürt sie keine Lust mehr, zu den Moonies zurückzukehren. Aber vor der satanischen Außenwelt fürchtet sie sich erst recht. In ihrer Verzweiflung möchte sie am liebsten sterben.

Nach fünf Tagen ist ihr Widerstand gebrochen, sie läßt sich beruhigen und öffnet sich langsam. Sie ist bereit, für einen Monat zu zwei Ex-Moonies nach Frankreich zu ziehen und die Sache von Grund auf anzuschauen. Nachdem sie dem Untersuchungsrichter bestätigt hat, daß sie freiwillig ins Ferienhaus mitgegangen sei, stellt dieser das Strafverfahren wegen Freiheitsberaubung ein.

D. hat sich inzwischen vollständig aufgefangen und arbeitet als Turnlehrerin in einem Gymnasium. Den Eltern ist sie sehr dankbar, daß sie das Wagnis einer Deprogrammierung auf sich genommen und die enormen Kosten nicht gescheut haben.

Heute engagiert sie sich in der Sektenaufklärung.

Zeitalter der Sekten und des Fundamentalismus: Womit wir rechnen müssen

Das Phänomen der Sekten und totalitären Gruppen ist beinahe so alt wie die religiösen und politischen Sehnsüchte der Menschen, die existentiellen Ängste eines Tages überwinden zu können. Zum Sektensystem gehört seit je auch der Machtdrang von charismatischen oder despotischen Führungsfiguren. Gruppen mit vereinnahmender Tendenz grassieren in unserer Zeit jedoch mit einer nie erlebten Virulenz. Der restaurative Zeittrend fördert fundamentalistische und dogmatische Entwicklungen und bietet einen perfekten Nährboden für Gruppen mit einfachen Rezepten und mit auf eingängige Ideen reduzierten Weltanschauungen oder Heilslehren. Pluralistische Tendenzen, spirituelle Desorientierung, Entpersönlichung und Entfremdung in der Massengesellschaft sowie vielfältige Bedrohungsängste treiben die Leute scharenweise in den vermeintlich schützenden Schoß der Sekten. Diese sind der Seismograph für sozialpolitische Trends. Vielleicht werden die Soziologen oder Philosophen in ferner Zukunft die Epoche um die Jahrtausendwende auch als das Zeitalter der totalitären Bewegungen charakterisieren.

Tatsächlich scheint die Zeit der Aufklärung vorbei zu sein: Das Leben großer Bevölkerungskreise ist von irrationalen Gefühlen und Ängsten geprägt, der Drang nach wirklicher Freiheit und Autonomie erlischt mehr und mehr, der Wunsch nach Selbstbestimmung schlägt ins Bedürfnis nach Unterwerfung und Abhängigkeit um, und viele Zeitgenossen reagieren mit einer Persönlichkeitsspaltung auf die vielschichtigen, oft unvereinbaren Anforderungen und gesellschaftlichen Zwänge. Der Hang zum Sektierertum markiert möglicherweise eine Wende in der Geistesgeschichte.

Die Hochkonjunktur der totalitären Gruppen – die politischen eingeschlossen – könnte sich als Vorbote einer geistigen und kulturellen Depression entpuppen. Der Glaube an den Aufbruch zu einer menschengerechteren Welt bröckelt mehr und mehr, und die Ohnmacht in vielen Lebensbereichen fördert eine egomanische Weltsicht. Moral ist eine Disziplin für Träumer geworden. In dieses Vakuum stoßen Sekten. Sie bieten Rezepte, die zu Dogmen erstarrt sind und den Traum von einer besseren Welt und der Erlösung zum Heilsprinzip erheben. Der Machbarkeitswahn der hochtechnisierten Zivilisation ist in die metaphysischen und religiösen Bereiche vorgedrungen und macht aus dem Abenteuer Leben ein Computerspiel, das nach abstrakten Gesetzen funktioniert und die Sektenanhänger zu Funktionären einer Ideologie mutieren läßt: Die Gurus und Sektengründer bieten das Rezept zur Überwindung der Todesängste und für das ewige Heil auf dem Silbertablett.

Umkehr der Werte gefragt

Gelingt es nicht, eine Umkehr der Werte zu vollziehen, werden die totalitären Gruppen weiter an Terrain gewinnen und ihren sozialpolitischen Einfluß ausbauen können. Läßt sich dieser Zeiterscheinung nicht die Spitze brechen, werden Sekten und totalitäre Gruppen als modernes Suchtphänomen zum sozialpsychiatrisch relevanten Problem, welches das Gesundheitswesen schon bald belasten könnte. Vielleicht kommen dann die Politiker und Behörden nicht mehr umhin, sich ernsthaft mit der unheilvollen Entwicklung auseinanderzusetzen.

Die Aufklärung über die Sekten in Schulen sowie durch Medien und Bücher hat zwar breite Teile der Bevölkerung sensibilisiert, und das Feld, das Gruppen mit vereinnahmender Tendenz bearbeiten, ist mindestens für bekannte Organisationen wie Hare Krischna, Scientology, Verein zur Förderung der Psychologischen Menschenkenntnis (VPM), Transzendentale Meditation (TM), Vereinigungskirche, Zeugen Jehovas, Universelles Leben, Europäische Arbeiterpartei (La Rouche) usw. steiniger geworden. Doch die Anhänger von Minderheitsgruppen sind wahre Überlebenskünstler: Beseelt von der missionarischen Idee, ihre

»Wahrheit« mit allen Mitteln in die Breite zu tragen, haben sie sowohl die Werbestrategien als auch die Indoktrinationsmethoden verfeinert und den erschwerten Umständen angepaßt.

Die Gründe, weshalb der moderne Mensch besonders anfällig für totalitäre Systeme und vereinnahmende Gruppen ist, sind vielfältig. Ihnen detailliert nachzugehen, würde eine umfangreichere Publikation erfordern. Das breite Feld soll hier lediglich mit ein paar Stichworten grob abgesteckt werden. Es gibt in unserer schnellebigen Zeit kaum mehr einen Lebensbereich, in dem wir uns wirklich geborgen fühlen können. Verunsicherung, Verlassenheitsgefühle und Desorientierung sind zum bestimmenden Lebensgefühl geworden und lösen diffuse Ängste aus. Mit dem Zerfall der sozialen Strukturen und ethischen Werte verlieren viele Leute den inneren Halt und sind mehr und mehr irrationalen Kräften ausgeliefert. Dabei kontrastieren das schwache Selbstbewußtsein und Selbstvertrauen auffällig mit der »aufgesetzten Coolness und Überlegenheit« in einer konsumorientierten Gesellschaft.

Die hektische sozio-kulturelle Entwicklung fördert außerdem die Entwurzelung. Streß und Überforderung begünstigen die Verdrängung, es fehlen Zeit und Muße, die angestauten Probleme zu verarbeiten. Konsummentalität und Machtbarkeitswahn vermindern die Leidensfähigkeit und verleiten zu Ersatzbefriedigungen. Geistiges und seelisches Wachstum verlieren ihre Bedeutung als zentraler Lebenssinn. Die geistige Verarbeitung, unter anderem durch einseitigen Medienkonsum begünstigt, raubt vielen Menschen das Instrumentarium, die komplexen Zusammenhänge zu erfassen.

In ihnen wächst das Bedürfnis, die Welt mit simplen Ideologien oder religiösen Erklärungsmustern wieder begreifbar zu machen. Unsicherheit und Desorientierung läßt viele Zuflucht bei totalitären Gruppen suchen. Die Furcht vor sozialen Unruhen, einem ökonomischen oder ökologischen Kollaps, vor globalen politischen Umwälzungen, vor den Machtansprüchen der Entwicklungsländer oder einer atomaren Katastrophe begünstigen die Scheuklappen-Mentalität. Man macht die Ausländer für alle Probleme verantwortlich und braucht Sündenböcke für das eigene Ungenügen und die Ohnmacht. Die Empathie schwindet, das Verantwortungsbewußtsein nimmt ab, und die Bindungsfähigkeit leidet. Diese zentralen kulturellen Werte entwurzeln den Menschen. Um den drohenden Absturz zu verhindern, flüchten viele in eine heile Scheinwelt, die ihnen die Sekten in perfekter Weise bieten.

Fataler Glaube an die Machbarkeit

Der technische und wissenschaftliche Fortschritt gaukelt dem modernen Menschen vor, die meisten Probleme seien lösbar und fördert eine verhängnisvolle Weltsicht. Der Glaube an die Machbarkeit durch den erfinderischen menschlichen Geist prägt unsere Mentalität. An die Stelle der religiösen Hoffnung und des Glaubens ist die konsumierbare Glaubenslehre von der Lösbarkeit der metaphysischen Schwierigkeiten getreten. Wir delegieren die Problemlösung in allen Lebensbereichen an Spezialisten und zahlen dafür, daß andere unsere Ängste und Nöte lindern, unsere Psyche reinigen, das Bewußtsein aufpolieren, den Körper von Schmerzen befreien, einen Jungbrunnen installieren und das Heil in alle Zukunft liefern. Viele wollen in diesem Machbarkeitsrausch nicht wahrhaben, daß uns auch im Zeitalter der Computer, Spitzenchirurgie und Raumschiffahrt die tieferen Geheimnisse im entscheidenden Lebensbereich verborgen bleiben werden und schon gar nicht käuflich sind.

Die Sekten hingegen bieten scheinbar das konsumierbare Seelenheil, das sich als perfektes Scheinmedikament gegen seelische Ängste entpuppt. Der Mensch läuft Gefahr, in maßloser Selbstüberschätzung die Dimensionen des Lebens aus den Augen zu verlieren. Tatsächlich erhält Gott mehr und mehr Konkurrenz – in Form des Menschen. Eines Menschen, der das Göttliche in sich sucht und häufig zu finden glaubt. Bis zur Unsterblichkeit ist es dann nicht mehr weit, wie sie Hubbard offen verspricht und andere Sekten mehr oder weniger verklausuliert ebenfalls offerieren. Angesichts des selbstzerstörerischen Verhaltens der Menschen, der Ausbeutung der Natur und des selbstgeschaffenen globalen Zerstörungspotentials ist dies ein verständlicher Wunsch, den die totalitären Gruppen geschickt für ihre Zwecke nutzen.

Die Prognosen für die Zukunft sehen düster aus. Es sind kaum grundlegende Entwicklungen sichtbar, die eine sozialpolitische, wirtschaftliche oder kulturelle Trendumkehr erkennen lassen und die existenziellen Ängste der Menschen abbauen helfen würden. Den Sekten wird es recht sein. Unser Zivilisations-Abfall ist Dünger auf ihre Missionsfelder. Sie werden wacker weiter an der Zersetzung der Gesellschaft arbeiten und reiche Ernte einfahren. Dieser neuen Suchtform werden die staatlichen Institutionen möglicherweise einmal ähnlich ratlos gegenüberstehen wie der Drogenabhängigkeit. Allenfalls wird dies schon in wenigen Jahren der Fall sein, denn der bevorstehende Wechsel in ein neues Jahrtausend wird die apokalyptische Phantasie vieler Menschen noch mehr beflügeln und irrationale metaphysische Ängste hervorrufen. Die vereinnahmenden Gruppen werden nicht verlegen sein, Kapital daraus zu schlagen.

Esoterik und New Age entwickeln sektiererische Tendenzen

Seit mehreren Jahren drängt ein neues Phänomen auf den spirituellen Supermarkt, das immer mehr Menschen in der westlichen Hemisphäre in seinen Bann zieht: New Age und Esoterik entwickeln mehr und mehr sektiererische Tendenzen und durchdringen unseren Alltag schleichend. Regenbogenpresse, Rundfunkanstalten und Fernsehstationen sind bereits auf die publikumswirksame Welle aufgesprungen und füllen ihre Spalten und Programme mit Berichten aus dem Reich des Übersinnlichen und den Sphären der angeblich magischen Kräfte. Schamanen und Hexen werden interviewt, Wahrsager und Hellseher suchen im Studio verschollene Kinder, Geistheiler operieren vor der Kamera mit bloßen Händen, Medien mit Channeling-Fähigkeiten nehmen vor einem Millionenpublikum Kontakt mit den Toten auf. Feinsichtige interpretieren den Astralkörper des Moderators, Astrologen blicken in die Zukunft usw. Und die Zeitungen sind voll von Anzeigen, in denen Fernheiler gegen fürstliche Entlöhnung Genesung praktisch sämtlicher Krankheiten versprechen, Erleuchtete in Workshops den Interessenten eine Reise in den mystischen Himmel vermitteln, Gurus ihre Klienten bei Rückführungen in die Vergangenheit entführen. Angeboten werden auch Mind-Maschinen, die die Reise in spirituelle Sphären versprechen. Wer sich eine esoterische Zeitschrift kauft, wird förmlich erschlagen vom Angebot an esoterischen Therapien, Kursen, Workshops, Wundermittelchen, Literatur usw. Esoterik ist heute ein boomender Wirtschaftszweig, der mit den spirituellen und mystischen Sehnsüchten vieler Menschen erkleckliche Umsätze erzielt.

Esoterik im ursprünglichen Sinn verstanden – zweckfreies und zeitlich nicht definiertes Suchen nach den inneren Geheimnissen des Lebens – wäre in unserer materialistischen, nach Effekten, Effizienz und Leistung ausgerichteten Zeit zwar ein wichtiges Korrektiv, doch vereinnahmen und vermarkten die meisten westlichen »Gurus« und esoterischen Therapeuten das »Geheimwissen« wie eine technische Erfindung oder ein medizinisches Heilmittel. Die wahllose Vermengung verschiedener esoterischer Disziplinen zeigt einen Mangel an Respekt vor den in Jahrhunderten in östlichen Ländern gewachsenen mystischen Erkenntnissen. Und ohne diesen Respekt werden es konsumorientierte Menschen nie schaffen, den Geheimnissen wirklich auf die Spur zu kommen.

Wir kolonisieren die fremde Geisteswelt nach dem Nutzeffekt und berauben uns der Möglichkeit, sich ihr behutsam anzunähern. Wir werden das esoterische Vokabular vorwärts und rückwärts herunterleiern können, das Wissen wird aber in abstrakter Form im Kopf stecken bleiben und das »dritte Auge« der ruhelos nach der Erleuchtung lechzenden Mitteleuropäer blind bleiben. Wir beuten die Esoterik nach unseren Denkkategorien aus und pervertieren sie dabei. Außerdem machen wir sie zum Busineß, degradieren sie zu einem Wirtschaftszweig und bezahlen die selbsternannten Gurus dafür, daß sie uns »erleuchten« und uns von unseren körperlichen, psychischen und seelischen Leiden durch Handauflegen, Fernheilung, Encounter, Channeling, Healingsessions usw. befreien. Und mehrere der vermeintlichen Träger des geheimen Wissens scheuen sich nicht, uns in fahrlässiger Weise Heilung von Aids und Krebs zu versprechen, wie Prospekte und Anzeigen beweisen. Sie spielen schamlos mit den Ängsten und Defiziten von Menschen, die bereits vom Esoterik-Virus angesteckt sind und den Scharlatanen Glauben schenken.

Cityreligion – ein spiritueller Konsumrausch

Der esoterische Boom ist auch entscheidend mitverantwortlich für ein neues Phänomen, das unter dem Begriff Cityreligion zu grassieren beginnt. Die Zeitgeist-Surfer klittern sich je nach Modetrend oder seelischer Befindlichkeit aus verschiedenen Religionen, Ideologien, Weltanschauungen und esoterischen Disziplinen ihre eigene »Religion«. Und sie entwickeln dabei eine erstaunliche Virtuosität, modifizieren sie doch ihre metaphysischen Vorstellungen nach den jeweiligen Bedürfnissen und der momentanen Befindlichkeit.

Die sektiererischen Tendenzen im Supermarkt der Esoterik sind unübersehbar. Die überhöhten Versprechen und Erwartungen fördern den Absolutheitsanspruch, den viele spirituelle Leader in ihrem Bereich postulieren, begünstigt von der kritiklosen Glaubenshaltung ihrer Klienten. Da die Wirkung der esoterischen Disziplinen nicht faßbar und überprüfbar ist, projizieren immer mehr Leute ihre gesammelten Sehnsüchte in ihre spirituellen Meister. Diese erliegen oft der Versuchung und lassen sich als mystische Helden feiern, die angeblich paranormale Fähigkeiten entwickelt haben und kosmische Energien anzapfen können. Durch die Verehrung der Anhänger laufen sie Gefahr, Realitätsverluste zu erleiden und mit der Zeit selbst an die ihnen zugeschriebenen übernatürlichen Kräfte zu glauben.

Durchschauen die spirituellen Meister den Teufelskreis nicht rechtzeitig, entwickelt sich eine symbiotische Gemeinschaft zwischen ihnen und den Jüngern. Beide Seiten brauchen sich gegenseitig, um ihre geheimen Sehnsüchte ausleben zu können. Es entsteht eine Abhängigkeit, die rasch zur engen Gruppenbindung mit den entsprechenden Normen und Ritualen führt. Steigen dann die Preise für die spirituellen Dienstleistungen sukzessive an, findet man in den esoterischen Zirkeln bald ähnliche Merkmale, wie sie bei eigentlichen Sekten zu finden sind. Wächst außerdem der Machthunger des selbsternannten Gurus parallel zur Zahl seiner Devotees, sind totalitäre Tendenzen vorprogrammiert. Indem die Anhänger von ihm das absolute Heil erwarten und gern ihre Eigenverantwortung abgeben, fördern sie diesen Prozeß. Denn sie hoffen nur zu gern, an der Erleuchtung ihres Meisters teilhaben zu können, der sie aller existenziellen Probleme entheben soll. Der endlos heruntergeleierte Spruch, das Göttliche sei in uns, wir müßten es nur entdecken lernen, verleitet viele zur Flucht in eine Scheinwelt, in der sie leicht manipulierbar sind. Die permanente Wiederholung der Rituale betäubt und betört die Sinne, vernebelt den Geist und kann hypnotische Zustände herbeiführen, in denen die Indoktrination effizienter wirkt.

Die Tendenz, sich um einen spirituellen Führer und Startherapeuten zu scharen und sich zu engen esoterischen Zirkeln zusammenzuschließen, fördert sektiererische Prozesse. Mindestens von der Heilslehre und den Ritualen her stützen sich die spirituellen Meister auf das gleiche Fundament und profitieren von der fiebrigen Suche nach mystischen Heilserlebnissen. Allerdings unterscheiden sich beispielsweise die Aurobindo-Bewegung, Ananda Marga, Transzendentale Meditation (TM), Sri Chinmoy und Hare Krischna in der Umsetzung der Heilslehre: Die Konsumenten im esoterischen Supermarkt haben den hedonistischen Weg der vielschichtigen Bedürfnisbefriedigung gewählt, die auf einen Guru fixierten Mitglieder der erwähnten Gruppen glauben hingegen, die Erleuchtung über Entbehrung und Askese zu erlangen.

Erleuchtung nach westlichem Muster

Wie rasch fernöstliche und mystische Bewegungen sektiererische Tendenzen entwickeln können, läßt sich am Beispiel von der Gruppe um Bhagwan (Osho) aufzeigen. Der indische Guru hat als einer der ersten eine konsumentenfreundliche Synthese von fernöstlichen Praktiken und westlicher Lebensweise entwickelt. Er versprach den Devotees die Erleuchtung ohne Verzicht auf die Sinnesfreuden. In den Anfangszeiten waren seine Kommunen gar polygame Freudentempel, Bhagwan geisterte als Sex-Guru durch die Medien. In kürzester Zeit scharte er die größte Verehrergemeinde um sich, die ihn mit göttlichen Attributen versah. Daß auch ein Reich mit den vermeintlich größtmöglichen Freiheiten in kurzer Zeit zu einem sektiererischen Ghetto werden kann, demonstrierte Bhagwan im Jahr 1981, als er mit Tausenden von Anhängern nach Oregon flüchtete, die ihm in wenigen Monaten aus der Wüste ein kleines Paradies erschufen. In sektiererischem Eifer schufteten sie zu Tausenden fronmäßig zu Ehren des Gurus mit den 99 Rolls Royce. Die Arbeit wurde als worship deklariert, als meditatives Gebet, das mystische Einsichten und Erkenntnisse vermitteln sollte. Bald schliffen sich in den riesigen Ashram verschiedene sektiererische Merkmale ein. Dies führte so weit, daß das große Gelände am Schluß mit Helikoptern und bewaffneten Sicherheitskräften bewacht wurde.

Nach der Verhaftung von Bhagwan und seiner Ausweisung aus den USA im Jahre 1985 zerfiel die mehrere hunderttausend Devotees umfassende Meditationsgemeinde beinahe. Als Bhagwan sich wieder in Poona, Indien, einrichtete, wurde das Regime im Vergleich zum Ashram in Oregon gelockert. Verschiedene seiner »Starttherapeuten« gründeten eigene Meditationszentren, in denen ebenfalls enge Gruppenbindungen und fragwürdige Rituale zu beobachten sind.

Zum weiteren Umfeld der esoterischen Bewegungen kann auch die von der Schweizerin Erika Bertschinger, alias Uriella, gegründete Gemeinschaft Fiat Lux gezählt werden. Die sektiererische Gruppe stützt sich zwar auf die Bibel und verehrt Uriella als Sprachrohr Gottes, doch die Geistheilungen und die verschiedenen Rituale sind esoterischen Disziplinen entlehnt.

Immer wieder vor allem überdurchschnittlich gebildete Zeitgenossen zählen sich zu den Guru-Gläubigen, die regelmäßig nach Indien pilgern, um sich in Ashrams auf die Suche nach »sich selbst« zu machen und den meditativen Weg zu den inneren Geheimnissen zu beschreiten. Sie erhoffen sich von der Unterweisung durch einen spirituellen Meister besondere mystische Kräfte, die ihnen den Pfad zur Erleuchtung besser weisen sollen. Dabei besteht die Gefahr der Selbstaufgabe. Können sie sich wieder geistig lösen, kann die Pilgerreise durchaus die innere Ruhe und das Gleichgewicht fördern. Führt die Hingabe jedoch zur Entfremdung und werden übertriebene Heilssehnsüchte geweckt, können die Indienpilger in eine Scheinwelt abrutschen. Als Beispiel sei Sai Baba erwähnt, der zeitweise Tausende von Anhängern aus westlichen Ländern vorübergehend in seinem riesigen Ashram beherbergt und mit »Materialisierung-Shows« blendet.

Konsumtrip durch den Esoterik-Markt

Die Faszination mystischer Rituale greift immer mehr um sich. »Moderne« Esoteriker picken sich mit Vorliebe die Rosinen aus dem spirituellen Kuchen und schnuppern Wochenende für Wochenende an Workshops, Seminaren und Meditationsveranstaltungen verschiedener Strömungen. Stellt sich nach einer anfänglichen Euphorie, erzeugt durch die intensive Gruppenatmosphäre oder Massensuggestion, eine gewisse Ernüchterung ein, versuchen viele den Weg zur Erleuchtung über einen Guru oder einen Meister zu beschreiten. Dabei besteht die Gefahr, daß sie sich auf eine sektiererische Gruppe einlassen, die mit Hilfe der Indoktrination die Abhängigkeit fördert. Außerdem begünstigen die euphorisierenden Rituale in den Workshops-Gruppen die Suchttendenz. Die massensuggestiven Erleuchtungserlebnisse peitschen die Heilssucher auf, und sie hoffen, das rauschartige Glücksempfinden konservieren und die Momente der übersinnlichen Erkenntnisse in den Alltag hinüberretten zu können. Der unspektakuläre Alltag holt sie allerdings bald wieder ein. Um die Entzugssymptome lindern zu können, sehnen sie sich bereits nach dem nächsten Workshop am kommenden Wochenende, das sie erneut abheben läßt.

Wie sieht die Zukunft aus? Wenn die Entfremdung in den verschiedenen Lebensbereichen, die sozialen Ängste, die Desorientierung im geistigen Leben und das Verlassenheitsgefühl nicht wirksam bekämpft werden und sich die globale Bedrohungslage nicht ändert, wird der Nährboden für Sekten und dogmatische Gruppen immer fruchtbarer. Er ist der gleiche Nährboden, auf dem seit ein paar Jahren neofaschistische Blüten in den westeuropäischen Ländern und teilweise in den Staaten des ehemaligen Ostblocks wachsen. Kaum ein Historiker hat diese Entwicklung vorausgesehen, glaubte man doch, das braune Erbe ein für allemal in ein Schattendasein abgedrängt zu haben. Dabei übersehen die Wissenschaftler häufig, daß dogmatische, totalitäre und sektiererische Haltungen in einer kranken oder verletzten Seele wachsen und nicht auf der politischen Bühne. Außerdem werden solche Entwicklungen und der Wunsch nach einem politischen oder religiösen Führer durch die entfremdeten Lebensumstände geweckt.

Sekten haben in unserer Zeit ein leichtes Spiel

Ohne die Bereitschaft breiter Bevölkerungskreise für solche Entwicklungen säßen die Sektengründer und Volksverführer vor leeren Tribünen. Doch ihre Stunde scheint trotz der bereits starken sektiererischen Strömungen noch zu kommen: Alle Anzeichen deuten darauf hin, daß sie einem »goldenen« Zeitalter entgegengehen. Denn die Jahrtausendwende steht vor der Tür und wird die Phantasie vieler Menschen zusätzlich auf unheilvolle Art beflügeln. Dieses Ereignis, das eigentlich nur eine rechnerische Größe darstellt, löst erfahrungsgemäß irrationale und unkontrollierbare Ängste aus, aus denen Sekten und totalitäre Gruppen mit ihren Heilsrezepten Kapital schlagen werden. Speziell die Bewegungen mit apokalyptischen Heilslehren werden viele Leute in ihren Bann ziehen und die Mitgliederkartei laufend erweitern. Sollte die wirtschaftliche Depression bis zum Jahr 2000 anhalten, wird sich ein sozialpolitisch explosives Gemisch entwickeln.

Lange Zeit herrschte unter den Sektenspezialisten die Meinung vor, das Problem mit den totalitären Gruppen, das vor allem in den 60er und 70er Jahren mit der Gründung großer Bewegungen eine neue Dynamik erhalten hat, würde sich mit dem Ableben der älteren Sektengründer und Gurus von selbst lösen. Denn Führungsfiguren wie Hubbard (Scientology), Prabhupada (Hare Krischna), Bhagwan/Osho (Rajneesh-Bewegung), David Berg (Kinder Gottes oder die Familie) und Friedrich Liebling (Zürcher Schule, aus der später der Verein zur Förderung der Psychologischen Menschenkenntnis hervorging) waren nicht mehr die jüngsten. Die Beobachter ließen sich vor allem von der Idee leiten, daß die Abhängigkeit vom Sektengründer oder Guru die hauptsächliche Triebfeder für ein Engagement in der Gruppe sei. Die Entwicklung von Scientology, Hare Krischna und der Rajneesh-Bewegung zeigt, daß diese Meinung revidiert werden muß. Nach dem Tod der Gründer fielen die Sondergemeinschaften nämlich nicht auseinander, sondern erstarkten nach einer Phase der Desorientierung wieder.

Die Erfahrungen zeigen, daß die Bindung an die Gruppe und die Ideologie ein gleichwertiger Abhängigkeitsfaktor ist. Die Anhänger der verstorbenen Kultgründer sind oft so stark indoktriniert, daß sie sich ein Leben außerhalb der Gruppe nicht mehr vorstellen wollen oder können. Die Trauer um den verehrten Übervater weckte Gefühle der Verlorenheit und Verlassenheit. Deshalb waren die Anhänger um so mehr auf die Nähe ihrer Glaubensgenossen und die Geborgenheit in der Gruppe angewiesen. Außerdem fanden sich rasch enge Vertraute der Sektengründer und Gurus, die gern in das Machtvakuum vorstießen und Führungsaufgaben übernahmen. Sie werden sich aber hüten, den Gründer vom Sockel zu stoßen und selbst den Thron zu besteigen, denn die mentale Fixierung der Anhänger auf die zentrale Kultfigur darf nicht gekappt werden.

Eine Ausnahme bildet der Verein zur Förderung der Psychologischen Menschenkenntnis (VPM). Nach dem Tod von Friedrich Liebling 1982 kam es zu heftigen Auseinandersetzungen im Kader der Zürcher Schule und zur Spaltung im Jahre 1986. Als Siegerin ging Annemarie Buchholz-Kaiser hervor, die rund 90 Prozent der Liebling-Anhänger auf ihre Seite zu ziehen vermochte. Sie initiierte die Gründung des VPM, der als Nachfolgeorganisation der Zürcher Schule betrachtet werden kann. Buchholz-Kaiser schaffte es, die Position einer eigentlichen Führungsfigur zu erringen. Die VPM-Anhänger messen ihr heute eine ähnliche Bedeutung zu wie einst dem Gründervater der »Zürcher Schule« Friedrich Liebling.

Sekten profitieren von den Berührungsängsten der Behörden

Totalitäre Gruppen verletzen weitgehend ungehindert die Menschenwürde ihrer Mitglieder und vermutlich auch die Menschenrechte. Sie verstecken sich hinter der Glaubens-, Gewissens- und Vereinsfreiheit, und die Behörden demokratischer Staaten scheuen sich, hinter die Fassade solcher Gruppen zu leuchten. Im Bereich der Indoktrination weisen die Gesetze Lücken auf.

Eine Ohrfeige ist als Körperverletzung und eine beleidigende Äußerung als Persönlichkeitsverletzung oder üble Nachrede einklagbar, wer aber Opfer einer subtil inszenierten Indoktrination – einer Form von seelischer Gewalt – wird, findet keinen Richter, der die Tat sühnt. Es ist zwar verständlich, daß sich der Gesetzgeber scheut, psychische Beeinflussungen im Sinne einer Bewußtseinskontrolle zu umschreiben und zu beurteilen, weil die Untersuchungen zu einer Gesinnungsschnüffelei führen können. Das Rechtsempfinden wird aber erheblich gestört, wenn totalitäre Gruppen für ihre persönlichkeitszerstörenden Praktiken rechtlich kaum belangt werden können. Ehemalige Sektenanhänger müßten die Möglichkeit haben, ihren Kult diesbezüglich einzuklagen.

Prozesse hätten auch einen hohen Aufklärungswert: Wenn

Richter zu dem Urteil kämen, daß vereinnahmende Gruppen ihre Anhänger mit versteckten Mitteln psychisch manipulieren, depersonalisieren und von der Umgebung entfremden, würde dies zweifellos eine öffentliche Ächtung bewirken. Außerdem wäre die Kluft zwischen dem vielpropagierten ethischen Anspruch und den effektiven Gruppenpraktiken aktenkundig. Solche Urteile hätten auch weitreichende Konsequenzen für die Gruppen. Sie könnten als kriminelle Vereinigungen eingestuft werden und würden die Privilegien von religiösen Gemeinschaften oder gemeinnützigen Organisationen verlieren. Scientology beispielsweise müßte sich als Kursunternehmen oder Vertriebsfirma organisieren und würde Wettbewerbsvorteile wie die Straßenmission verlieren. Außerdem würde offensichtlich, daß die Bezeichnung »Kirche« ein Tarnmantel ist.

Wichtig wäre auch, daß ehemalige Mitglieder Schmerzensgelder, Genugtuungssummen und Lohnentschädigung fordern könnten. Denn viele stehen nach dem Ausstieg mittellos da, sind oft verschuldet und haben keine Berufsausbildung, keine Altersvorsorge und kein finanzielles Polster, um sich eine neue Existenz aufzubauen. Selbst Kultmitglieder, die sich jahrzehntelang für einen Gotteslohn abgerackert haben, stehen hinterher mit leeren Händen auf der Straße. Könnten die Gruppen in solchen Fällen verantwortlich gemacht werden, würden sie vielleicht freiwillig bessere Leistungen erbringen oder mindestens die Krankenkassenbeiträge bezahlen.

Den faktisch rechtsfreien Raum in Bezug auf die mentale Manipulation reizen die totalitären Gruppen bis zur Schmerzgrenze aus. Die Behörden machen sich – wenn auch mehrheitlich unbewußt – zu Helfershelfern von Kulten und Sondergruppen. Ironie des Schicksals dabei ist, daß genau diejenigen Gruppen, die die Menschenrechte mit Füßen treten, sich erfolgreich auf diese berufen und praktisch weltweit nicht belangt werden können. Die gleichen Verfassungen und Gesetze, die zum Schutz der Menschen erlassen worden sind, ermöglichen den Sekten, ihre Anhänger zu indoktrinieren und ihnen die Freiheit zu rauben. Wir lassen uns mit der Waffe schlagen, die wir den Sekten selbst in die Hände geben.

Anhang

mit

Adressen
von Beratungsstellen

Adressen von Selbsthilfegruppen und Hilfsorganisationen

Deutschland

Baden-Württemberg

- Aktion Bildungsinformation e. V. (ABI), Dr. Helga Lerchenmüller, Alte Poststr. 5, 70173 Stuttgart
- Pfarrer Klaus-Martin Bender, Mittelstr. 16, 74889 Sinsheim-Adersbach, oder Blumenstr. 5, 76133 Karlsruhe
- Robin Direkt e. V., Renate Hartwig, Postfach 44, 89284 Pfaffenhofen
- Evangelische Zentralstelle für Weltanschauungsfragen (EZW), Hölderlinplatz 2, 70193 Stuttgart
- Hartmut Hauser, Sektenbeauftragter des Landes Baden-Württemberg, Rothebühlplatz 1, 70178 Stuttgart
- Dipl.-Theol. Albert Lampe (kath.), Okenstr. 15, 79108 Freiburg
- Pfarrer Dr. Michael Nüchtern (ev.), Postfach 2269, 7500 Karlsruhe
- Dr. Wolfgang Rödl/Dipl.-Theol., Susanne Beul (kath.), Obere Gasse 5, Postfach 9, 72108 Rottenburg
- Pfarrer Walter Schmid (ev.), Gymnasiumstr. 36, 70174 Stuttgart

Bayern

- Pfarrer Dr. Wolfgang Behnk, Beauftragter für Sekten- und Weltanschauungsfragen der Bayerischen Landeskirche, Marsstr. 22/II, 80335 München
- Elterninitiative zur Hilfe gegen seelische Abhängigkeit und religiösen Extremismus e. V., Postfach 100513, 8000 München 1

- Dipl.-Theol. Hubert Kohle (kath.) Kappelberg 1, 86150 Augsburg
- Dipl.-Theol. Hans Liebl, Beauftragter für Sekten- und Weltanschauungsfragen der Erzdiözese München-Freising, Dachauer Str. 5, 80335 München
- Dipl.-Theol. Ludwig Lanzhammer (kath.), Obstmarkt 28, 90403 Nürnberg
- Franz Graf von Magnis (kath.), St. Kilianshaus, Postfach 349, 8700 Würzburg 11
- Dipl.-Theol. Hans Rückerl (kath.), Roritzerstr. 12, 93047 Regensburg

Berlin

- Eltern- und Betroffeneninitiative gegen psychische Abhängigkeit – für geistige Freiheit e.V., c/o Thomas Gandow
- Pater Klaus Funke, Dominikanerkloster St. Paulus, Oldenburger Str. 46, 10551 Berlin
- Pfarrer Thomas Gandow, Beauftragter für Sekten- und Weltanschauungsfragen der Evangelischen Kirche in Berlin-Brandenburg, Heimat 27, 14165 Berlin
- Senatsverwaltung für Frauen, Jugend und Familie, II A 15, Monika Schippmann, Sektenbeauftragte, Alte Jakobsstr. 12, 10179 Berlin

Brandenburg

- Dr. Wolfgang Brummet (kath.), Franz-Mehring-Str. 4, 15230 Frankfurt/Oder
- Pfarrer Thomas Gandow (s. Berlin)
- Ministerium für Arbeit, Soziales, Gesundheit und Frauen, Heinrich-Mann-Allee 103, 14473 Potsdam

Bremen

- Pastor Helmut Langel (ev.), Heymelstr. 35, 28359 Bremen

Hamburg

- Initiative Besorgter Eltern und Bürger Eppendorf e.V., c/o Kulturhaus Eppendorf, Martinistr. 40, 20251 Hamburg
- Ursula Caberta, Behörde für Inneres, Arbeitsgruppe Scientology, Hachmannplatz 2, 20099 Hamburg

Hessen

- Bischöfliches Ordinariat, Paulustor 5, 36037 Fulda
- Dipl.-Päd. Kurt-Helmuth Eimuth, Beauftragter des Evangelischen Regionalverbandes Frankfurt a.M. für Religions- und Weltanschauungsfragen, Saalgasse 15, 60311 Frankfurt a.M.
- Referat für Weltanschauungsfragen (kath.), Dipl.-Theol. Ludwig Lemhöfer, Eschenheimer Anlage 21, 60316 Frankfurt a.M.
- Pfarrer Eduard Tenkel, Haus der Kirche, Wilhelmshöher Allee 330, 34131 Kassel

Mecklenburg-Vorpommern

- Landespastor Matthias Kleiminger, Hansenstr. 5, 23974 Güstrow
- Evangelisches Konsistorium, Bahnhofstr. 35/36, 17489 Greifswald
- Pfarrer Friedrich v. Kymmel, Dorfstr. 50, 17406 Morgenitz/Usedom
- Michael Sobania, Katholisches Pfarramt St. Anna, Schloßstr. 20, 19053 Schwerin
- Oberkirchenrat der Evangelischen Kirche, Münzstr. 8, 19055 Schwerin

Niedersachsen

- Pfarrer Wilhelm Knackstedt, Beauftragter für Sekten- und Weltanschauungsfragen der Evangelisch-Lutherischen Landeskirche Hannover, Archivstr. 3, 30169 Hannover
- Bischöfliches Ordinariat, Domhof 18–21, 31134 Hildesheim

Nordrhein-Westfalen

- Aktion für geistige und psychische Freiheit, Arbeitsgemeinschaft der Elterninitiativen e. V. (AGPF), Graurheindorferstr. 15, 53111 Bonn
- Aktion Psychokultgefahren e. V. (APG), Ralph-Dietmar Mucha, Ellerstr. 101, 40227 Düsseldorf
- Arbeitskreis Sekten e. V., Karin Paetow, Auf der Freiheit 25, 32052 Herford
- Dipl.-Theol. Harald Baer (kath.), Haus Hoheneck, Jägerallee 5, 59071 Hamm
- Dr. Hermann-Josef Beckers, Referat Sekten- und Weltanschauungsfragen beim Bischöflichen Generalvikariat der Diözese Aachen, Klosterplatz 7, 52062 Aachen
- Bundesministerium für Jugend, Familie und Gesundheit, Referatsleiter Norbert Reinke, Kennedy-Allee 105–107, 53175 Bonn
- Elterninitiative zur Wahrung der geistigen Freiheit e. V., U. Öpel, Geschwister-Scholl-Str. 58, 51377 Leverkusen
- Dipl.-Theol. Hans Gasper. Zentralstelle Pastoral der Deutschen Bischofskonferenz, Kaiserstr. 163, 53113 Bonn
- Pfarrer Rüdiger Hauth, Beauftragter für Sekten- und Weltanschauungsfragen der Evangelischen Kirche von Westfalen, Röhrchenstr. 10, 58452 Witten
- Werner Höbsch (kath.), Marzellenstr. 32, 50668 Köln

- Pfarrer Joachim Keden (ev.), Beauftragter für Sekten- und Weltanschauungsfragen der Evangelischen Kirche im Rheinland, Rochusstr. 44, 40479 Düsseldorf

Rheinland-Pfalz

- Bischöfliches Jugendamt, Christoph Bussen (kath.), Kleine Pfaffengasse 16, 67346 Speyer
- Pfarrer Dr. Werner Sonn (ev.), Josefstaler Str. 7, 66386 St. Ingbert
- Dipl.-Theol. Eckhard Türk (kath.), Grebenstr. 24–26, 55116 Mainz

Sachsen

- A.G. Sekten, Psychogruppen, Jugendreligionen beim Studentenrat der technischen Universität Chemnitz, Reichenhainer Str. 41, 09126 Chemnitz
- Pfarrerin Ingrid Dietrich (ev.), Giordano-Bruno-Str. 1, 04249 Leipzig
- Eltern- und Betroffeneninitiative gegen psychische Abhängigkeit Sachsen e.V. c./o Bartsch, Wasserturmstr. 68, 04299 Leipzig
- Matthias Holluba (kath.), Peterssteinweg 17/II, 04107 Leipzig,
- Evangelisches Konsistorium, Berliner Str. 62, 02826 Görlitz
- Kaplan Gerald Kluge (kath.), Dr. Wilhelm-Külz-Str. 2, 01796 Pirna
- Landeskirchenrat (ev.), Friedrichstr. 22–24, 06844 Dessau
- Pfarrer Ekkehard Zieglschmid (ev.), Beauftragter der Evangelisch-Lutherischen Landeskirche Sachsen für Sekten- und Weltanschauungsfragen, An der Heilandskirche 1, 01157 Dresden

Schleswig-Holstein

- Pfarrer Detlef Bendrath, Beauftragter für Sekten- und Weltanschauungsfragen der Nordelbischen Evangelisch-Lutherischen Kirche, Brahmstr. 20f, 23556 Lübeck
- Elterninitiative Hamburg und Schleswig-Holstein zur Hilfe gegen seelische Abhängigkeit und Mißbrauch der Religion e.V., Pastor D. Bendrath, Brahmstr. 20f, 23556 Lübeck
- Initiative Besorgter Eltern und Bürger Hoisdorf e.V., Postfach 16, 22955 Hoisdorf
- Landeskirchenrat der Evangelisch-Reform. Kirche, Saarstr. 6, 26789 Leer

Thüringen

- Dr. Friedrich Büchner, Beauftragter der Evangelisch-Lutherischen Kirche in Thüringen für Sekten- und Weltanschauungsfragen, Karolinenstr. 8, 99817 Eisenach

Österreich

Burgenland

- Ev. Pfarramt A. B., St. Rochus-Str. 1, A-7000 Eisenstadt
- Pastoralamt, St. Rochus-Str. 21, A-7000 Eisenstadt

Kärnten

- Pfarrer Mag. Johannes Spitzer, Rudolf-Kattnigg-Str. 10/8, 9500 Villach
- Dr. Josef Till/Mag. Simon Certov, Rudolfsbahngürtel 2, 9020 Klagenfurt

Niederösterreich

- Evangelischer Arbeitskreis Jugendsekten, Pfarrer Mag. Herbert Graeser, Hoßstr. 20, 3100 St. Pölten

Oberösterreich

- OStR Prof. Otto Weidinger, Kapuzinerstr. 84, 4021 Linz

Salzburg

- Dr. Stefan Djundja, Kapitelplatz 6, 5020 Salzburg

Steiermark

- Pfarrerin Karin Engele, Grabenstr. 59, 8010 Graz

Tirol

- Mag. Wolfgang Mischitz, Wilhelm-Greil-Str. 7, 6021 Innsbruck
- Pfarrer Mag. Willi Thaler, Ölberg 6, 6370 Kitzbühel

Vorarlberg

- Br. Franz Schönberger FSC, Carinagasse 11, 6800 Feldkirch

Wien

- Gesellschaft gegen Sekten- und Kultgefahren, Obere Augartenstr. 26–28, 1020 Wien
- Referat für Weltanschauungsfragen beim Pastoralamt der Erzdiözese Wien, Dr. Friederike Valentin, Stephansplatz 6, 1010 Wien

Schweiz

- infoSekta, Verein Informations- und Beratungsstelle für Sekten und Kultfragen, Schweighofstraße 420, Postfach, 8055 Zürich

- Ökumenische Arbeitsgruppe »Neue religiöse Bewegungen in der Schweiz«,
  Dr. Oswald Eggenberger, Frohalpstr. 77, 8038 Zürich
  Stefan Kuster, Auf der Mauer 13, 8001 Zürich
  Kaplan Joachim Müller, Wiesenstr. 2, 9436 Balgach
  Pfr. Martin Scheidegger, Matthofring 4, 6002 Luzern
  Dr. Georg Schmid, Im Baumgarten 24, 8606 Greifensee

- Selbsthilfegruppen
  SDAK (Schweizerische Arbeitsgruppe gegen destruktive Kulte), Postfach 18, 8156 Oberhasli
  AGSD (Aufklärungs-Gemeinschaft über Scientology und Dianetik), Postfach, 8036 Zürich
  Psychostroika, Postfach 261, 8024 Zürich

- Regionale Beratungsstellen
  Aargau:
  Jugendseelsorge Aargau, Konrad Flury, Feerstr. 8, 5000 Aarau
  Pfr. Lothar Mack, Langfohrenstr. 501, 5322 Koblenz

  Appenzell:
  Pfr. Walter Frei (kath.), Oberdorf 32, 9055 Bühler

  Basel-Stadt:
  Evangelischer Jugenddienst, Peterskirchplatz 8, 4051 Basel

  Basel-Land:
  Reinhard Müller, Bruggzeltweg 16, 4147 Aesch

  Bern:
  Antoinette Brehm (kath.), Jugendseelsorge, Rainmattstr. 18, 3011 Bern
  Kath. Jugendseelsorge, Herzogstr. 23, 3014 Bern

Pfr. Walter Wieland, Ref. Pfarramt, 3452 Grünematt
Pfr. Franz Liechti (ev.), Lindenstraße, 3367 Thöringen
Pfr. Dr. Bernhard und Susanne Rothen, (ev.),
3770 Zweisimmen
Reformierte Heimstätte, 3645 Gwatt/BE.

Freiburg:
Arbeitsstelle für Jugendseelsorge, Burgbühl (kath.),
1713 St. Antoni

Genf:
Saint-Boniface 14, av. du Mail, 1205 Genève

Glarus:
Pfr. Dr. K. Traub (ev.), 8874 Mühlehorn

Graubünden:
Dr. Giosch Albrecht (kath.), Beratungsstelle für Ehe-, Familien- und Lebensfragen, Plessurquai 53, 7000 Chur
Pfr. Peter Rudolf (ev.), 7278 Monstein

Luzern:
Pfr. Martin Scheidegger, Matthofring 4, Postfach 3907,
6002 Luzern

Schaffhausen:
Evangelische Jugendberatung, Fischhäuserstr. 44,
8200 Schaffhausen
Dr. Joachim Finger, Hohenstoffelstr. 20, 8200 Schaffhausen
Katholische Jugendseelsorge, Fäsentaubstraße 4,
8200 Schaffhausen

St. Gallen:
Pfr. Günter Schnöring, Langmoosweg 6, 9400 Rorschach
Arbeitsstelle für kirchliche Jugendarbeit, Elisabeth Müggler,
Webergasse 9, 9000 St. Gallen
Ehe- und Familienseelsorge, Niklaus Knecht-Fatzer,
Grütliweg 5, 9000 St. Gallen
Armin Vökle, Fröbelstr. 12, 9500 Wil
oder Lommiserstr. 6, 9545 Wängi

Tessin:
Don Giovanni Maria Colombo (kath.), Via S. Gottardo 58, 6500 Bellinzona
Don Francesco Palmisano, Ospedale Beata Vergine, 6850 Mendrisio
Don Guiseppe Bentivoglio, 6808 Toricella

Thurgau:
Pfr. Andreas Baumann, Kirchsr. 24, 8353 Sulgen
Pfr. René Perrot (ev.), Poststr. 3, 9325 Roggwil

Wallis:
Jugendseelsorge, Marcel Margelisch, Bildungshaus St. Jodern, 3939 Visp

Zürich:
Jugendseelsorge, Stefan Kuster, Daniel Ammann, Auf der Mauer 13, 8032 Zürich 1
Pfr. Dr. Oswald Eggenberger, Frohalpstr. 77, 8038 Zürich
Evangelische Arbeitsstelle für Jugendseelsorge und Jugendfragen, Jörg Weishaupt, Ausstellungsstraße 105, 8031 Zürich

Literatur

Abel; Becher; Gawlik; Püttner, Taudien, Die Rechtsprechung zu Neueren Glaubensgemeinschaften. Ein systematischer Überblick. Krefeld 1991.

Aktion Bildungsinformation e.V. (Hg), Eidesstattliche Erklärungen. Stuttgart 1980.

Aktion Psychokultgefahren e.V. Düsseldorf (Hg.), Die Rechtsprechung zu Neueren Glaubensgemeinschaften. Ein systematischer Überblick. Krefeld 1991.

Aktion Psychokultgefahren e.V. Düsseldorf (Hg.), Im Netz der Sinnverkäufer, Ergebnisse einer Tagung. Krefeld 1991.

Alexander, Maximilian, Die falschen Propheten. Schein und Wirklichkeit der Sekten. Düsseldorf 1986.

Alpers, Hans; Fuchs, Werner (Hg.), Lexikon der Science-Fiction-Literatur. München 1990.

Bannach, Klaus; Rommel, Kurt (Hg.), Religiöse Strömungen unserer Zeit. Eine Einführung und Orientierung. Stuttgart 1991.

Bericht über Aufbau und Tätigkeit der sogenannten Jugendsekten. (Baden-Württemberg, Ministerium für Kultur und Sport). Stuttgart 1987.

Deutscher Bundestag, 12. Wahlperiode, Ausschuß für Frauen und Jugend. Stenographisches Protokoll über die 13. Sitzung des Ausschusses für Frauen und Jugend am 9.10.1991 – Nichtöffentliche Anhörung »Jugendsekten« Bonn 1991.

Evans, Christopher, Kulte des Irrationalen. Sekten, Schwindler, Seelenfänger. Reinbek 1979 (1973).

Gaster, Hans u.a. (Hg.), Lexikon der Sekten, Sondergruppen und Weltanschauungen: Fakten, Hintergründe, Klärungen, Freiburg, Basel, Wien 1991.

Geppert, H.J., Götter mit beschränkter Haftung. Die Jugendsekten-Szene. München 1985.

Haack, Friedrich-Wilhelm, Jugendsekten, Vorbeugen – Hilfe – Auswege. Weinheim 1991.

Haack, Friedrich-Wilhelm, Findungshilfe Religion 2000. München 1990.

Haack, Friedrich-Wilhelm, Scientology, Dianetik und andere Hubbardismen. München 1990.

Haack, Friedrich-Wilhelm, Scientology – Magie des 20. Jahrhunderts. München 1982.

Hassan, Steven, Ausbruch aus dem Bann der Sekten – Psychologische Beratung für Betroffene und Angehörige. Reinbek 1993.

Hauth, Rüdiger, Die nach der Seele greifen, Psychokult und Jugendsekten. Gütersloh 1985.

Heinemann, Ingo, Die Scientology-Sekte und ihre Tarnorganisationen. Stuttgart 1979.

Hemminger, Hansjörg (Hg.), Fundamentalismus in der verweltlichten Kultur. Stuttgart 1991.

Hermann, Jörg (Hg.), Mission mit allen Mitteln. Der Scientology-Konzern auf Seelenfang. Reinbek 1992.

Hubbard, L. Ron, Dianetik. Die moderne Wissenschaft der geistigen Gesundheit. Kopenhagen 1982.

Hubbard, L. Ron, Fachwortverzeichnis Scientology und Dianetik. Kopenhagen o.J.

Hubbard, L. Ron, Einführung in die Ethik der Scientology. Kopenhagen 1989.

Hunfeld, Frauke; Dreger, Thomas, Magische Zeiten. Jugendliche und Okkultismus. Weinheim und Basel 1990.

Jugendreligionen in der Bundesrepublik Deutschland. Bericht der Bundesregierung an den Petitionsausschuß des Deutschen Bundestages (Reihe: Berichte und Dokumentationen), Bonn 1983.

Jugendreligionen, 2. Sachstandbericht der Landesregierung (Der Minister für Arbeit, Gesundheit und Soziales des Landes NRW). München 1983.

Jugendreligionen – Psychokulte – Guru-Bewegungen. Eine Informationsschrift für junge Menschen, Eltern, Lehrer, Jugendbetreuer, Ärzte und Berater (Bundesministerium für Umwelt, Jugend und Familie), Wien 1987.

Karbe, Klaus; Müller-Küppers, Manfred (Hg.), Destruktive Kulte, Gesellschaftliche und gesundheitliche Folgen totalitärer pseudoreligiöser Bewegungen. Göttingen 1983.

Kaufmann, Robert, Übermenschen unter uns. Frankfurt 1972.

Luschnat, Cornelia; Potthoff, Norbert J., Totalitäre Thetanen. Macht und Ohnmacht des Individuums. Krefeld 1992.

Müller, Ulrich; Leimkühler, A.M., Zwischen Allmacht und Ohnmacht, Untersuchungen zum Welt-, Gesellschafts- und Menschenbild Neureligiöser Bewegungen. Regensburg 1992.

Potthoff, Norbert, Was ist Scientology? Die Zeitbombe in unserer Gesellschaft. Krefeld 1992.

Reller, Horst (Hg.), Handbuch Religiöse Gemeinschaften, Freikirchen, Sondergemeinschaften, Sekten, Weltanschauungsgemeinschaften, Neureligionen. Gütersloh 1978.

Richter, Horst-Eberhard, Der Gotteskomplex. Die Geburt und die Krise des Glaubens an die Allmacht des Menschen. Reinbek 1986 (1979).

Rosina, Hans-Joachim, Faszination und Indoktrination. Beobachtungen zu psychischen Manipulationspraktiken in totalitären Kulten. München 1989.

Schneider, Karl-Heinz, Der kosten – aber nicht folgenlose Scientology-Test. München 1991.

Schröder, Burkhard, Spuren der Macht. Reinbek 1990.

Stamm, Hugo, Scientology. Seele im Würgegriff. Horgen 1982.

Stamm, Hugo, VPM. Die Seelenfalle. Zürich 1993.

Steiden, Heinrich; Hamernik, Christine, Einsteins falsche Erben. Die unheimliche Macht und Magie von Dianetik und Scientology. Wien 1992.

Thiede, Werner, Scientology – Religion oder Geistesmagie? Konstanz 1992.

Valentin, Friedrike; Knaup, Horand, Scientology – Der Griff nach Macht und Geld. Selbstbefreiung als Geschäft. Freiburg i. Br. 1992.

Vontobel, Jacques; Stamm, Hugo; Gerber, Rosmarie; Merki, Kurt-Emil; Beck, Klaus J.; Wicki, Maja, Das Paradies kann warten. Gruppierungen mit totalitärer Tendenz. Zürich 3. Auflage 1993.

Zingerle, A.; Mongardini, C.(Hg.), Magie und Moderne, Berlin 1987.

Quellennachweis

Aus folgenden Werken wurde mit freundlicher Genehmigung der genannten Verlage zitiert:

Edition Zeitgeschehen: Wahn oder Glaube. (c) Fackelträger-Verlag, Hannover 1980

Fromm, Erich: Psychoanalyse und Religion. Aus dem Amerikanischen von Rotten, Elisabeth, Überarb. v. Funk, Rainer. (c) Deutsche Verlags-Anstalt, Stuttgart 1983

Rosina, Hans Joachim: Faszination und Indoktrination: Beobachtungen zu psychischen Manipulationspraktiken in totalitären Kulten (Jugendreligionen). Dokumentations-Edition 16 der (c) Arbeitsgemeinschaft für Religions- und Weltanschauungsfragen, München 1989

Alle in diesem Buch enthaltenen Angaben, Daten, Ergebnisse etc. wurden vom Autor nach bestem Wissen erstellt und von ihm mit größtmöglicher Sorgfalt überprüft. Gleichwohl sind inhaltliche Fehler nicht vollständig auszuschließen. Daher erfolgen die Angaben etc. ohne jegliche Verpflichtung oder Garantie des Verlags oder des Autors. Beide, Autor und Verlag, schließen deshalb jegliche Verantwortung und Haftung für etwaige inhaltliche Unrichtigkeiten aus, es sei denn im Falle grober Fahrlässigkeit.

Die Deutsche Bibliothek – CIP-Einheitsaufnahme

Stamm, Hugo:
Sekten : im Bann von Sucht und Macht ; Ausstiegshilfen für Betroffene und Angehörige / Hugo Stamm. – Zürich : Kreuz, 1995
ISBN 3-268-00170-X

1 2 3 4 5 99 98 97 96 95

P.O.B. 245, CH-8034 Zürich
Umschlaggestaltung: Jürgen Reichert, Stuttgart
Satz: Gg. Meiereder Satz und Druck, Schrobenhausen
Druck: Ebner Ulm
ISBN 3 268 00170 X